U0937754

编 委 会

大别山问道
——红色寻访

河南大别山干部学院◎编著

人民出版社

序　言

随时代同行，与大局共振。在百年奋斗历程中，我们党的干部教育培训工作，始终与时代任务、事业发展、干部成长紧紧连在一起。党的二十大确立以中国式现代化全面推进强国建设、民族复兴伟业的中心任务，吹响奋进新征程的时代号角，赋予干部教育培训新的使命任务。

党和国家事业越发展，对领导干部的能力要求就越高。习近平总书记指出："我们要应变局、育新机、开新局、谋复兴，关键是要把党的各级领导班子和干部队伍建设好、建设强。""要加强干部教育培训，使广大干部政治素养、理论水平、专业能力、实践本领跟上时代发展步伐。"奋进新征程，建功新时代，面对改革发展的艰巨任务，迫切需要广大党员干部坚定理想信念、提升能力素养、勇担时代使命，以思想武装推动事业发展，在能力建设上实现大提升。

了解历史，才能看得远；永葆初心，才能走得远。大别山精神不仅是革命年代的精神支柱，更是奋进新征程的精神动力，时刻激励和鼓舞一代代老区儿女不忘初心、接续奋斗。新时代弘扬大别山精神，要发挥好干部学院在党性教育中的重要阵地作用，把用好红色资源、讲好"四个故事"作为践行初心使命、推动事业发展的不竭动力，引导广大党员干部坚定理想信念，赓续红色血脉，奋力逐梦前行，不断书写新时代的精彩画卷。

时代是思想之母，实践是理论之源。在多年探索与实践中，河南大别山干部学院依托大别山红色资源，坚持党的创新理论和党性教育深度融合，在历史与现实、理论与实践的融会贯通上做文章，不断强化内涵建设，提升办学质量。此次由河南大别山干部学院组织编写的这套新时代党性教育系列丛书，紧紧围绕习近平总书记视察河南深入革命老区信阳重要讲话精神、新时代干部教育培训工作新要求来编辑撰述，既是丰富干部教育培训特色教材的一次有益探索，也是及时把实践中的最新成果运用到党性教育的具体体现。

“一语不能践，万卷徒空虚。”学好用好这套丛书，要发扬理论联系实际的优良学风，坚持不懈用党的创新理论成果武装头脑、指导实践、推动工作。衷心希望，这套教学丛书能让广大党员干部收获“知所从来”的定力、“识其所在”的清醒、“明其将往”的自信，更好地担负起时代赋予的重任。

前　言

为政之要，惟在得人。实现全面建成社会主义现代化强国的宏伟目标，必须建设堪当民族复兴重任的高素质干部队伍。干部教育培训是干部队伍建设的先导性、基础性、战略性工程，面对新时代新征程对干部能力素质的新挑战、新要求，唯有加强和改进干部教育培训工作，切实提高教育培训质量。党性教育是共产党人修身养性的必修课，在干部教育培训中处于核心地位，必须抓实抓牢，确保党员干部始终保持先进性和纯洁性。

红色资源是党员干部坚定理想信念、加强党性修养的生动教材，在党性教育中具有独特作用。大别山作为中国共产党的重要建党基地、中国革命的重要策源地、人民军队的重要发源地、夺取全国解放战争胜利的重要转折地，“二十八年红旗不倒”的革命历史孕育的红色基因、积淀的红色资源是党性教育的丰厚宝藏。河南大别山干部学院深耕大别山这片红色沃土，积极推进红色资源向党性教育资源转化，大力传承大别山红色基因，持续增强党员干部党性修养。为贯彻落实《干部教育培训工作条例》和《全国干部教育培训规划（2023—2027 年）》，适应新时代新形势新任务对党性教育提出的新要求，高质量服务干部教育培训，在河南省委组织部的悉心指导下，河南大别山干部学院积极推进教材升级，组织编写了本套新时代党性教育教学丛书。

本套教学丛书以习近平总书记关于新时代干部教育培训工作的重要

论述和习近平视察河南重要讲话精神为根本遵循，重点围绕习近平总书记 2019 年深入革命老区信阳考察作出的“鄂豫皖苏区根据地是我们党的重要建党基地”“大别山精神是我们党的宝贵精神财富”的重大论断和“两个更好”重大要求为主题编撰成册。分别采取历史述论、访谈追忆、理论阐释、经验总结的体例进行编写，坚持辩证唯物主义和历史唯物主义相统一、历史真实性与内容可读性相统一的原则，体现历史进程特征，突出时代发展特色，书写大别山革命斗争的光辉历史和新时代老区人民的奋斗实践，充分展示大别山革命老区的重要贡献、伟大精神、突出创造，做到史料与史论、历史与现实相统一，理论教育、党性涵养、能力提升相兼容。

大别山革命老区革命、建设、改革开放和现代化建设的艰辛探索和伟大实践，蕴含着弥足珍贵的经验启示，这是我们以史鉴今、继往开来、接续奋进的宝贵财富。出版这套新时代党性教育培训丛书，就是希望党员干部从大别山革命历史和大别山精神中、从革命老区振兴发展的生动实践中，不断汲取党性营养，进一步坚定对马克思主义的信仰、对中国特色社会主义的信念、对实现中华民族伟大复兴中国梦的信心，持续提升推动高质量发展的能力本领，在推进强国建设、民族复兴伟业的历史进程中奋发有为、奋勇争先。

目　录
CONTENTS

马克思主义在大别山的传播

寻访地点：安徽省安庆市十里铺乡独秀园

湖北省武汉市利群书社旧址

采访对象：徐舒媛　中共安庆市委党史和地方志研究室主任

（现任中共安庆市委组织部副部长、老干部局局长）

李良明　华中师范大学教授、博士生导师

采访人员：董绍富　石和安　叶希武

2020年5月8日上午，在中共安庆市委党史和地方志研究室主任徐舒媛陪同下，寻访组前往位于安庆市十里铺乡林业村境内的独秀园。进入墓园，迎面是一座白色六柱五门石牌坊，中间一门的门楼上镌刻着“独秀园”三字，左右两侧刻有陈独秀一生倡导并手书的“民主”和“科学”。五门石牌坊寓意陈独秀担任过五届党的最高领导，其高19.19米、宽10.09米则分别寓意着五四运动发生时间和陈独秀的出生日期。牌坊前的广场对面是一组气势恢宏的惊雷浮雕，展现了陈独秀壮阔曲折的一生。穿过石牌坊，便是长而宽的墓道，沿中轴线依次排列着陈独秀雕像、《新青年》碑刻、纪念水池和陈独秀墓冢。继续顺着石阶而上，进到陈独秀墓址。这墓冢是陈独秀与原配夫人高晓岚的合冢。墓的两侧各排列32株杉树，呼应陈独秀走过的64个春秋；5棵龙柏松，代表他曾经担任过中国共

◎ 安徽省安庆市十里铺乡独秀园

产党一大至五大的总书记或执行委员会委员长。

▶ 为什么说陈独秀是“五四运动时期的总司令”？

徐舒媛： 毛泽东对陈独秀在五四运动中的地位和作用给予了充分肯定。1945 年 4 月 21 日，他在《中国共产党第七次全国代表大会的工作方针》这个报告中说，陈独秀“是有过功劳的。他是五四运动时期的总司令，整个运动实际上是他领导的”。1953 年 5 月毛泽东视察安庆时，称赞陈独秀早期对传播马列主义是有贡献的。陈独秀之所以被称为“五四运动时期的总司令”，首先，由陈独秀发起的新文化运动，为五四运动奠定了思想基础。1915 年 9 月 15 日，陈独秀主编的《青年》杂志创刊，后来改名为《新青年》。陈独秀竖起了民主和科学两面大旗，以《新青年》为主阵地，迅速地在全国掀起了一场声势浩大的新文化运动，使中国的思想界特别是青年学生解除了思想禁锢，迎来了一次思想的大解放。其次，陈独秀和《新青年》杂志为五四运动培育出了一大批骨干力量。《新青年》和五四运动警醒、集合了一批进步青年，为中国共产党的成立准备了干部。1936年毛泽东在同斯诺的谈话中，说他在师范上学的时候，就开始读《新青年》杂志，非常佩服胡适和陈独秀的文章。再次，陈独秀是五四运动的思想指导者和精神领袖，在很多问题上具体指导了运动的进行。当得知5月4日将有学生示威游行的行动时，他当即在《每周评论》第20号发表题为《两个和会都无用》的战斗檄文，表明对西方资产阶级民主政治的迷信完全破灭，指出人类真正的幸福“非全世界的人民都站起来直接解决不可”。这实际上是发出了五四运动的动员令。五四运动发生后，陈独秀和蔡元培、李大钊等人一起，努力引导运动的正常进行和深入发展。从5月4日至6月上旬，他发表了7篇文章和33篇随感录。这些文章充分表现出反日和反对封建专制统治的彻底性。而且，陈独秀是马克思主义的积极传播者，并培养出了一大批中国早期的马克思主义者。他创办的《新青年》杂志，是传播马克思主义的最主要的阵地。李大钊传播马克思主义的许多文章，就是在陈独秀创办的《新青年》杂志上发表的。从1919年至1920年陈独秀完成由激进民主主义者向马克思主义者的转变后，在《新青年》等杂志上发表了10余篇宣传马克思主义的文章，重点介绍了唯物史观、剩余价值学说、阶级斗争学说和无产阶级专政学说等马克思主义的基本原理。

▶ 陈独秀对马克思主义在大别山区的传播有着怎样的影响？

徐舒媛：安徽是马克思主义在中国传播较早的地区之一。陈独秀是安徽怀宁人，早年在安庆、芜湖等地从事革命活动，团结和带动了一代先进知识分子，为马克思主义在安徽的传播架起了桥梁。早在1904年，陈独秀就创办了《安徽俗话报》，抨击封建伦理道德，提倡文学革命，主张改良国民教育，实现富国强兵。陈独秀的夫人高君曼毕业于北京女子师范，1918年夏天，他与夫人回霍邱探亲，随身带回一些进步书刊，并应邀在霍邱讲学，揭露帝国主义和封建军阀的罪行，号召青年学生和各界人士冲破旧思想的束缚，革新教育和政治。在陈独秀的影响下，高语罕、朱蕴山等人把办报刊、办学校、开书店，作为开展新文化运动、传播马克思主义的手段。高语罕编写的《白话书信》，是一本系统传播马克思主义的课本。他用非常通俗易懂的方式，讲解马克思的科学社会主义。书中讲到，科学的社会主义到德国学者马克思才发明。马克思主张，人类的历史就是阶级斗争的历史，人类历史的变动、思想的变迁都是受经济变动、物质变动的影响，因此便有了马克思的唯物史观的哲学。谈到社会主义，莫不以马克思为老祖宗。马克思的社会主义可分为唯物史观、剩余价值、阶级斗争三项说明。《白话书信》还结合安徽实际，讲解马克思主义的阶级斗争学说。书中说，国家一日有军阀，则国家一日不得有完全民治精神的实现；我们要赶紧联络农民阶级和劳动阶级，把他们铲除净尽，不使再为国家社会的祸害。1920 年初，安徽六安省立第三甲种农业学校进步教师朱蕴山、钱杏邨（阿英）等和进步学生组建“中国革命小组”，研究宣传马克思主义。同时朱蕴山与宋竹荪等创办《评议报》，评议安徽时政，宣传革命思想。霍山第一、第四高等小学在安徽省学生联合会会长舒传贤等指导下，于 1920 年开始把马克思学说列宁小史编入正课。燕子河燕溪小学在校长徐守西、教师刘长青的倡导下，成立“马克思学术小组”。第二高等小学进步教师郑普燕于 1921 年创办了“新衡书店”，后与徐育三等建立马克思主义学习小组，学习宣传马克思主义，传播革命道理。1923 年 6 月，在安庆读书的六安籍学生杨溥泉，被安庆社会主义青年团推举，与柯庆施一起筹备“马氏研究会”。研究会中的安庆、六安籍学生经常邮寄或带回马克思《资本论入门》《共产党宣言》《社会进化史》等书籍以及《向导》《新青年》等进步刊物，供家乡的进步知识分子学习。此外，寿县李荣桂于 1923 年创办“改良私塾”，六安胡苏明等开办“进化书局”，在传播马克思主义方面也作出了贡献。

2020 年 5 月 10 日上午，寻访组前往武汉市利群书社旧址。在华中师范大学校园恽代英广场，矗立着一尊恽代英的汉白玉雕像。恽代英是利群书社创办人，被周恩来誉为“中国青年热爱的领袖”。

◎ 湖北省武汉市华中师范大学校园内利群书社旧址

华中师范大学的李良明教授是研究恽代英的专家，出版有《恽代英传记》《恽代英年谱》《恽代英思想研究》等专著，还主编《恽代英集》（1—9 卷）。李良明教授介绍利群书社旧址变迁时说：“最初，利群书社租用的是武昌横街头 18 号一栋旧民房的一部分。1921 年 6 月，湖北军阀王占元发动兵变时，利群书社房屋被烧毁，被迫停业。1985 年，在恽代英诞辰 90 周年之际，华中师范大学决定重建利群书社，陆定一亲笔题词。书社从武昌横街头 18 号搬到了华中师范大学北大门口西侧，有两层楼，主要经营人文社科类书籍。后来，利群书社又搬到了华中师范大学图书馆，主要经营各类代表性的学术著作。”

▶ 利群书社是怎样建立起来的？

李良明：五四运动前后，湖北相继出现各种宣传新文化的进步团体，最著名的就是恽代英、林育南等创办的互助社，后又在互助社书报贩卖部的基础上创办利群书社。1915 年，恽代英转入武昌中华大学哲学本科学习。1917 年 10 月，恽代英、黄负生等发起组织互助社，以“群策群力，自助助人”为宗旨。这是武汉地区第一个进步团体，也是全国最早的进步团体之一。利群书社是 1920 年 2 月 1 日正式营业的。书社最初成员有恽代英、林育南、沈光耀、廖焕星、郑遵芳、郑兴焕、刘世昌、魏君谟、胡竞成、李伯刚、肖人鹄、余家菊等。不久，林育英、肖楚女、李求实、陆沉先后加入。

▶ 利群书社是怎样传播马克思主义的？

李良明：利群书社从成立那天起，就致力于介绍新文化、传播马克思主义。书社销售别的书店不易买到的《共产党宣言》《资本论入门》《社会主义史》等著作，以及北京、上海等出版的《新青年》《共产党》《少年中国》《新潮》《湘江评论》等进步书刊。恽代英还亲自翻译考茨基的《阶级争斗》。毛泽东曾经回忆说，有 3 本书特别深地铭刻在他心中，帮助他建立起对马克思主义的信仰，这就是陈望道翻译的《共产党宣言》、李季翻译的《社会主义史》和恽代英翻译的这本书。《阶级争斗》这本书，是 1920 年 2 月上旬，陈独秀在武汉讲学时，委托恽代英翻译的。1921 年 1 月，《阶级争斗》由新青年社作为新青年丛书第八种在上海出版。利群书社开办一年零四个月，时间虽短，却凝聚了一批爱国进步青年，其中就有很多来自大别山地区的青年学生。

▶ 恽代英对马克思主义在大别山地区传播有怎样的影响？

李良明：利群书社的主要成员林育南、肖人鹄、林育英等都是大别山人，他们在自己的家乡积极传播马克思主义。1920 年初冬，恽代英和雷跻唐一同到信阳柳林高等小学，决定互助社和柳林学校合作办学，预定 1921 年秋季开学，届时恽代英亲到该校主持教务工作。雷跻唐留在信阳负责筹款建校期间，经常与陈南仲等人向柳林高等小学师生传播马克思主义，宣传推翻封建制度、打倒旧礼教、男女平等等革命思想。虽然后来合作建校没有办成，但许多青年学生和一些进步的知识分子通过这个桥梁，与恽代英及湖北进步团体建立了联系，许多学生加入了互助社。据梅大栋日记记载，恽代英原计划共存社成立大会在河南信阳的柳林召开，并派李求实去考察过。但因条件不成熟而改在湖北黄冈浚新小学。

1921 年 7 月 15 日至 21 日，恽代英、林育南召集受利群书社影响的进步青年在湖北黄冈浚新小学召开大会，宣布成立共存社，其宗旨是："以积极切实的预备，企求阶级斗争，劳农政治的实现，以达到圆满的人类共存的目的。"这与中共一大通过的第一个纲领基本精神完全一致。这表明，共存社是一个共产主义性质的革命团体。说明没有与共产国际和上海、北京早期党组织取得联系的先进知识分子，也在积极地开展建党活动。不久，当恽代英听闻中国共产党成立后，与林育南商议，立即解散了共存社，其骨干成员随即纷纷加入了中国共产党。可见，中国共产党成立前后，恽代英、林育南等通过互助社、利群书社在大别山地区广泛宣传马克思主义和革命思想。

▶ 作为研究大别山革命历史的专家，能否介绍一下在大别山地区传播马克思主义还有哪些人物和事件，以及整个大别山地区马克思主义传播情况？

李良明：五四运动后，董必武在上海通过李汉俊学习马克思主义，深刻认识到孙中山利用军阀打军阀的路子不对，改造中国一定要走十月革命的道路。于是他和张国恩于 1920 年 3 月回到武汉，与陈潭秋等在武昌创办私立武汉中学，以此为阵地传播马克思主义。鄂东黄安（今红安）、麻城、黄陂、黄冈等县到武汉中学读书的学生很多，他们中的一些进步学生受到马克思主义的熏陶，迅速成长为骨干力量。董必武不仅通过各种途径把马克思主义传播到大别山地区，还亲自回家乡黄安进行指导。

在豫南，1920 年 8 月，罗山青年学社正式成立。学社购进《共产党宣言》《新潮》《新青年》《向导》等马列经典著作和介绍马克思主义的进步刊物，供学社成员学习和研究。学社由开始时传播新文化、研讨革命理论，转向投入革命斗争，成为团结罗山进步青年开展革命斗争的战斗团体。

1922 年，在武昌求学的汪后之回到光山，发起组织“光山学界同人研究会”，在光山县城进行马克思主义和革命思想的启蒙宣传。该团体的一批骨干分子后来大都加入了中国共产党，成为光山党组织的创始人。1923 年，汪后之再赴武汉求学，在恽代英、林育南的影响下，积极参加社会活动，不久加入中国共产主义青年团，接着又由团转党。汪后之一直保持与光山学界同人研究会的联系，经常通过书信或利用假期时间回光山，推动了光山县马克思主义的广泛传播。

1922 年至 1923 年，在湖北武汉中学上学的商城籍学生袁汉铭、董汉儒在上学期间，为向家乡传播新文化、新思想，通过书信与商城县在外地上学的学生进行联系，发起组织了团结商城青年的进步团体商城学会。1924 年，袁汉铭经固始县志成小学进步教师、该校读书会负责人詹谷堂介绍到志成小学任教，在师生中宣传进步思想，并带来《向导》《新青年》《湖北青年》等进步书刊，进一步促进了读书会成员对马克思主义的学习与新思想的宣传。

1924 年，在武汉商科大学读书的陈绍禹（王明）和同学詹雨生寒假回乡，在金家寨组建了“豫皖青年学会”，团结豫皖边区商城、固始、六安、霍山、霍邱等县进步知识分子百余人，学习研究马克思主义，开展反帝反封建宣传活动。

经过辛亥革命、新文化运动的洗礼，各种新文化、新思潮在大别山这片古老的土地上碰撞、激荡。五四运动时期，马克思主义一如浩荡的春风，吹醒了这片大地。陈独秀、董必武、陈潭秋、恽代英等中国共产主义先驱不仅培养传播马克思主义种子的革命骨干，而且在大别山传播马克思主义，指导建立党团组织，宣传革命思想，使马克思主义在大别山地区生根、发芽、开花、结果。

专家点评：

李良明：华中师范大学教授，博士生导师，湖北省中共党史学会（湖北省中共党史人物研究会）副会长

时　间：2021 年 3 月 17 日

地　点：湖北省武汉市华中师范大学校园

寻访组：马克思主义在大别山传播对大别山革命的影响是怎样的？

李良明：1911 年，武昌首义的隆隆炮声震动了大别山城乡，大别山区一大批革命党人把民主共和的种子撒向古老大地；新文化运动浪潮从北京、上海，从安庆、武汉波及大别山区，为传播马克思主义创造了条件。

五四运动爆发后，大别山及周边地区的进步知识分子和青年学生怀着拯救中华、改造社会的强烈愿望，组织进步团体，创办、输入进步刊物，创办学校，致力于介绍、宣传和研究马克思主义学说，探讨改造中国的革命道路。大别山地区成为马克思主义传播从城市到乡村最早、最广泛的地区之一。陈独秀、董必武、陈潭秋、恽代英等中国共产主义先驱是最有力的引领者、推动者。

一批初步接受共产主义思想的优秀分子走出书斋和课堂，将革命理论与革命实践相结合，更广泛地宣传和组织群众。在马克思列宁主义的引导和革命的实践活动中，他们的世界观发生根本性改变，一批无产阶级革命的先锋战士迅速成长起来。这就为大别山地区党组织的建立和革命运动的开展准备了思想基础和骨干力量。

“南陈北李”指导建党

寻访地点：中共安庆支部成立旧址
中共小甸集特别支部成立旧址
中共信阳党团独立支部成立旧址

采访对象：徐舒媛　中共安庆市委党史和地方志研究室主任
（现任中共安庆市委组织部副部长、老干部局局长）
陶玉兵　中共寿县县委党史和地方志研究室主任
廖家宽　中共信阳市浉河区委党史研究室主任
（现任中共信阳市浉河区委党史和地方史志研究室四级调研员）

采访人员：董绍富　叶希武　石和安

2020 年 10 月 23 日，寻访组前往陈独秀的故乡——安徽省安庆市，寻访中共安庆支部成立旧址。在中共安庆市委党史和地方志研究室主任徐舒媛的引导下，寻访组走进荣升社区的一条窄窄的老街道，见到一片坐西朝东，砖木结构，抬梁式构架的老房子。

徐舒媛介绍说：“这条街叫孝子坊街。这片老房子是濮家老屋，建于清同治初年。在这个宅子里，诞生了安徽省第一个城市党组织——中共安庆支部。”

◎ 安徽省中共安庆支部成立旧址

▶ 中共安庆支部为什么在这里成立？

徐舒媛：当年的濮家老屋很大，两院三进，每进又为三开间。房屋后门很隐秘，通向当时的安庆城北门。安庆进步青年濮德治就住在这里。濮家当年是安庆的名门望族。濮德治的母亲与陈独秀的母亲娘家同姓查，是堂姐妹。濮德治和陈独秀名义上是表兄弟，但比陈独秀小 26 岁。濮德治由于受到五四运动及陈独秀的影响，思想活跃，追求真理，以陈独秀为自己崇拜的偶像，开始接受马克思主义。濮德治曾被党组织送往日本早稻田大学、苏联莫斯科东方大学学习。

1760 年至 1937 年，安庆是安徽省布政使司和安徽省会所在地，是中国较早接受近代文明的城市之一，也是中国第一代产业工人的重要诞生地。上海共产党早期组织成立后，陈独秀负责在南京、安庆、芜湖等地物色一些青年建立社会主义青年团的组织。安徽省合肥人蔡晓舟曾在北京大学图书馆任职，在李大钊、陈独秀的影响下接受了马克思主义。五四运动后，蔡晓舟回到安徽从事革命活动。在安庆和王步文等人主办《黎明周报》《安庆学生》等进步刊物，并相继创办了工读夜校、工商夜校和义务小学，以报刊、学校为阵地，积极宣传马克思主义。1921 年初，蔡晓舟受陈独秀之托，联络安庆各校的学联负责人，在怀宁县学宫义务小学内召开安庆社会主义青年团筹备会议。4 月，蔡晓舟在安庆菱湖公园与王步文、周新民、舒传贤、许继慎等主持召开安庆社会主义青年团成立大会。

早在 1920 年 10 月，柯庆施应陈独秀来信之邀赴上海，在杨明斋、俞秀松的介绍下加入了中国社会主义青年团。1921 年 7 月，柯庆施从上海动身赴苏俄学习。1922 年夏，柯庆施从苏俄返回当时的党中央所在地上海，党组织分配他到团中央去工作，同时由张秋人介绍加入了中国共产党。1923 年春，柯庆施到安庆时，携陈独秀给安徽省教育厅厅长江彤侯的引荐书信，住在教育厅内，通过蔡晓舟的介绍负责编辑《新建设》日报副刊和国内新闻。柯庆施利用编辑身份，经常转载《新青年》和《向导》上的文章，宣传马克思主义及中国共产党的主张。同时，柯庆施通过濮德治联络了一些安庆学界的积极分子和原地方社会主义青年团团员，对安庆团组织进行考察整顿。6 月，组建社会主义青年团安庆地方执行委员会，柯庆施为书记。10 月，在反曹锟贿选的斗争中，一些经受住考验的青年团员被转为共产党员，安庆建党条件已基本成熟。

根据安庆汇报的情况，陈独秀写信给柯庆施，指示可以在安庆建党。1923 年 12 月，柯庆施在濮家老屋召开建党会议。参加会议的有柯庆施、王步文、濮德毅、濮德治、许继慎、杨溥泉、彭干臣、高永春、姚光鼐、王同荣 10 人。会议推举柯庆施为党的书记，党组织名称为“中国共产党安庆支部”，直属上海党中央领导。

▶ 中共安庆支部成立后开展了哪些活动？

徐舒媛：中共安庆支部建立后，党组织先后派出党员分别到鹭鸶桥造币厂、甲工学校附设织布厂、玉虹门外广昌发号晒布场和招商局码头工人中开办工人夜校，从教识字开始，结合马克思的剩余价值学说，启发工人阶级觉悟。选派姚光鼐、许继慎、杨溥泉、彭干臣到黄埔军校学习，其中杨溥泉、彭干臣、许继慎在国民革命军两次东征和北伐战争中冲锋陷阵、屡建战功，为国民革命作出了重大贡献。许继慎后来成为鄂豫皖革命根据地的创始人之一、中国工农红军第一军军长。选送王步文、濮德治等人到上海大学深造，后来王步文、濮德治等回到安庆开展革命活动。中共安庆支部的成立，对全省乃至全国的革命史都产生了重要的影响，为党锻炼了一批干部，例如王步文后来成为中共安徽省委第一任书记。

▶ 陈独秀指导安庆建党，是因为他是安庆人吗？

徐舒媛：回答这个问题要从“南陈北李”相约建党说起。“南陈”即在上海的陈独秀；“北李”即在北京的李大钊。对于他们在建党历史上的地位，毛泽东曾明确说，中共早期党组织与此二人联系甚大。1920 年 2 月初，陈独秀再次返回北京受到北洋政府军警监视，处境危险，李大钊主动护送陈独秀离京南下。在护送陈独秀离开北京到天津的路途上，李大钊与陈独秀商讨了在中国建立共产党组织的问题。李大钊返回北京不久，发起组织了“马克思学说研究会”。1920 年 4 月，俄共（布）远东局符拉迪沃斯托克的维经斯基奉命来到北京。维经斯基向李大钊提及在中国建立共产党组织的可能性。李大钊引荐维经斯基去上海与陈独秀会面。不久，陈独秀通过张国焘告知李大钊，研究马克思主义现在已经不是最重要的工作，现在需要立即组织一个中国共产党。作为李大钊与陈独秀的联络人，北京大学学生张国焘经常来往于北京与上海之间。1920 年 8 月底，陈独秀要张国焘将上海的建党意见转告李大钊，上海小组将负责江苏、安徽、浙江等省的组织和发展，希望李大钊从速在北京发动，先组织北京小组，再向山东、山西、河南等省和天津、唐山等城市发展。李大钊随后复信说，上海所拟议的要点都是切实可行的，在北京可以依照着发动起来。10 月，北京共产党早期组织在李大钊的办公室正式成立，由李大钊任书记。从这里我们可以看出，凡是安徽的建党活动都是陈独秀发动、指导的，当然也包括安庆。

◎ 安徽省寿县中共小甸集特别支部成立旧址

10 月 23 日下午，寻访组离开安庆，前往淮南市寿县。寿县原由六安市管辖，2015 年 12 月划归淮南市管辖。

进入寿县小甸镇境内，最引人注目的就是一座高耸在安徽第一面党旗纪念园中的寿县革命烈士纪念碑。寻访组来到纪念园内寻访中共小甸集特别支部成立旧址，如今，旧址已改建为“小甸集特支纪念馆”。

▶ 中共小甸集特别支部是怎样诞生的？

陶玉兵：1920 年 6 月，陈独秀、施存统、俞秀松、李汉俊、陈公培 5 人在上海老渔阳里 2 号陈独秀寓所开会，决定成立共产党。施存统从这个时候开始协助陈独秀从事建党活动。1923 年秋，施存统到上海大学社会学系任教，介绍不少寿县籍进步青年加入中国共产党，并指导寿县建党。

1922 年，曹蕴真、鲁平阶在上海经施存统、张秋人介绍加入中国共产党。1923 年 11 月 22 日，在上海大学读书的薛卓汉、徐梦秋被中共上海地方兼区执行委员会批准为中共候补党员。

1923 年冬，曹蕴真、薛卓汉、徐梦秋等根据上海大学党组织的指示，接受了在寿县发展党组织的任务，从上海返回寿县家乡。他们首先把进步的教师、学生和农民组织起来，利用学生会、农民协会等组织做宣传发动工作。先后介绍了上海大学学生方运炽、小甸集小学校长曹练白和在宣城省立第四师范读书的陈允常等人入党。随着党员人数的增多，在寿县地区建立党组织的条件已经成熟。曹蕴真等在小甸集小学召开全体党员会议，庄严宣布中共寿县小甸集特别支部成立。特支书记为曹蕴真，特支直属党中央领导。

中共小甸集特别支部建立后起到了怎样的作用？

陶玉兵：中共小甸集特别支部是安徽最早的党组织，从此以后，寿县乃至整个安徽有了革命活动的中心和领导核心。1924 年到 1926 年，通过小甸集特支同志的努力，在全县范围内，先后建立了中共淮上中学补习社支部、瓦埠小学支部、城关支部、窑口集特支部、堰口集支部和社会主义青年团寿县支部，共青团寿县地方执行委员会等，党员人数达 80 余人。在全省早期党员总人数中，寿县籍党员约占一半。寿县建团建党之后，在领导开展群众运动的同时，注重自身建设，先后选送一批优秀青年赴苏联莫斯科中山大学、广州农民运动讲习所和黄埔军校学习。1925 年到 1927 年，寿县就有 17 人到苏联莫斯科中山大学深造。1925 年和 1926 年，分两批派 12 位同志到广州农民运动讲习所学习。国共合作之后，中共中央号召各地选派党团员和革命青年到黄埔军校学习。1924 年到 1926 年，寿县有 20 余人参加黄埔一期至四期的学习。黄埔一期寿县籍党员曹渊，在北伐战争中任叶挺独立团第一营营长，英勇善战，身先士卒，屡立战功，在攻打武昌城战斗中英勇牺牲；寿县籍的孙一中也是一期学员，后来在革命斗争中成为红军高级将领，在创建湘鄂西根据地时作出了重大贡献。

◎ 河南省信阳市中共信阳党团独立支部成立旧址

10 月 24 日，寻访组从寿县出发，前往河南省信阳市，考察中共信阳党团独立支部成立旧址。中共信阳市浉河区委党史研究室主任廖家宽接待了我们。

旧址位于信阳市火车站东天桥街，本为第十二扶轮学校，也叫信阳铁路扶轮学校，为砖瓦结构的平房，现已改建为办公大楼。没有人引导，很难找到这个地方。

▶ 中共信阳党团独立支部是如何建立的？

廖家宽：1924 年 10 月，冯玉祥联合胡景翼、孙岳，乘第二次直奉战争之机，发动北京政变，推翻曹锟北洋军阀政府，组建成中华民国国民军，冯玉祥任总司令兼第一军军长，胡景翼及孙岳任副总司令兼第二、三军军长。胡景翼的国民军第二军驻河南。胡景翼邀请李大钊到河南会晤，并请李大钊作为国民军第二军代表团成员。1925 年初，李大钊通过胡景翼向河南派遣一批党员干部从事建党活动。中共党员刘少猷、姚佐唐等人来到信阳铁路，他们一面恢复信阳铁路工会，一面在工人中发展党员。不久，在刘少猷、秦君霞等人的培养下，信阳铁路工人徐宽、信阳省立第三师范学生陈孤零等人先后加入党、团组织。1925 年 3 月，中共北京区委派遣王克新到信阳，担任铁路扶轮学校校长。1925 年 4 月下旬，刘少猷、王克新、秦君霞等主持召集信阳党、团员会议，经过慎重讨论并报请中共中央批准，正式成立信阳党团独立支部。这是一个以党员为主、党团合组的基层支部。支部设于信阳铁路扶轮学校内，由刘少猷、王克新、秦君霞、郭安宇、陈孤零 5 人组成支部委员会，刘少猷、王克新、郭安宇 3 人组成干事局，作为支部的集体领导核心。随着党、团队伍的扩大和基层组织的发展，为了实现对豫南各地基层组织的集中统一领导，1925 年 7 月，经中共北方区委批准，中共信阳地方执行委员会成立，原信阳党团独立支部撤销。刘少猷、王克新、秦君霞为第一届执行委员，刘少猷为书记。这是河南省第一个地级党组织。中共信阳地委成立之后，基层组织在全区迅速发展起来，至 1925 年底，除信阳各支部外，商城、罗山、光山、驻马店、汝南等县都相继改建或成立了党的特支、支部或小组。

中共信阳地委为什么由中共北方区委领导？

廖家宽：1923 年 7 月，中共北京地委改组，成立中共北京区执行委员会兼中共北京地方执行委员会，领导人为李大钊。1925 年 10 月，中共北方区执行委员会（简称北方区委）正式成立，李大钊任区委书记。1925 年 9 月中旬，中共豫陕区执行委员会成立，王若飞任书记，隶属中共中央领导，同时接受中共北方区委的指导。中共豫陕区委成立后，原由北京区委领导的河南境内的党组织，主要由豫陕区委领导，但仍与北方区委联系较多。因为河南党组织的主要领导人大都是北京区委派去的，与北京区委的关系较密切。信阳共产党早期地方组织的成立与李大钊有密切的关系。

专家点评：

石仲泉：原中共中央党史研究室副主任、毛泽东思想邓小平理论研究会会长

时　间：2021 年 5 月 12 日

地　点：北京市

寻访组：请谈谈陈独秀、李大钊指导大别山地区建党的意义。

石仲泉：北大红楼两位巨人陈独秀、李大钊创建了中国共产党，给灾难深重的中国人民带来了光明和希望。中国共产党一经诞生，就以其辉煌的光焰普照神州大地，开辟了中国历史的新纪元。

"其作始也简，其将毕也必巨。"中国共产党早期组织成员中大别山地区有 8 名，中共一大代表中大别山地区有 4 名，这个比例相当不小。那时全国有 58 名党员，大别山地区占近 1/7；参加党的一大 13 人，大别山地区占近 1/3。中国共产党的创建者陈独秀、李大钊、董必武、陈潭秋等通过组织系统都先后在大别山地区发展党员、建立党组织，这也是罕见的。1921 年，陈策楼建立第一个党小组，至 1927 年 6 月，鄂东北地区建立 11 个县委，下辖 26 个区委、73 个支部；信阳地区建立了信阳县委、潢川特别支部、固始支部、张庄支部；皖西北地区在六安、霍邱、寿县、潜山、桐城、宿松分别建立特别支部、支部、党小组，大别山地区成为中国共产党的重要建党基地。习近平总书记在河南考察调研时也特别指出，"鄂豫皖苏区根据地是我们党的重要建党基地"。

李大钊曾满怀豪情地预言："试看将来的环球，必是赤旗的世界！"大别山地区的共产党人用鲜血和生命将赤旗插遍整个大别山，28 年间革命红旗屹立不倒。

董必武播下革命火种

寻访地点：湖北省红安县董必武故居

湖北省武汉市私立武汉中学旧址纪念馆

采访对象：辛向阳　湖北省红安县史志研究中心主任

熊廷华　中共湖北省委党史研究室宣教处处长

（现任中共湖北省委党史研究室二级巡视员）

采访人员：董绍富　石和安　叶希武

2020 年 11 月 18 日上午，寻访组来到红安县城关镇民主街 24 号，瞻仰董必武故居。

在青砖院墙的圆门上方，有一块长方形的汉白玉，镌刻着由中共中央书记处原书记、中央政法委原书记任建新题写的“董必武故居”5 个红色大字。

故居坐西朝东，共 3 排 16 间正屋，两间小屋，青砖瓦房，红漆廊柱。前排房子内复原了当年董家卖酱菜、买谷粜米的场景，房子后边有一棵石榴树，树干遒劲，枝繁叶茂。石榴树旁是董必武母亲纺纱塑像。第二排房屋正房六间，分别为堂屋、董必武大伯、二伯、四叔夫妇和董必武父母居室，以及董必武的居室。在堂屋的右边有一间小卧室，是董必武当年出生的地方。第二排前两侧各有一间小屋，右边是厨房，左边为储藏室。董必

◎ 湖北省红安县董必武故居

武的祖父叫董其元，有子女九人，除长女出嫁外，其余八人均在身边。董必武是三子董基文的长子。董必武出生时，家境比较困难，整个大家庭共有 30 多人，被乡邻称作“大井坎董家”。全家主要靠大伯、二伯经营董恒豫酱菜铺，父亲、四叔教书，五叔当店员，家眷们纺纱织布的收入维持生计。后来，酱菜铺的生意不太景气，入不敷出，于是又开个粜米店，买谷粜米，赚些微薄利润补贴家用。董必武在回忆他上学时的家境说：“上学时记得是一天两餐，一稀（上午约十点钟吃，每人两碗）、一干（下午约四点钟吃，一碗干饭加菜）。大伯管买柴、菜、米。到腊月三十日，能吃上三顿干饭，有点肉，正月初一吃三十剩的，正月十五吃三餐，一年只此三次。清明、端阳、中秋三节有很少一点点肉。”第三排房屋原为其他亲属居住的地方，现为董必武故居纪念馆。

▶ 董必武的家庭有什么样的家教家风？

辛向阳：董必武曾在《董氏族谱》写过一篇名为《曾大父行状》的文章，其中说董家“世儒未显，惟朴诚相传”，这实际上道出董家的家风，那就是“朴诚勇毅”。

董必武的父亲和四叔都是黄安城内有名的教书先生。黄安及周边邻县的许多名门贵族都想花重金聘请他们当老师，但他们却从不为优厚的待遇所动。他们也一直教导董家的后代“惟以清贫自守，朴诚相传”。幼年时代的董必武，在这种生活勤俭和作风朴诚的家庭里，受到了良好的熏陶。因生活困难，董必武从私塾放学回来，常常去捡柴、挖野菜，有时还帮母亲搬送自织土布。由于从小就饱尝艰辛，过着俭朴的生活，他更容易接近劳动人民，并了解劳动人民的疾苦。他从家庭和劳动人民的生活中，得到正直、俭朴、诚实、笃厚、刚毅等品德的哺育，逐渐磨砺出自己“朴诚勇毅”的品格，具有强烈的正义感，使他在那恶习相袭成风的旧社会，能一尘不染。

▶ 董必武90岁生日时，写下了一首《九十初度》，诗中最后两句是“遵从马列无不胜，深信前途会伐柯”。作为一个清末秀才，他是如何转变为一个坚定的马克思主义者的呢？

辛向阳：董必武一生在追求真理的道路上，曾有两次重大转变过程。董必武早期经历的一些事件，如麻城宋埠教案、黄安抢谷风潮、黄州考场事件、衙门被打事件等，使他逐渐看清了清政府的腐败黑暗，毅然摒弃仕途，同封建功名彻底决裂。1905年，董必武在文普通学堂读书时，住地附近有革命党人创办的日知会的阅读室，他经常到那里读书看报，在此结识了日知会总干事刘静庵，逐渐接受了以孙中山为代表的资产阶级革命派的观点。1907年，刘静庵在湖北策划反对清政府的起义时，因叛徒告密，被清廷抓捕后英勇牺牲。这件事给了董必武极大的震动，他认识到以武装起义推翻反动统治的前景，便毅然决然地走上孙中山开辟的革命道路，实现了从一个封建王朝的秀才向一个坚定的民主主义革命者的转变。

1911年，辛亥革命爆发，董必武毅然剪掉辫子，奔赴武昌参加革命，在湖北军政府理财部任秘书官，加入中国同盟会，参与组建同盟会湖北支部，并在此后近十年里，跟随孙中山致力于资产阶级民主革命。袁世凯攫取辛亥革命的果实后，黎元洪在湖北对革命党人进行大肆屠杀，董必武被迫逃亡上海。1914 年 1 月，他得朋友资助，东渡日本，考入东京私立日本大学攻读法律。在日本大学学习期间，孙中山流亡日本，重组中华革命党，董必武毅然加入中华革命党。1915 年 6 月，董必武奉孙中山之命回国，准备返回湖北，联络当时驻守武昌南湖的炮兵团团长李愈友，在军队中策动反袁的军事行动。李愈友是董必武的同乡旧友，他完全赞成这次行动，但因布置不周，起事计划泄露，董必武因此先后两次遭逮捕入狱。袁世凯死后，董必武重新获得自由。他从家中直奔武昌，继续从事革命活动。临别时，董必武抄给四叔一首当年写的诗，坦述了他坚定的革命胸怀："重违庭训走天涯，不为功名不为家。旋转乾坤终有日，神州遍种自由花。"

1919 年 2 月，董必武受鄂西靖国军的委托，途经武汉赴上海，向孙中山及各方面申诉鄂西靖国军总司令蔡济民在湖北利川被害一案，申诉无果。3 月，湖北善后公会在上海成立，旅沪同乡公推董必武、张国恩驻会主持会务。湖北善后公会的机关设在法租界霞飞路渔阳里，这原是孙中山租用的一所宅院，后来孙中山搬到莫里哀路二十九号另一处住宅，渔阳里的这所住宅便成为湖北在上海的国民党分子的活动场所，董必武、张国恩在此落脚办公。董必武的公务并不繁忙，对正在进行着的南北和谈也不感兴趣。这时，五四运动爆发。5 月 7 日，上海各界 57 个团体两万多人举行集会并示威游行，声援北京学生。董必武与张国恩作为国民会议团体之一的代表，参加了集会和游行。同日，为促进家乡爱国运动的发展，董必武同张国恩以湖北善后公会的名义，向省内各民众团体发了一份通电，号召武汉各界投入这场爱国运动。在北京、上海、武汉等地的工人、学生和其他民众的强烈要求下，出席巴黎和会的中国代表未在和约上签字。董必武欣喜地从中看到了普通民众行动起来以后的伟大力量，看到了中华民族的希望。

影响董必武一生的另一件有决定意义的事，是他在五四运动中找到了真正的救国救民真理——马克思主义。董必武遇到他的“马克思主义老师”李汉俊。李汉俊，湖北潜江人，比董必武小四岁。他在东京帝国大学留学时结识了著名的马克思主义经济学教授河上肇先生，并经常登门拜访，用更多的精力研究马克思主义。1918 年末，李汉俊先董必武几个月从日本回到上海，客居法租界霞飞路渔阳里 567 号，那里是他哥哥李书城的寓所，与同乡、董必武的好友詹大悲为邻，陈独秀也住在渔阳里。由于志趣相投，李汉俊一时成了陈独秀寓所的常客。1919 年 1 月，李汉俊仿照李大钊、陈独秀在北京创办出版的《每周评论》，与戴季陶等创办《星期评论》。两刊一时成为“舆论界中最亮的两颗明星”。董必武与张国恩主持的湖北善后公会，就在李汉俊、詹大悲住处马路的对面。他们时常聚在一起议论时局，讨论中国的出路。李汉俊从日本带回的许多介绍马克思主义和十月革命的书籍、刊物，成为渴求真理的董必武、张国恩、詹大悲最感兴趣的读物，李汉俊也就自然成为他们的马克思主义启蒙老师。董必武经过李汉俊详细介绍，又反复研读十月革命的书籍，深深感到俄国十月革命的宗旨和工作方法与辛亥革命的宗旨和工作方法完全不同。董必武认为国民党一套旧的搞军事政变的革命方法行不通了，应改为一种能唤醒群众、接近群众的方法。中国革命要取得成功，必须像俄国那样，实行阶级革命，唤醒群众，必须走十月革命的道路。

董必武就是这样从马克思主义与中国革命具体实践相结合的基点出发，实现了他人生中的第二次重大转变，走上了信仰马克思列宁主义的道路，逐渐由一位坚定的民主主义革命者发展成为坚信马克思主义的共产主义者。

1920 年 8 月，已是中国共产党上海早期组织成员的李汉俊写信给董必武和张国恩，约他们在武汉建立共产党组织。与此同时，刘伯垂受陈独秀的委托，带着一份抄写的《中国共产党党纲草案》、介绍社会主义和俄国十月革命的小册子回武汉与董必武、包惠僧等商讨建党。不久，董必武、陈潭秋、刘伯垂、张国恩、包惠僧、郑凯卿、赵子健在武昌抚院街 97 号开会，正式成立武汉共产主义研究小组。这个小组实际上就是武汉共产党早期组织。特别值得一提的是，在武汉共产党早期组织的七名成员中，有五名来自大别山地区，其中有三名是黄安人，即董必武、张国恩、赵子健；有两名是黄冈人，陈潭秋、包惠僧。此后董必武在武汉进行了一系列革命活动，相继建立了武昌社会主义青年团、汉口社会主义青年团以及马克思主义研究会、妇女读书会、青年读书会等进步组织，广泛传播马克思主义。此时的董必武既在思想上深刻地接受了马克思主义，又在行动上践行着马克思主义。1921 年 7 月，董必武与陈潭秋作为武汉共产党早期组织派出的两名代表，一起出席了在上海举行的中国共产党第一次全国代表大会，参与创建中国共产党。

◎ 私立武汉中学建校时的大门

11 月 18 日下午 2 点 50 分，寻访组来到武汉市武昌区粮道街武汉中学西门，这正是当年私立武汉中学建校时的大门，被列为武汉市文物保护单位。大门两旁为水泥浇铸的方形立柱，与青砖围墙相连，门框上方为半圆形，显得十分厚重严实。

◎ 私立武汉中学旧址纪念馆

进到武汉中学大操场，旁边有几间平房特别惹眼，白墙灰瓦，红柱廊檐，这便是私立武汉中学旧址。1928 年，桂系军阀占据武汉，强令封闭私立武汉中学。1965 年，私立武汉中学在原址复校，定名为武汉中学。1985 年，旧址复原修建私立武汉中学旧址纪念馆。馆内有董必武捐赠的乒乓球台、生前使用过的躺椅和台灯等珍贵文物。

▶ 私立武汉中学是怎样建立起来的？

熊廷华：董必武同李汉俊、张国恩、詹大悲等反复研究，一致认为，办报纸、办学校是能唤醒群众、接近群众的最有效的方法。董必武等最初认为似乎办报纸更容易些，决心先办一份有自己特点的“为人民说话”的报纸，定名为《江汉报》。但因筹集资金出现问题，办报的计划落空。报纸未办成，董必武与张国恩、刘鼎三、李城三等决定创办一所私立中学。校址选在涵三宫街南面的一所旧房子，那里曾办过学校，内有三间教室，一大间办公室，风雨操场一个，还有可供学生住宿用的两排房子。办学经费由创办人募集，雷大同捐款 120 元，其他每人捐款 20 元。董必武身无分文，在数九寒天，将唯一的一件皮袍脱下，典当了 20 元钱交付了。1920 年 4 月 10 日，私立武汉中学正式开学。

▶ 私立武汉中学有什么特别之处？

熊廷华：董必武在筹办武汉中学之初，就积极主张设法多招收一些贫寒家庭的子弟入学，特别主张多吸收一些农村的青少年入校学习。为实现学校办学宗旨，培养新型革命人才，学校规定：第一，武汉中学的报考费比武昌的同类学校低六分之一，学费低三分之一。第二，为了减少学校开支，教职员只拿很低的薪酬或不领取薪酬。董必武、陈潭秋等为了减少学校经费开支，都主动不拿薪酬。第三，当时官方审定的中学语文课本，仍袭用文言文，学生学起来比较困难。董必武对语文课本作了全新的改造，他自编课本，采用白话文教学。第四，允许男女生合校，女生可以和男生同班上课。第五，学校成立学生会，班级成立班会，提倡学生自治。第六，要求学生不仅要学好课堂知识，而且倡导学生在课外阅读报纸书刊，使学生关心国内外大事。第七，注意学生的思想进步和道德品质培养。在学校坐北朝南的五间房子中间校政厅的北墙上，写有一副对联。右联是：金石长不朽，左联是：丹青本无双，横批是：朴诚勇毅。"朴诚勇毅"是董必武为武汉中学确定的校训。董必武教国文，精心挑选了古今中外具有人民性的优秀文章、诗词名篇作为教材，如反封建暴政的《苛政猛于虎》《河伯娶妇》，反封建礼教的《孔雀东南飞》，反映朴素唯物主义的《论衡》，充满爱国主义思想的《离骚》，以及辛弃疾、秋瑾、徐锡麟的诗文，外国的文学作品如莫泊桑的小说、易卜生的话剧等。为了引导学生学习革命思想，董必武还通过恽代英主办的利群书社，设法为学生购买《共产党宣言》《新青年》《湘江评论》《武汉星期评论》等书刊；指导学生办起《武汉中学周刊》，介绍新思想，发表反帝反封建、推动教育改革的文章，还编写《政治问答》等。他还先后邀请李汉俊、钱介磐、恽代英、刘子通、黄负生到校演讲。这所学校真正办成了培育新型革命人才的摇篮，实际上也是武汉创建中国共产党和社会主义青年团的摇篮之一，其中不少学生成为中国共产党党员、社会主义青年团团员。

▶ 武汉中学为大别山地区培养了哪些革命骨干？

熊廷华：大别山地区的鄂东、豫东南有一大批青年进入武汉中学读书，其中黄安县先后就有 80 余人。在董必武、陈潭秋等人的教育和影响下，他们中的很多人加入中国共产党，成为大别山地区的第一批中共党员。就读于武汉中学的黄安籍早期中共党员有董必武之弟董贤珏及王鉴、雷绍全、王秀松、汪奠川、赵赐吾等人，黄冈籍的有胡亮寅、何笃哉等人，麻城籍的有邓天文、桂步蟾、徐子清、徐其虚、李培文、王勉勤、刘象明、凌柱中、冯树功、汪心一、余席珍、胡英等人，大悟籍的有张书田等人，黄陂籍的有潘忠汝、宁积堂、李树贞等人，光山籍的有熊少山、杜彦威、殷仲环、王志仁等人，商城籍的有袁汉铭、董汉儒等人，罗田籍的有李梯云等人，英山籍的有陈卫东等人。在黄麻起义总指挥部的十名领导人中，就有潘忠汝、王志仁、汪奠川、王秀松、刘文尉五位毕业于武汉中学。可以说，武汉中学成了传播马克思主义思想、培养革命骨干的重要基地。

▶ 除了私立武汉中学培养革命骨干外，董必武还通过什么途径为大别山地区输送革命人才？

熊廷华：1922 年初，中共武汉区执行委员会成立后，董必武在主办武汉中学的同时，到省立第一师范、省立女师、启黄中学等校任教，还与陈潭秋一起到共进中学、中华大学附中、省立政法大学、武昌高师及其附中等校去活动，在这些学校的进步师生中传播马克思主义。大别山地区来武汉这些学校求学的学生很多都走上了革命道路。黄安籍学生戴克敏、戴季伦、王文焕、徐希烈、邓用中、冯德浩等人，是在省立第一师范受董必武等影响而加入中国共产党的。麻城籍的刘文蔚当时就读于武昌启黄中学，王幼安当时就读于湖北省立第一师范，他们因受董必武、陈潭秋影响，加入中国共产党，而蔡济黄本就读于武昌启黄中学，因与在武汉中学就读的同窗好友桂步蟾、徐其虚、李培文等交往甚密，常去武汉中学，受到董必武等人影响，不久加入中国共产党。

▶ 董必武有没有直接到大别山地区传播马克思主义、开展革命活动？

熊廷华：董必武不仅对大别山地区旅汉学生进行马克思主义的宣传，而且通过各种途径把马克思主义传播到大别山地区，还亲自回家乡指导革命活动。1922 年至 1923 年间，董必武先后回黄安 3 次，在县城、高桥和八里区农村，亲自向手工业工人、农民和青年学生宣讲马克思主义的革命道理。1923 年暑假，省立第一师范在董必武指导下成立的革命团体启人社，按照董必武的意见，由张卓群、程亚主、陈定一、刘仲衡等组成暑假宣传团，赴黄安、麻城等地宣传新文化、新思想，开展放足运动，散发革命传单。他们由仓子埠经李家集到八里湾，再往七里坪到麻城转宋埠、歧亭等地，到农村进行宣传活动。后来张卓群以启人社名义在八里区陈家田村办起了启人小学，编印《启人月刊》。启人小学以后有很大发展，设立 3 个分部，共有学生 200 多人。1924 年春节后，董必武支持建立的黄安县师范讲习所正式开学。董必武亲自选派 3 名教员，其中包括中共党员、省立第一师范学校在校学生李镜唐。第一期招收 40 名学生。师范讲习所实际上成为当时传播马克思主义的阵地，所培养的学生成为传播新文化、新思想的宣传骨干。

▶ 董必武是如何指导黄安、麻城等地建立党组织、发展党员的？

熊廷华：董必武在武汉亲自组建党的工作组，并将其派往大别山地区建立和发展党组织。1923 年冬，在董必武的亲自主持下，党的黄安工作组在武汉中学正式成立，成员有王鉴、雷绍全、董贤珏等，董贤珏为主要负责人。党的黄安工作组回县后，其成员在亲友中“串党”，以此方式发展党员，建立党组织。王鉴、雷绍全等从1924年到1925年在县城、七里、紫云、高桥等地发展了一批党员。他们是张之乐、陈家祥、衷勤、王焱南、王文魁、刘崇毅、彭年、汪运富、汪运久、邹圣裔、张行静、高乐群等。1925年10月，董贤珏主持组建中共黄安特别支部，并任支部书记。原党的黄安工作组同时撤销。1924年，董必武组织麻城籍学生党员蔡济黄、刘文蔚、邓天文、徐子清、徐其虚等成立麻城县工作组。工作组回麻城后，成立中共麻城特别支部，王幼安任书记。特支建立后，在乘马岗、顺河集等地秘密发展了一批党员，其中有王树声、廖荣坤等人，并建立基层组织，到1927年春共建立4个党支部。1924年秋，熊少山、殷仲环、杜彦威等在董必武的指导下组建党的光山工作组，回到家乡开办学校，秘密发展熊全甫、汪少山等一批共产党员。1925年，中共光山县殷区特别支部建立，熊少山任书记。董必武还派遣其他县学生党员回家乡从事建党活动。1926年，李梯云先后介绍肖方、林成一、阎尤、陈绍康加入中国共产党，并成立中共罗田支部，李梯云任书记。1924年冬，董汉儒和袁汉铭从武汉中学毕业后，董汉儒去上海大学继续读书，并在上海继续参加革命活动；袁汉铭受武汉党组织派遣，带着发展商城党团组织的任务，返回商城。1925年6月，袁汉铭在商城首批发展吴靖宇、雷承清、詹清岳等人加入中国共产党，并建立中共商城党团支部，袁汉铭自任支部书记。

▶ 董必武是如何具体指导黄安县进步青年学生去发动农民群众的？

熊廷华：在党的黄安工作组组建期间，董必武还指导黄安旅汉学生成立黄安青年协进会。黄安青年协进会既在武汉积极活动，又利用寒暑假回黄安开展革命宣传。青年协进会会员回县活动，董必武事先都要进行部署并提出要求，还告以具体工作方法：（一）注意看房子，青砖瓦屋一般较富，要先找贫苦农民，取得他们的信任。（二）先不宜作空泛宣传，要闲谈，同农民靠拢。（三）帮助农民办好事，写信记账，助工助教，多帮忙，不要使农民吃亏。（四）领导农民斗争，开始选择容易取胜的事情干，先小后大，注意团结农民。董必武还特别强调，黄安青年协进会要在党的黄安工作组的领导下开展活动。大家按照董必武指导的方法去进行工作，很快取得了群众的信任，反帝反封建的革命宣传活动便广泛开展起来了。

专家点评：

李良明：华中师范大学教授，博士生导师，湖北省中共党史学会（湖北省中共党史人物研究会）副会长

时　间：2021 年 3 月 17 日

地　点：湖北省武汉市华中师范大学校园

寻访组：请谈谈董必武对大别山革命的影响。

李良明：董必武是中国共产党的创建人之一。在中共一大代表中，只有他和毛泽东登上天安门城楼，参与缔造了中华人民共和国。

在急遽变革的历史进程中，董必武勇立潮头，始终站在时代的前列。从清末秀才到民主斗士，再到忠诚的共产主义战士，在无数进步青年面前树起了一面光辉的旗帜。董必武洞悉了马克思主义真理的光芒，坚定地认为“中国的独立，走孙中山的道路是行不通的，必须走列宁的道路”。

董必武以武汉中学、启黄中学等学校为阵地，培养了一大批革命积极分子和优秀党团员。这些火种后来在大革命风暴中，迅速遍布大别山地区，并为迎接土地革命战争高潮奠定了坚实的基础。因此，李先念在回顾这段历史时曾感慨地说：“董老是湖北革命的老祖宗，是湖北和大别山革命的一面旗帜，我们这些人都是他的徒子徒孙。”

陈潭秋点燃革命之火

寻访地点：湖北省黄冈市陈潭秋故居

采访对象：颜宏启　湖北省黄冈市史志研究中心主任

（现任湖北省黄冈市史志研究中心一级调研员）

采访人员：林志成　董绍富　瞿　萍　梅　寒

2020 年 10 月 14 日上午 10 点，寻访组从河南省新县驱车前往湖北省黄冈市黄州区陈策楼村陈潭秋故居。刚进入黄州区境，就下起了小雨。霎时烟雨苍茫，笼盖四野。12 点 55 分，在黄冈市史志研究中心主任颜宏启的陪同下，寻访组来到陈策楼村。陈策楼村北依烽火山，南濒巴水河，村中有一大口清水池塘。陈潭秋故居坐落在池塘北面，青砖黛瓦，绿树掩映。

故居建于清光绪二十二年，即 1896 年，一进三重，面阔五间，硬山顶，砖木结构。原为一进七重院落，1927 年被国民党反动派烧毁，仅存一副红褐色石雕门柱，在此后半个多世纪的岁月里，村民们一代接一代守护着，不许任何人挪动、毁坏，甚至用生命保护它。1979 年，黄冈县人民政府就着原来门柱对房屋进行了部分修复，2010 年再次修复、重建。如今是陈潭秋纪念馆，原国家主席李先念题写了馆名。

故居的第一、第二排为陈潭秋父母及兄弟姐妹住室复原陈列，第三

◎ 湖北省黄冈市陈潭秋故居

排为陈潭秋生平事迹陈展。

▶ 陈潭秋的家庭及求学道路是怎样的？

颜宏启：1896 年 1 月 4 日，陈潭秋出生在书香门第的大家庭。他的祖父名畴，字寿田，在清光绪元年考中举人，没有做官，在乡间执教，以教书所得的收入购置了一些田产。他的父亲名厚怙，字子瞻，谨守祖业，克勤克俭，度过一生，晚年多病，一切家务都由他母亲龚莲馨操持。陈潭秋有兄弟八人，姊妹二人，他排行第七。因家庭人口多，兄弟多人读书求学，生活负担加重，只得将田产变卖，濒于破产。

故居的左侧是陈策楼。这个村陈氏家族的祖先中有个叫陈策的人，明朝时候考取功名做了官，本族人建了这座楼作为纪念，所以叫陈策楼。这里是陈潭秋等人从事革命活动的地方。小时候，陈潭秋与他的五哥陈树三曾在这里登楼赏景，抒发远大抱负。一天，陈树三就要离开家乡了，特意带着陈潭秋登上陈策楼。五哥说："潭秋，我问你，你为什么叫陈

◎ 湖北省黄冈市黄州区陈策楼

澄?”陈潭秋一时愣住了:“爹取的名字呀!”陈树三大笑:“你要懂得这个字的意思。澄,就是把水澄清。如今世道太浑浊了,你长大以后,要努力澄清这个世界!”陈潭秋明白了:“那么,我的学名,就是深潭逢着秋天,清澈明亮。我要正直为人,一生替民众办好事。”接着,他俩又提出作诗。陈树三先作一句:“陈策楼上谁陈策?”陈潭秋立即对答:“独尊山前我独尊。”

陈树三早在清末湖北工业学校读书时就加入了同盟会,后参加过辛亥革命,在南京参加筹备成立中华民国临时政府时不幸被反动分子暗杀。陈树三常给陈潭秋讲些同盟会中革命志士的故事,使陈潭秋从小就受到民族民主革命思想的熏陶,萌发了反帝反封建意识。陈树三在家乡创办了新式学堂——聚星学校。陈潭秋 8 岁在此就读,勤学好问,品学兼优。他剪着平头,穿着短裤,背着书包上新学堂,开风气之先。

陈潭秋 15 岁时到武汉求学,1915 年考入武昌高等师范学校,这个学校就是武汉大学前身。在此读书期间，正是新文化运动蓬勃开展的时候。陈潭秋从《新青年》《每周评论》等刊物上阅读到李大钊、陈独秀等新文化运动领导人的文章，大开眼界，思想受到很大震动。1917 年俄国十月革命胜利后，陈潭秋反复学习李大钊的《法俄革命之比较观》《庶民的胜利》和《布尔什维主义的胜利》等文章，十分赞同"1917 年的俄国革命，是 20 世纪中世界革命的先声""试看将来的环球，必是赤旗的世界"的观点。1919 年，五四运动爆发。在恽代英、林育南等的领导下，5 月 17 日成立武汉学生联合会，当即决定 18 日举行全市大游行。陈潭秋是武昌高师毕业班学生游行的带头人。

▶ 陈潭秋的思想从什么时候开始发生根本性转变的？

颜宏启：应该说是在上海，陈潭秋与董必武认识后思想开始发生根本性转变。五四运动后，陈潭秋随高师学生代表到上海参观学习。在上海，陈潭秋经同学倪季端介绍结识了董必武。倪季端是湖北红安人，与董必武同乡。此时的董必武已经阅读了很多马克思主义书籍，思想发生了根本转变。董必武又把这些书籍介绍给陈潭秋阅读。在同董必武、李汉俊等人的接触交谈中，陈潭秋接受了马克思主义的学说观点，认为中国的出路要像俄国那样实行阶级革命，中国应该搞"俄国马克思主义"。陈潭秋同董必武约定回武汉创办学校宣传革命。

陈潭秋的思想变化有一个过程。高师毕业后，陈潭秋回到家乡陈策楼，把长衫一脱，换上粗布鞋，腰里束根草绳，裤脚卷得老高，操起铁锹就到贫苦农民中去劳动，一边干活，一边谈家常。农民见他和自己一样打扮，一样吃苦，都把他当贴心人，愿将心里话说给他听。过一段时间，陈潭秋又回到武汉，到工人中去当学生。寒冬腊月，北风劲吹，雪花纷飞，汉口码头结了厚厚一层冰。码头工人们还穿着破衣烂衫，肩扛货物，手攀缆绳，在上百级石阶上艰难地移动。经常脚下一滑，就掉进江里。陈潭秋来到他们中间，和他们一道扛包。中午吃饭的时候和工人一同躲在货堆旁，一边吃，一边听他们讲工头怎样打人，老板如何克扣工钱……这样，在工人、农民中劳动、学习和调查，加速了他的共产主义世界观的形成。

▶ 陈潭秋成为一个真正的马克思主义者是什么时候呢？

颜宏启：董必武从上海回到武汉后，创办私立武汉中学。陈潭秋和董必武不仅参加学校董事会，负责组织领导工作，还亲自教课。董必武教国文，他教英语。陈潭秋同时在武汉中学、共进中学、武汉高师附小、湖北女子师范等学校兼课。名义上教英语，实际上主要是教马克思主义的革命道理。每次上课，他都是先举几个在工农中调查到的事例，然后联系《共产党宣言》《国家与革命》等马列著作进行分析。他常常用铁的事实无情地揭露帝国主义、封建主义的罪恶，满怀激情地介绍十月革命的经验。陈潭秋等通过学校这个阵地，培养了一大批革命骨干。1920 年 8 月，陈潭秋与董必武等人创建中国共产党武汉早期组织；1921 年 7 月，出席中国共产党第一次全国代表大会，成为中国共产党的创始人之一。自此，陈潭秋冲锋陷阵，奋斗不止，成为一名共产主义的先锋战士。

▶ 大别山地区第一个中共基层组织——陈策楼党小组是怎样建立起来的？黄冈地区的党组织在大革命时期发展如何？

颜宏启：共产党武汉早期组织建立后，陈潭秋、林育英等在黄冈浚新小学建立马克思学说研究会，会员有肖人鹄、陈学渭、刘念祖、胡亮寅等。中共一大后，陈潭秋是共产党武汉支部的负责人和主要成员。1921 年 11 月，中共中央局发出通告，要求上海、北京、广州、武汉、长沙五区早在本年内至迟到次年 7 月各发展党员达到 30 人。中共武汉地方委员会按照通告要求，积极发展组织。当月，陈潭秋回家乡黄冈，分头召集陈策楼、八斗湾两地的党员成立陈策楼、八斗湾两个党小组，分别由肖人鹄、胡亮寅任组长。这是大别山地区成立最早的中共农村基层组织。1922 年春，这两个党小组先后发展成为两个党支部，即陈策楼党支部、八斗湾党支部，由陈学渭、胡亮寅分别担任支部书记。这样，黄冈地区有了坚强的领导核心，开辟了黄冈革命史的新纪元。

中共陈策楼、八斗湾党支部建立后，黄冈县农村基层党组织发展迅速。到 1924 年 7 月，两个支部发展为中共黄冈特别支部，并在全县建立了 5 个党小组，党员约 80 人。1926 年春，黄冈特别支部改称中共黄冈地方委员会，机关设在陈策楼。到 1927 年 5 月，黄冈县党员发展到 663 人。中共黄冈县党组织发展之快，与中共陈策楼、八斗湾党支部成员的骨干作用是分不开的。

▶ 陈潭秋对大别山黄冈地区农民运动有怎样的影响？

颜宏启：陈潭秋既是播火者，又是点燃革命烈火的人。陈策楼是当时黄冈地区农运风暴的中心。陈潭秋因出生在农村，常与农民接触，深知农民受尽压迫和剥削，苦难深重，是中共党内比较早的重视农民运动的领导人之一。在陈潭秋的带领和感召下，家中的兄弟、亲属参加革命的非常多，有的成为农民运动领导人。陈潭秋的二哥陈防武、三哥陈春林都是黄冈县农民协会的负责人，八弟陈荫林参加革命后任国民党湖北省党部农民部长、省农民协会副委员长。1926 年秋天，中共黄冈县委召开了全县党员大会，陈潭秋代表省委出席了大会，并作了报告，对黄冈党组织的发展、农民运动的发展起了推动作用。在陈潭秋和中共黄冈县党组织、农民协会的领导下，黄冈人民迅速投身于大革命的热潮之中，黄冈农民运动狂飙突进，开湖北农民运动的先河。当时被赞誉为“赤色满县，生气勃勃”。而黄冈这种如火如荼革命浪潮的中心就是陈潭秋的家乡陈策楼和八斗湾。国民党的一个报告中曾介绍，秘密时期黄冈县党部设在陈策楼，由陈防武、陈学渭、陈耀寰、胡燮、吴履松、魏梦龄等所主持，他们均因共产党重要人物陈潭秋的关系加入共产党。无论任何会议，共产党的主张都能通过。

▶ 陈潭秋一家为革命牺牲哪些亲人？

颜宏启：现在陈策楼上供奉着陈潭秋家族 18 位烈士，其中陈潭秋一家 6 位，除陈潭秋外，他们是陈潭秋的妻子徐全直、二哥陈防武、五哥陈树三、八弟陈荫林、侄子陈华焜。徐全直是中国妇女运动的先驱。1933年6月，徐全直在上海不幸被捕。她父亲生前好友经过周旋，国民党当局答应先把徐全直送到反省院进行反省。徐全直表示："宁为革命死，绝不去反省院。"国民党当局最终改判徐全直死刑。在狱中，徐全直受尽折磨，坚贞不屈。1934年2月1日深夜，徐全直在南京雨花台被杀害，临刑前高呼"共产党万岁"。陈潭秋的母亲因无家可归，住在破庙里，饥寒交迫而死。1933年2月22日，陈潭秋在写给三哥、六哥的信中说："老母去世的消息，我也早已听得也不怎样哀伤，反可怜老人去世迟了几年，如果早几年免受许多苦难呵！"信中着重谈到孩子的托养问题。写完此封信后，陈潭秋背负着国家、民族自由的希望而萍踪不定、继续战斗，直到1943年在新疆被反动军阀盛世才秘密杀害。

在黄冈，乡亲们口口相传一首歌："你是伟人，曾经开天辟地；你是乡亲，走不出塆下的惦记。"巴水河奔流不止，不舍昼夜，就像故乡人民心底的怀念。陈潭秋这个名字，写在中国革命的征途中，写在大别山革命的历史里，更写在黄冈人民的心坎上。

专家点评：

李良明：华中师范大学教授，博士生导师，湖北省中共党史学会（湖北省中共党史人物研究会）副会长

时　间：2021年3月17日

地　点：湖北省武汉市华中师范大学校园

寻访组：请谈谈陈潭秋对大别山革命的影响。

李良明：董必武曾说："我有点火作用，潭秋把火搞大。"中国共产主义运动先驱陈潭秋与董必武一起在湖北、在大别山播下革命火种，并

点燃革命烈火，为中国革命立下了不朽功勋。

中共黄冈陈策楼、八斗湾党支部的创建是黄冈和大别山地区开天辟地的大事，开创了黄冈和大别山革命历史的新纪元，标志着黄冈和大别山人民已正式迈入由中国共产党领导的新民主主义革命的新阶段。

中共黄冈陈策楼、八斗湾党支部的创建使黄冈革命运动从此有了坚强的领导核心，为黄冈乃至整个大别山地区革命运动的顺利发展提供了可靠的保证。在党组织的领导下，黄冈人民迅速投身于大革命的热潮之中，黄冈“成为全国农民运动最好的县”。

中共黄冈陈策楼、八斗湾党支部的创建，开创了大别山各地建立党组织的先例，在它的影响之下，大别山各地党组织如雨后春笋，不断涌现，使大别山地区成为我们党的重要建党基地。

陈潭秋、恽代英、林育南等中国共产主义运动先驱在黄冈的建党活动，揭开了中国共产党领导农村革命的第一页，开启了马克思主义中国化在大别山的最早篇章。

毛泽东创办农讲所
培养一批农运骨干

寻访地点：湖北武汉武昌中央农民运动讲习所旧址

采访对象：高万娥　湖北省武汉市革命博物馆馆长

（现任辛亥革命博物院副院长、研究员）

袁亚妮　湖北省武汉市革命博物馆副馆长

（现任武汉中共中央机关旧址纪念馆馆长）

采访人员：林志成　董绍富　瞿　萍

2020年10月26日上午8点，寻访组从大别山干部学院出发，前往武昌中央农民运动讲习所旧址。深秋的朝阳给大地抹上一层霞光，大别山群峰显得雄浑阔大而又色彩斑斓。寻访组从大广高速转向沪蓉高速，车在当年鄂豫皖革命根据地核心区上疾驰，眼前闪过黄冈、麻城、红安、黄陂、乘马岗、顺河、宋埠、八里，这些在大别山革命史上闪闪发光的地名，让人感到无比亲切，又令人无限敬仰，把我们的思绪带回到那个革命烽火连天的岁月。我们循着武汉而去，寻访大别山革命的源头。

10点12分，我们来到位于武汉市武昌区红巷13号的武昌中央农民运动讲习所旧址，这里也属武汉市革命博物馆，副馆长袁亚妮引导我们参观。旧址坐北朝南，四栋砖木结构的房屋系晚清学宫式建筑，原为张之洞

◎ 湖北省武汉市武昌中央农民运动讲习所旧址

创办的北路学堂。

旧址第一栋建筑便是教务处，正上方屋檐下悬挂一长方形红色匾额，上面是周恩来题写的“毛泽东同志主办的中央农民运动讲习所旧址”金色大字。当年国民党中央农民运动委员会任命的邓演达、毛泽东、陈克文三位常委的办公桌椅，还依原样摆放着。教务处的墙上挂着一块很大的展板，展板上书写着毛泽东让农讲所的学员集体讨论后制定的规约——《中央农民运动讲习所规约》全文。

沿着中轴线向北走，就是建筑群中最大的一间教室，空间高大而宽敞。毛泽东就是在这个教室的讲台上讲授《湖南农民运动考察报告》的。

大教室的北面是大操场，这里是进行军事训练和举行集会的场地。

位于大操场北面的 3 号楼是一幢两层楼的学员宿舍。建筑二层现作为展示室，展出了“探索与奠基——武昌中央农民运动讲习所历史陈列”。

位于中轴线最北端的 4 号楼是膳堂，是农讲所教员和学员进餐的地方。

▶ 毛泽东为什么到武昌举办中央农民运动讲习所？

高万娥：创办农民运动讲习所是国共两党第一次合作的产物。1924 年国民党一大后，由国民党中央农民部主办的广州农民运动讲习所当年 7 月开学，前五届由彭湃主持。1926 年 3 月，毛泽东被任命为广州农民运动讲习所所长，接办第六届。11 月，毛泽东被任命为中共中央农民运动委员会书记，结束在广州农讲所工作到上海赴任。毛泽东在主持广州农讲所期间，就敏锐地认识到农民问题的重要性，认为农民问题是国民革命的中心问题。他强调指出，所谓国民革命运动，大部分就是农民运动。当时，北伐军正向北推进，湖南、湖北农民运动得到迅猛发展，迫切需要大批农运干部。毛泽东负责中央农委工作后做的第一件事就是制定《目前农运计划》，提出农运发展应采取集中原则，工作重点应转到湖南、湖北、江西和河南四省，并建议在汉口设立农委办事处，在武汉开办湘鄂赣三省农民运动讲习所，培训农运骨干。中共中央批准这个计划后，毛泽东到南昌、武汉、长沙同江西、湖北、湖南省国民党党部商议，就在武汉开办农讲所、提供经费和选派学员等达成共识。毛泽东从湖南农村调查回武汉后，向国民党中央农民部提议，将原定只招收湘鄂赣三省学员的计划扩大，增加苏、皖、鲁、豫、直等省学员 300 名，农讲所直接由中央主办，名称为中国国民党中央农民运动讲习所。国民党中央党部第七十六次会议接受了毛泽东的提议。武昌中央农民运动讲习所接受国民党中央农民运动委员会任命领导，以邓演达、毛泽东、陈克文三人为常务委员。这三个人都身兼要职。邓演达是国民革命军总政治部主任、国民党中央农民部部长，在武汉时期公务繁忙，除了重大事情来讲习所主持一下外，他很难将主要精力放在农讲所。陈克文是国民党中央农民部秘书，负责农民部的日常工作，也不能经常到农讲所。毛泽东虽然担任中共中央农委书记等要职，但农讲所为他所倡办，他抽出大量时间和精力亲自参加制定教育方针、教学计划和延聘教员等工作。毛泽东不仅是武昌农讲所的实际主持者，也是农讲所主要授课人，他主讲“农民问题”和“农村教育”两门课，是授课时间最多的教员。

▶ 武昌中央农民运动讲习所办学有哪些特色？

袁亚妮：农讲所《开学宣言》明确指出，它的使命是训练一批能领导农村革命的人才，对于农民问题有深切的认识，详细的研究，正确的解决方法，更锻炼着有从事农运的决心。学校先开课，后开学。1927 年 3 月 7 日正式上课。招收来自 17 个省的 800 多名学员，分 4 个班教学。4 月 4 日，举行隆重的开学典礼，毛泽东主持会议并发表重要讲话，勉励学员要牢记时代赋予的使命，在农讲所这座革命熔炉里，努力学习革命理论，掌握对敌斗争本领。

农讲所延请恽代英、李立三、瞿秋白、张太雷、彭湃、方志敏、夏明翰、陈荫林、周以栗等共产党人在农讲所任教，这些人大都是对农民运动有理论研究或实践工作者。国民党左派知名人士邓初民、何翼人等也受聘为农讲所教员。

毛泽东十分注重招收学员的政治素质。农讲所入学条件的第一条就是：革命观点正确，无反动思想；毕业后，决心回到乡村做农民运动，无他异想。对从事农运工作的共产党员、共青团员优先录取，对农民协会会员及佃农子弟一律录取。

注重学员世界观的改造。毛泽东主持制定《中央农民运动讲习所规约》，首先要求学员明白参加革命、报考农讲所的目的是研究革命的理论和行动，责任是唤起广大的农民群众，领导他们起来打倒敌人，解除农民群众的痛苦。武昌农讲所的“规约”与广州农讲所最大不同，是第一次提出了从事农民运动的人，必须自觉地改造自己。它要求学员加强个人的思想改造，努力把自己培养成一个有效率的革命工具，做农民阶级的革命先锋。加强学员马克思主义理论学习。农讲所至今保存着一本学员课堂笔记本，其中记载关于讲授马列主义理论的提纲占三分之一。

注重教授做好农民运动工作的内容和方法，锻炼学员实际工作能力。农讲所讲授的课程主要有《社会进化史》《中国民族革命运动史》《农民运动理论及特色》《中国农民运动趋势》《农民问题》《农村教育》等30余门，重点学习和研究中国革命和中国农民运动的理论与实际，同时传授农运工作者必备的专业知识。在课时安排上，用于讲授农民问题或与农民直接有关的课程，占整个授课时间的70%以上。农讲所专门设立“农民问题讨论会”，教员和学员一起，对农民问题如土地、武装这些实际问题的内容和解决方法分组展开充分的讨论。在学员学习期间，毛泽东还组织他们到武汉周边洪山、石嘴、咸宁、通山等地进行社会调查。农讲所印制《农村阶级分析调查表》，要求学员深入农民家中，详细调查农民受剥削、受奴役情况和地主剥削、欺压农民的罪行。学员跟农民打成一片，一方面向农民宣传组织起来争取解放的道理，同时也加深了学员对农民苦难和农村革命必要性的认识。学员毕业后，大部分回到自己所在的省或县做农民协会特派员。他们中不少人深入农村，广泛发动群众，成为领导农民斗争的骨干力量。

注重学员们的军事实战训练。在学员寝室，步枪整齐摆放着。学员过着严格的军事化生活，身穿灰布军装，打着绑腿，每人发一支汉阳造步枪，每天训练两小时，每周上一次军事理论课，进行一次野外军事演习。四一二反革命政变发生后，军事训练时间增加到4小时。当时的形势和斗争需要，使学员们懂得了武装起来及掌握武装斗争的本领的重要性。

▶ 据说《湖南农民运动考察报告》这篇光辉著作是毛泽东在武汉写下的。毛泽东是如何给学员作湖南农民运动考察报告的？

袁亚妮：1927年1月至2月，毛泽东身穿蓝布长衫，手拿雨伞，脚着草鞋，赴湘潭、湘乡、衡山、醴陵、长沙5县，进行了为时32天的湖南农民运动实况考察。2月12日，毛泽东离开长沙，返回武昌。下旬，杨开慧带毛岸英、毛岸青和保姆陈玉英到达武昌，与毛泽东住在武昌都府堤41号。杨开慧帮助整理了毛泽东的调研材料。当时杨开慧正怀有身孕，在照顾两个幼子的同时，把毛泽东带回来的调研材料进行分类、选择、综合，然后用毛笔工整地抄写在纸上。2 月 20 日，毛泽东根据杨开慧整理的材料，撰写出《湖南农民运动考察报告》，共两万余字。3 月 5 日，考察报告陆续公开发表。在武昌农讲所期间，毛泽东向农讲所学员专门宣讲了考察报告。除农讲所的学员外，外单位也有许多人闻讯赶来听讲，挤满了农讲所大教室。毛泽东手执讲稿，首先问大家：农民运动是好得很还是糟得很？大家回答："好得很！"毛泽东又问：为什么说农民运动好得很？大家一时答不上来。毛泽东就以亲身在湖南调查所得的见所未见、闻所未闻的许多奇事，说明农民运动其势如暴风骤雨，迅猛异常，无论什么大的力量都将压抑不住。一切帝国主义、军阀、贪官污吏、土豪劣绅，都将被他们葬入坟墓。学员们听得津津有味，振奋不已。他说，农民的举动完全是对的，他们的举动好得很。讲到"好得很"三个字时，毛泽东字音提高、字声拖长，灌注了充沛的激情，给听众留下了深刻的印象。当有的学员问农民运动是不是有些过火时，毛泽东没有直接回答，而是在黑板上先画了一根向右弯的竹竿，随即又向左画了一个，最后在正中画一条直线。他边画边讲解：一根竹竿弯了，必须先向相反方向狠扳几下，才能使它直起来。他说，这就是"矫枉过正"。据调查，贫农领袖 100 人中有 85 人都是好的，很能干、很努力，只有 15%有些不良习惯，这只能叫作"少数不良分子"，绝不能笼统地骂"痞子"。

▶ 毛泽东派遣农讲所学员支援麻城县农民武装的平叛斗争，对大别山农民运动产生了怎样的影响？

高万娥：1927 年 4 月下旬，麻城西张店的反动会首王芝庭、大地主丁枕鱼的儿子丁岳平、反动区长王既之的儿子王仲槐、大劣绅王子历的长兄王九聋子等一群在农民运动中受到过惩处的反动分子或他们的亲属，勾结河南新集的红枪会，向麻城北部的乘马岗、顺河等一带大举进攻，他们所到之处，见人就杀，见东西就抢，对农民协会的干部和农运积极分子更是恨不得斩尽杀绝。红枪会众倚仗人多势大，一直追杀到麻城县城，将县城围困起来。这就是震惊全国的“麻城惨案”。

在危急关头，中共麻城县特别支部派县农民协会自卫队队长王树声等潜出城外，昼夜兼程赶到武汉求援。中共湖北省委经与毛泽东商量决定，派出200多名农讲所学员参加平叛。农讲所学员号称一个营，毛泽东指定大队长傅杰为营长。

5月14日晚，农讲所学员组成的学生军连夜出发，毛泽东来到列队而站的学员面前，认真检查他们携带的枪支弹药，要求他们英勇杀敌，平定叛乱，尽早凯旋。他反复强调：我们不打红枪会，只打利用红枪会的土豪劣绅，打欺骗会员传授邪术的头子。最后他下令：“同学们，出发！”学生军高唱《少年先锋之歌》：“走上前去啊！曙光在前。同志们奋斗，用我们的刺刀和枪炮，开自己的路。向前，稳着脚步……”教员和全体学员整队欢送，高呼“杀尽麻城土豪劣绅”。学生军表示不杀尽土豪劣绅决不收兵。

5月17日，学生军到达麻城，红枪会众听到消息，仓皇北撤，逃回县北的老巢。5月19日清晨，农讲所的学生军和湖北省警卫团三营及农民自卫军数千人，乘势北上追击，捣毁了丁枕鱼的老家罗家河和红枪会的老巢方家湾两处反动堡垒，活捉了一批反动头目，根据他们的罪恶分别作了惩处。这次平叛击毙会匪、土豪劣绅200人。

农讲所的学生军参加麻城平叛斗争，沉重打击了封建势力，激发了广大农民的革命热情。学员和农民群众不仅得到锻炼，而且进一步认识到开展武装斗争的重要性。

▶ 毛泽东在武昌中央农讲所时期发展和丰富了哪些农民运动思想？

高万娥：毛泽东在武昌中央农讲所时期的身份，是中共中央候补委员、中共中央农民运动委员会书记、国民党中央候补执行委员、国民党农民运动委员会委员和中华全国农民协会临时执行委员会常务委员兼组织部部长。因此，他广泛参加了国共两党与农民运动有关的活动，对农民运动提出了许多独到的见解，丰富了农民运动理论。

中国民主革命的中心问题是农民问题，其他一切革命问题的解决首先有赖于农民问题的解决。农民问题是国民革命的中心问题。农民不起来参加并拥护国民革命，国民革命不会成功。这是毛泽东关于中国农民运动的核心思想。

1927 年 3 月，毛泽东在国民党二届三中全会上，与邓演达、陈克文一起联名提出了两项议案《对全国农民宣言》和《农民问题决议案》，认为农民问题，其内容即是一个贫农问题。贫农问题的中心，就是一个土地问题。1927 年 4 月 19 日，在国民党土地委员会第一次扩大会上，毛泽东指出，要增加生力军保护革命，非解决土地问题不可。在解决土地问题后即能够解决财政问题及兵士问题，兵士能否永久参加革命，也依靠土地问题解决。

解决农民问题的策略是建立农民政权和农民武装。一切革命的根本问题，是国家政权问题。《对农民的宣言》明确表示：革命需要一个农村的大变动，使农村政权从土豪劣绅不法地主及一切反革命派手中，移转到农民的手中，在乡村中建设农民领导的民主的乡村自治机关。要推翻封建势力，保卫斗争果实，农民应有自卫的武装组织。

6 月下旬，在湖南从事工农运动的干部陆续来到武汉，向毛泽东汇报情况，请示斗争方略。毛泽东提出，大家应回到原来的工作岗位，恢复工作，拿起武器，山区的上山，滨湖的上船。坚决与敌人作斗争，武装保卫革命。他再三强调，各县工农武装一律要集中，不要分散，要用武力来对付反动军队，以枪杆子对付枪杆子。

7 月 4 日，毛泽东出席中共中央政治局扩大会议。会议议题是湖南农民协会和农民自卫武装应当如何对付敌人的搜捕和屠杀。毛泽东提出，一是上山，二是到军队中去。主张上山是最好的出路，可以借此保存和造就未来继续革命的基础。

▶ 武昌中央农民运动讲习所为大别山地区培养了哪些农民运动骨干？对大别山地区革命斗争起到什么样的作用？

高万娥：实际上，早在1926年5月，毛泽东主持第六届广州农民运动讲习所工作时，大别山地区党组织就选派了不少人员参加学习。第六届农讲所鄂豫皖三省参加学习的共有71名，其中湖北省27名，河南省29名，安徽省15名。鄂东北地区有王秀松、施心圃、夏瑞相、陈学渭、华振远、刘茂世、吴光皓、熊映楚、石炳乾、熊树伟、金泽霖等人。皖西北地区有崔筱斋、方绵良、方运筹、孙健、龚耕新、孟皖白、杨盟山、曹广化等，同去学习的还有六安县的翟其善、施新民，霍山张友印，霍邱赵善夫、刘亚白等。豫东南信阳、罗山、商城、潢川等县选派郭绍仪、周性初、胡日新、尚仲民、朱业炳、郑英、高介民、彤德忱、杨笠僧、汪涤源等20名党、团员和进步青年参加，占这届河南学员三分之二以上。武昌中央农民运动讲习所开学，鄂豫皖三省参加学习的有266人，其中湖北省206人、河南省36人、安徽省24人。鄂东地区有20多人参加学习，黄安县有戴克敏、汪奠川、叶耐青，麻城县有刘文蔚、桂步蟾、龚正华，黄冈县有陈振文，黄梅县有邓雅声，广济县有杨愈，英山县有闻维敬。孝感地区有卫祖圣、刘理南、李永旭、陈信存、罗本德、徐月峰等人。豫东南地区有周维炯、张侠生、郑新民等人。毛泽东农民运动思想对这些学员影响很大。戴克敏在学习心得《农民运动在中国革命中的地位》中写道：必须把亿万农民组织并武装起来，才能取得中国革命的胜利。陈振文在家信中写道：现在被压迫阶级革命势力一天一天地膨胀起来，向压迫阶级的封建势力进攻……中国自由平等之目的可说不难达到，但是非农工都起来参加革命不可。杨愈在日记中写道：当今世道，贫富不均，外患频侵，内乱不息。国无宁日，民不聊生。吾辈青年，肩有重任，要力挽狂澜，立志革命。这些学员毕业后成为大别山地区农民运动的骨干。戴克敏、汪奠川、刘文蔚等回到家乡积极领导黄安、麻城的农民运动。戴克敏与汪奠川把

《湖南农民运动考察报告》带回黄安，作为发动农民运动的指南。1927 年 11 月，黄麻起义爆发，戴克敏负责起草了起义计划。起义胜利后，戴克敏任工农革命军鄂东军党代表。1928 年 1 月，工农革命军鄂东军改编为中国工农革命军第七军，戴克敏任党代表，汪奠川任参谋长。卫祖圣在南昌起义之后，在自己的家乡成立 30 多人的赤卫队，这是孝感县第一支革命武装。周维炯在 1929 年领导发动商南起义，组建中国工农红军第十一军第三十二师，任师长。这些农讲所学员后来成为大别山地区早期革命领导人，为创建鄂豫皖革命根据地作出了突出贡献。

东方欲晓，大别春早。在大革命中心武汉，正当毛泽东等人致力于农民运动之时，国民党反动派彻底背叛革命，轰轰烈烈的国民革命遭到惨痛失败。但以毛泽东同志为主要代表的中国共产党人在浴血中挺立，在挫折中奋起，找到了中国革命的真谛，开辟了一条正确的革命道路。毛泽东在武昌中央农民运动讲习所时期形成发展的农民运动思想在大别山地区得到坚持和贯彻，很快在广大乡村掀起土地革命运动，走上“农村包围城市，武装夺取政权”的中国革命道路。

专家点评：

石仲泉： 原中共中央党史研究室副主任、毛泽东思想邓小平理论研究会会长

时　间： 2021 年 5 月 12 日

地　点： 北京市

寻访组： 毛泽东关于农民运动的理论和实践探索对大别山地区农民运动有怎样的作用和影响？

石仲泉： 毛泽东在武昌主办中央农民运动讲习所，是他在大革命时

期的革命活动的极其重要一页。著名的《湖南农民运动考察报告》就是他在武汉筹备农讲所期间专程到湖南考察32天后又回到农讲所写就，并在农讲所给包括大别山地区在内的学员作了讲授的。这是毛泽东关于农民运动的理论和实践探索的一个重要升华点，从而成为他后来提出“农村包围城市、武装夺取政权”的中国革命道路的最早思想准备和基本出发点。周恩来曾说过，1925年五卅运动以后，工人运动、农民运动在全国得到空前的大发展，规模之大是过去所从来没有的，从这个运动中，能看到革命的发展是走向农民的革命战争，能看到革命发展这个全局的，在我们党内的代表是毛泽东同志。

毛泽东倡议并创办武昌中央农民运动讲习所，主讲农民运动课程，将革命火种撒向全国，撒向大别山。从这个意义上也可以说，武昌中央农民运动讲习所奠定了毛泽东探索中国革命道路的初始之基。

毛泽东关于中国农民运动理论为在武昌中央农民运动讲习所学习的大别山农民运动骨干所熟知和掌握，并在大别山革命斗争实践中得到有效贯彻。毛泽东农民运动思想光芒照耀着大别山革命道路。

大别山区的“土马克思主义者”紧紧抓住中国革命的中心问题是农民问题，以农民作为革命的主力军，将革命的重心放在农村，实行乡村大革命，在土地革命战争开展后走上农村包围城市、武装夺取政权的道路，也奠定了大别山革命初始之基。

农民运动蓬勃兴起

寻访地点：河南省信阳市浉河区柳林农民协会旧址

湖北省黄安县农民协会旧址

采访对象：廖家宽　中共信阳市浉河区委党史研究室主任

（现任中共信阳市浉河区委党史和地方史志研究室四级调研员）

颜宏启　湖北省黄冈市史志研究中心主任

（现任湖北省黄冈市史志研究中心一级调研员）

汪季石　黄冈师范学院马克思主义学院党委书记、院长，湖北省高等学校人文社科重点研究基地大别山红色文化研究中心执行主任、教授

采访人员：董绍富　石和安　叶希武

2020 年 11 月 21 日上午，寻访组来到信阳市浉河区柳林乡寻访豫南第一个农民协会——柳林农民协会成立地。在柳林老街区中心，只见一座足有三层楼高的门楼，像塔式牌坊。陪同考察的中共信阳市浉河区委党史研究室主任廖家宽指着门楼介绍道："这就是当年的柳林学校，现在是柳林革命纪念馆。"

◎ 河南省信阳市浉河区柳林农民协会旧址

▶ 信阳县农民运动是怎样发展的？

廖家宽：1925 年 8 月 18 日，豫南第一个农民协会——柳林农民协会在这里诞生，到会农民达 600 多人。在柳林农民协会的影响下，到 1926 年初，信阳县成立了 10 个区农民协会，会员达 5 万余人。1 月 24 日，信阳县农民协会在柳林成立。这是河南省成立最早的县级农民协会之一，比杞县农民协会晚一天。也是大别山地区最早的县级农民协会之一。

随着北伐军的胜利进军，豫南农民运动蓬勃发展，呈现出波澜壮阔的局面。

1927 年 3 月，河南武装农民代表大会在武昌中央农民运动讲习所召开。信阳县除派正式代表周世品、汪慕悫、陈谋典等参加外，会议进行至第五天，又特派代表四人临时赶到，报告信阳红枪会与反动军阀冲突情况。大会对信阳县农民自行起来收缴反动军阀部队的枪械、自行枪决土豪劣绅的革命行动给予高度评价。

◎ 湖北省黄安县农民协会旧址

4 月 17 日，全县农民代表大会召开，作出 45 项决议案，信阳农民第一次登上政治舞台。4 月 26 日，全县民众大会召开，中共信阳县委书记兼国民党县党部农工委员周叙伦主持大会，庄严宣告信阳一切权力归工农大众。选举中共党员刘大鹏为信阳县治安委员会主任。信阳县治安委员会接收县政府，代行县政，实现了全县人民的民主联合自治。

2020 年 11 月 22 日，寻访组来到湖北省红安县城，寻访黄安县农民协会旧址。黄安县农民协会旧址位于红安县胜利西街西端。旧址原为孔庙，坐北朝南，面阔 5 间，进深 3 间，单檐歇山琉璃瓦顶，砖木结构，总面积 225 平方米。

▶ 黄安县农民协会是怎样建立起来的？

颜宏启：1925 年夏天，董必武派在武汉读书的共产党员徐希烈等人利用暑假回黄安开展农民运动。董必武说，现在你们回去，要为开展农民运动创造条件。尤其是今天的革命，必须唤起工农。但是，农民长期受压迫、受剥削，加上封建迷信的毒害，“死生有命，富贵在天”这些东西束缚了他们，要把他们解放出来，首先要将农民的痛苦说清楚。1925 年 11 月，中共黄安县特支书记董贤珏到桃花区帅家畈村发动农民成立秘密农民协会，并以此处为基地指导全县的农民运动。1926 年 10 月，黄安县农民协会正式成立，徐希烈为委员长。

▶ 黄安县农民协会领导农民开展了哪些方面的斗争?

颜宏启：黄安县农民协会成立后，首先领导农民群众同土豪劣绅进行斗争：一是运用法律手段公开审判土豪劣绅；二是清算土豪劣绅霸占的不法财产；三是对乡村经济制度进行改革。董必武主持制定的《湖北省惩治土豪劣绅暂行条例》《湖北省审判土豪劣绅委员会暂行条例》公布后，黄安全县迅速掀起了惩治土豪劣绅的运动，将农民运动推向高潮。紫云区箭厂河（今属河南省新县）的大土豪、长水会会首吴惠存，平素在乡间包揽诉讼，横行乡里，鱼肉百姓。农民运动兴起后，吴惠存竭力破坏革命，摧残农协会员。1927 年 3 月，王鉴、吴焕先、吴先筹等带领革命红学会员直奔箭厂河，将吴惠存家的药店团团围住，把吴惠存捆绑起来，押往黄安县城。到了七里坪附近的王锡九村，吴惠存在七里坪的亲信纠集了一批流氓打手准备拦截。王鉴与吴焕先商议认为，此去县城还有 40 余里，如继续押解，将会出现意外情况。经过讨论，王鉴代表县农协，吴焕先、吴先筹代表区农协作出决定将吴惠存就地处决，以平民愤。于是，立即派人到附近村子里写出吴惠存的罪状，当众宣读后将吴惠存处死。据不完全统计，到 6 月底，全县经过县审判委员会批准镇压的反动土劣、土匪、流氓共 40 余人。这次惩治土豪劣绅的集中行动，沉重打击了农村中的反革命势力，巩固了农民协会在乡村中的领导地位，保障了农民运动的顺利发展。

▶ 在鄂东地区，还有哪些地区农民运动开展得早、搞得好的?

颜宏启：整个鄂东地区农民运动发展迅猛。1927 年 3 月，按照农民运动开展早晚和发展程度，黄冈、黄梅两县列为湖北省农民运动最重要的地区，麻城、黄安、罗田、蕲春、蕲水（今浠水）等县为重要的地区。1925年7月，中共武汉地方委员会书记、国民党湖北省党部组织部部长陈潭秋和农民部长陈荫林回到黄冈，召集胡亮寅、陈学渭等20人，在回龙山新庙召开了全县第一次农民代表大会，会议决定建立农民协会组织。8月，陈防武、陈耀寰等在陈策楼首先建立秘密农民协会。此后，回龙山、杨鹰岭、滚子河等地农民协会相继建立。黄冈是湖北省最早建立农民协会的三个县份之一。1926年10月，黄冈县农民协会在黄州正式成立，陈防武当选为委员长，农协会员达20余万人。黄梅县农民协会成立于1926年8月，到11月，全县各区乡农民协会都纷纷建立起来，有会员3万余人。麻城县区乡农民协会成立于1926年秋，会员发展到12万余人。

▶ 大革命时期，皖西地区农民运动呈现怎样的状态？

汪季石：皖西地区农民运动虽不及豫南、鄂东规模大，但开展得也比较早。在霍邱、寿县，1925年秘密建立首批农民协会。1926年，六安县苏家埠、独山、西两河口及现属金寨县的金家寨、古碑冲、七邻湾等地举办农民夜校或农民识字班，从中发展农协会员。1927年4月9日，河南商城县农民协会筹备处在斑竹园镇（今属安徽金寨县）成立，下辖8个区97个乡农民协会，会员达到10955人，并组织训练了3个团共2000余人农民自卫军，产生了农民运动领袖余道江、廖炳国、李大岗等。

▶ 大别山地区农民运动在鄂豫皖三省农民运动中处于什么样的地位？

汪季石：鄂豫皖三省农民协会的主要领导人是主要来自大别山地区的中共党员。1926年4月，河南省农民协会成立，湖北省黄冈县人肖人鹄任委员长。后河南全省武装农民代表大会在武昌中央农民运动讲习所召开，成立河南省农民自卫军总指挥部，肖人鹄任总指挥。1927年3月，湖北省农民协会第一次代表大会在武汉召开，在大会选举产生的新的执行委员会第一次会议上，湖北省黄冈县人陆沉和陈荫林分别被推举担任委员长和副委员长，黄梅县人邓雅声担任秘书长。1927 年 3 月 8 日，安徽省农民协会筹备处在安庆成立，国民党中央党部农民部农运特派员、国民党安徽省党部农工部长、安徽寿县人薛卓汉为委员长。这些农民运动领导人对大别山地区农民运动予以切实指导，有的甚至回乡亲自组建农民协会，办农民夜校，使鄂东、豫南、皖西分别成为鄂豫皖三省农民运动的中心。

大别山地区各县普遍建立县、区、乡三级农民协会。据不完全统计，到 1927 年 6 月，豫东南地区参加农民协会会员及受农会领导的群众不下 50 万人，鄂东地区农会会员达到 76.45 万人，湖北孝感地区会员达到 30 万余人。在皖西地区，各县大多成立区、乡农民协会，每区有会员 1000 人左右。这些地区是鄂豫皖三省农民协会会员最集中、最密集的地区之一。

▶ 大别山地区农民运动蓬勃兴起，成为全国最发达的地区之一，主要原因有哪些？

汪季石：中共三大后，中国共产党对农民运动的领导不断加强。国共两党在农民运动上的合作大大促进了农民运动的发展。北伐军胜利进军湖北、河南、安徽，特别是大革命中心由广州转到武汉后，推动了大别山地区农民运动的高涨。具体说来，主要原因有：一是中国共产主义运动先驱毛泽东、董必武、陈潭秋、恽代英等对农民运动的重视以及对大别山地区农民运动的指导。恽代英很早便关注农民问题，在信阳、黄冈从事乡村教育。恽代英认为，农民哪一天觉醒，改造的事业便是哪一天成功。毛泽东为大别山地区农民运动培养了骨干，其农运思想在大别山得到很好贯彻。1924 年国共合作后，董必武、陈潭秋等主持的国民党湖北省党部加强了对农民运动的发动和指导。董必武、陈潭秋利用寒暑假期派遣大批在武汉读书的学生回到大别山地区开展农民运动。二是大别山地区党组织注重培养农民运动骨干。大别山地区党组织在本地开办训练班，培训农民运动骨干。1926 年初，黄冈县党组织在陈策楼附近的施家祠堂秘密开办党团骨干训练班，党员魏文伯、叶万鹤、魏梦龄等参加了学习。1926 年 10 月，安徽党务干部学校在武昌创办，招收学员 130 余人，其中共产党员 40 余人，其余均为国民党左派党员。这批学员大多数成为安徽各地工农运动骨干。中共六安特别支部在涂家公馆举办民众师资训练所，专门培训农民运动骨干。1927 年 5 月至 6 月，河南农民自卫军临时执行委员会与中共信阳党组织在武汉战区农民运动委员会驻信阳办事处的协助下，开办信阳农民自卫军训练所，直接为豫南地区培训农民运动骨干 98 人。三是注重阵地建设，扩大宣传教育。黄安、麻城两县党组织夺取全县教育领导权，对教育进行改革，废除私塾，兴办学校和夜校。农民把学校看成自己的学校，认教师为朋友，都乐意到学校去听教师的宣传。这样，学校便成为党联系农民的桥梁，成为宣传革命的阵地。中共鄂东特委在给中央的报告中指出，黄安的革命斗争之所以伟大持久，其中一个重要的原因是在国共合作的大革命时期，党取得了全县教育权，所有乡村教育几乎全是党员或党的同志，而且平民学校新添数十所，这些学校培养的学生大都投身革命。1924 年底，林育南回到黄冈家乡，约集卢春山、陈学渭等人创办黄冈平民教育社，并在回龙山建立了平民书报室，接着筹办了平民夜校和平民俱乐部，利用读书识字帮助农民学文化的过程向农民宣传革命道理。四是一批出身于富人家庭的共产党员和革命知识分子参加革命，起到模范带头作用。农民从他们身上获得了力量，从而勇敢地加入革命斗争的行列中来。例如黄安县的共产党员、与徐海东齐名的赵赐吾。当年流传顺口溜：黄安有个赵赐吾，麻城有个邱江浦，黄陂有个臭豆腐（徐海东），光山有个蹦天鼓（熊先春）。赵赐吾家有 150 多亩田产，房屋高大宽敞。他在武汉中学读书期间接受董必武、陈潭秋的教育懂得革命道理后，就多次做他母亲（父亲早逝，家中由母亲当家）的工作，对母亲说，董必武、陈潭秋领导我们在办党，我们这个党叫中国共产党，它是要使天下的穷人都过上好日子，没有剥削，建立人人平等的社会。在农民运动兴起时，他把家里的土地、房屋、财产都交给农会，分给穷人，农民所欠的债务全部免除。他在家门口燃起一堆火，将地契以及债票统统烧掉。农民看到赵赐吾的所作所为，情不自禁地说：赵赐吾革命这样坚决，跟穷人站在一起，我们真该用轿子抬他！

20 世纪 20 年代，大别山地区的农民群众在中国共产党的领导下，冲破一切罗网，朝着自己解放的道路上迅跑。红色风暴席卷整个山乡。底层民众觉醒起来，组织起来，武装起来，在镇压土豪劣绅、铲除贪官污吏、打击反动红枪会匪方面，显示出无比雄厚的巨大力量。在大别山地区，砸碎一个旧世界，建立一个新世界，是不可抗拒的历史潮流。

专家点评：

曾成贵：湖北省社会科学院原党组书记、研究员、黄冈师范学院大别山红色文化研究中心特聘教授、中国近现代史史料学学会副会长

时　间：2021 年 3 月 18 日

地　点：湖北省武汉市

寻访组：大革命时期大别山地区农民运动有怎样的特点和历史意义？

曾成贵：在半殖民地半封建社会条件下，农民问题是中国民主革命的基本问题，农民人口占全国人口的大多数，是工人阶级天然的同盟军。1925 年 1 月，中共四大通过《对于农民运动之议决案》，明确提出要发动和组织农民群众参加革命，强调如果“没有这种努力，我们希望中国革命成功以及在民族运动中取得领导地位，都是不可能的”。五卅运动后，回到大别山地区的共产党员、青年团员积极开展发动农民的工作，北伐战争的胜利打破了现存的统治秩序，为农民运动的大发展提供了客观条件。1926 年 12 月，中共中央农委书记毛泽东到达武汉后，写了《湖

南农民运动考察报告》，开办了中央农民运动讲习所，领导了全国农民协会，指导全国农民运动的发展，大别山地区的农民运动得益于这个政治条件。1927 年春，这里的农民运动蓬蓬勃勃地发展起来，形成了轰轰烈烈的革命形势，广大农民群众经受了一次大规模的革命洗礼。大别山地区的鄂东、豫南、皖西分别是鄂豫皖三省农民运动的中心地带，大别山地区农民运动呈现人数众多、发展迅猛、影响巨大等特点。

毛泽东曾经指出：中国红色政权首先发生和能够长期存在的地方，不是那种并未经过民主革命影响的地方，而是在 1926 年和 1927 年资产阶级民主革命过程中工农兵士群众曾经大大发动起来的地方。大别山地区正是这样的地方，农民协会初步改变了群众的一盘散沙状态，提高了农民的政治觉悟，在同豪绅阶级的斗争中锻炼了革命意志，这就成为土地革命雄壮活剧的开场锣鼓。

武装斗争走在前列

寻访地点：湖北省武汉市八七会议旧址

湖北省红安县七里坪镇黄麻秋收起义会议遗址

采访对象：熊廷华　中共湖北省委党史研究室宣教处处长

（现任中共湖北省委党史研究室二级巡视员）

辛向阳　湖北省红安县史志研究中心主任

采访人员：林志成　瞿　萍　董绍富

2020年10月26日下午，寻访组来到距离汉口江滩不远的鄱阳街139号。这里是一幢黄色西式小楼，门首悬挂有邓小平题写的“八七会议会址”门匾。鄱阳街原为汉口俄租界三教街，这幢三层建筑在1920年由英国人建造，当时名为怡和新房。就是这座小楼，在长江之滨栉风沐雨，矗立百年，见证了中国共产党在逆境中的转机。

▶ 八七会议是在什么样的历史背景下召开的？确立了怎样的方针？

熊廷华：这是一次在白色恐怖下召开的紧急会议。1927年，国民党反动派发动四一二反革命政变，7月15日，汪精卫等控制的武汉国民党中央召集“分共”会议，大肆攻击共产党，轰轰烈烈的大革命失败。白色恐怖的血雨腥风有多严重？有这样一组数据，1927年3月至1928年

◎ 湖北省武汉市八七会议会址

上半年，被国民党反动派杀害的共产党人和革命群众达31万多人，其中共产党员2.6万多人。党员数量从大革命高潮时的近6万人锐减到1万多人，工会会员由290多万人减至3万人。

在关系党和革命前途和命运的严重危急时刻，中共中央于1927年8月7日在湖北汉口召开紧急会议。在这次会议上，34岁的毛泽东慷慨陈词，除批评陈独秀的右倾错误外，他还提出了两个非常重要的问题：军事问题和农民土地问题。关于军事问题，毛泽东尖锐地指出，党存在不做军事运动专做民众运动的倾向，并着重强调，须知政权是从枪杆中取得的。

会议通过了《中国共产党中央执行委员会告全党党员书》等文件，要求坚决纠正党在过去的错误，号召广大党员和革命群众继续战斗。会议总结大革命失败的教训，讨论了党的工作任务，确立了实行土地革命和武装反抗国民党反动派的总方针。

八七会议是党在生死存亡的危急时刻召开的一次决定中国革命前途命运的重要会议，指明了今后革命斗争的正确方向，使全党没有在白色恐怖面前惊慌失措。

离开八七会议旧址纪念馆，寻访组前往当天寻访的第二站——湖北省红安县七里坪文昌宫黄麻秋收起义会议旧址。

▶ 大革命失败后，大别山地区革命斗争形势是什么样呢？

辛向阳：七一五反革命政变之后，黄麻地区的革命形势急转直下，国民党反动派提出“宁可错杀三千，不可漏网一人”的血腥口号。仅黄安县就有 92 名共产党员被通缉，名列第一的就是董必武，其中有 57 人先后被敌人抓去残忍杀害。但经受了大革命洪流锻炼的共产党人和革命群众没有动摇和退缩，他们根据实际斗争的需要，抵制了自动交枪的错误做法，紧紧地抓住了枪杆子，领导农民坚持武装斗争，打垮了地主反动武装的多次进攻，保卫了黄安七里、紫云和麻城乘马岗、顺河等地的革命基本区。这为后来贯彻执行党的八七会议精神，迅速发动秋收起义，奠定了深厚的基础。

▶ 黄麻地区党组织什么时候得到八七会议精神的？又是怎样贯彻的？

辛向阳：八七会议是在秘密的情况下召开的，会议精神并没有在第一时间传达到黄麻地区。七一五反革命政变以后，中共黄安县委同上级党组织失去了联系。1927 年 9 月上旬，中共黄安县委代理书记郑位三接到了国民党部委员张国恩的电报，要黄安派八九个人到武汉参加国民党的改组。中共黄安县委决定趁此机会派人去武汉看看风向，寻找上级组织，接受新的指示。郑位三、陈定侯、程翰香等人到达武汉以后，找到了中共湖北省委负责人罗亦农。罗亦农在了解了黄安的情况以后，传达了八七会议精神和中共中央关于发动两湖秋收暴动的决定，指示郑位三等人立即返回黄安，参照鄂南暴动计划，迅速组织农民举行武装暴动。郑位三等人返回黄安后，在七里坪文昌宫第二高等小学举行会议，向全体县委委员和党的活动分子传达党的八七会议精神和省委指示。会议拟定了两份文件，一是由郑位三起草的中共黄安县委关于传达贯彻党的八七会议精神和省委关于武装暴动指示的报告，二是由戴克敏起草的黄安县委关于武装暴动的计划。

9 月下旬，中共麻城县委与湖北省委派来的代表取得联系后，也先后两次召开会议，传达了八七会议精神和省委秋收起义计划，讨论麻城工作，决定与黄安县农民联合行动，共同举行武装起义。

中共黄安县委和麻城县委在八七会议精神的指引下，为发动武装暴动进行了积极的准备工作。经过黄麻两县党组织深入细致的组织发动，黄麻地区广大工农群众以祠堂、庙宇为集结点，打刀造枪，纷纷揭竿而起，一度沉寂的黄麻地区燃起了革命的熊熊烈火。9 月中旬，共产党员程昭续、程怀天等人率领黄安县紫云区檀树乡熊家嘴一带武装农民 3000 余人首举义旗，处决了大地主程瑞林，打响了九月暴动第一枪。紧接着戴季英、徐朋人等人又领导檀树乡农民义勇队 500 余人，在长冲集会，举行全乡总暴动，捉拿土豪劣绅 10 余名，处决了方家塆村恶霸方和焱。麻城县委蔡济黄、刘文蔚、王树声等人，领导乘马岗一带数千农民举行武装暴动。9 月下旬，在黄安七里、紫云、高桥等区和麻城乘马岗、顺河两区，大大小小的农民暴动此起彼伏。这个时间的农民武装暴动贯彻了八七会议确定的武装反抗国民党反动派的总方针，保存并发展了革命势力，成为黄麻起义的预演。

▶ 黄麻起义是怎么爆发的？

辛向阳： 1927 年 10 月中旬，中共湖北省委连续接到黄安、麻城两县县委的报告，得知两县在九月暴动后尚有相当数量的农民武装和很好的群众基础，为加强对该地区武装斗争的领导，决定派省委巡视员符向一和原在鄂南领导起义的吴光浩、刘镇一等干部到黄麻地区工作，准备组织以黄麻为中心的农民武装起义。省委派遣的干部陆续到达黄安七里坪后，于 10 月下旬会同黄麻两县县委召开会议，传达省委决定，宣布成立中共黄麻特委，符向一为书记。会议还改组了黄安县委，由王志仁任县委书记。11 月 3 日，中共黄麻特委在黄安县七里坪文昌宫第二高等小学召开黄麻两县党团活动分子会议，传达省委关于举行武装起义的指示，讨论黄麻起义计划。与会人员分析了黄麻地区的形势，一致认为起义有取胜的可能。会议决定，黄麻两县联合起义，武装夺取黄安县城，建立革命政权和革命军队，实行土地革命。这次会议正确地把握了当时当地的形势，加之与会同志在思想上行动上早有准备，因而坚决地接受了省委指示，果敢地决定举行黄麻起义。

会后，黄麻特委和黄麻两县县委组织了一批坚定勇敢的党团员下到各区，分头开展工作。同时，抓紧对两县农民自卫军进行整训。一周之内，一支强大的农民起义队伍迅速组织起来，两县农民自卫军有步枪 300 余支，用刀矛、土枪等武器武装起来的农民义勇队和其他形式的农民武装达 3 万余人。

一路上，辛向阳主任给寻访组讲述黄麻起义爆发之前大别山区革命斗争形势的发展变化。中午时分，寻访组一行到达红安县七里坪长胜街。在一处始建于清朝道光年间的建筑物前，寻访组停下了脚步，这里就是黄麻秋收起义会议遗址——七里坪文昌宫。

◎ 湖北省红安县七里坪镇黄麻秋收起义会议遗址

1927 年 11 月 11 日，黄麻特委在文昌宫召开了第二次会议，讨论制定黄麻起义的具体计划。会议决议，举行大规模武装起义的条件已经成熟，立即暴动夺取黄安县城。遂成立了黄麻暴动行动指挥部，潘忠汝为总指挥，吴光浩为副总指挥。潘忠汝曾在黄埔军校武汉分校学习，吴光浩是黄埔军校第三期毕业生，都受过比较系统的军事教育。指挥部决定，13 日晚行动，攻打黄安县城。

11 月 13 日下午，总指挥潘忠汝敲响了手中的铜锣，黄麻特委书记符向一和黄安县委书记王志仁点燃了手中的火把，黄安县农民自卫军全部包括箭厂河三堂革命红学全部、麻城县农民自卫军大部，七里、紫云、高桥、桃花等区的农民义勇队共 3 万多人，有的肩扛长枪，有的身背来福枪、土铳，还有的手持刀、矛、鱼叉，甚至是锄头、扁担等农具，在黄麻特委的领导下，浩浩荡荡向黄安县城挺进。

起义军晚上 10 点开始攻城，经过激战，于 14 日凌晨 4 点攻下了黄安县城，革命的红旗第一次插上了古老的黄安城头。

11 月 18 日，在黄安县召开了农民政府成立大会，到会的有 1 万多人。鄂东革命委员会负责人刘镇一宣布成立黄安县农民政府，政府委员有 9 人，其中 4 人是佃农，曹学楷为主席。曹学楷在大会上讲话说，我们种田佬，每年除了交粮饷送钱给大老爷，或者是被土劣贪官抓着打屁股、关牢和砍脑壳外，再不敢进大老爷的衙门。今天我们种田佬，担粪的，组织了自己的政府，这点证明我们革命的力量，证明现在是劳农世界，无产阶级的世界了。曹学楷的讲演，赢得了全场一阵又一阵热烈的掌声和欢呼声。黄安县城的一位老秀才吴兰陔还即兴为农民政府撰写了一副对联：“痛恨绿林兵，假称青天白日，黑暗沉沉埋赤子。克复黄安县，试看碧云紫气，苍生济济拥红军”。这副对联以绿、青、白、黑、赤、黄、碧、紫、苍、红十色作形容词，用对比的手法撰成，构思极为新颖。特别是他将起义军称为“红军”，在中共党史上，这是目前所知最早将党领导的人民革命武装称为“红军”的民间“版本”。

农民政府成立后，根据省委指示，将黄麻两县农民自卫军改编为工农革命军鄂东军。潘忠汝任总指挥，吴光浩、刘光烈任副总指挥，戴克敏任党代表。鄂东军一开始就建立党代表制度，标志着这支军队在成立之初即实行了“党指挥枪”的原则。鄂东军成为中国工农红军三大主力之一的红四方面军最初的来源和建军的起点。

老红军战士梁业忠后来在回忆文章中详细记载了工农革命军成立时的情景：潘忠汝检阅了部队，并在欢呼声中发表讲话：“同志们！从现在起，我们有一支正式的革命军队了！”“我们不仅要打下一个黄安县，我们还要打遍大别山，打遍全中国，打出我们的大路，打出我们的江山，任何势力也抵挡不住我们工人、农民武装起来的革命队伍！”潘忠汝的讲话，极大地鼓舞了战士们的斗志。

黄麻起义在中国共产党的历史上写下了重要的一页。这次起义的胜利证明，党的八七会议所确定的武装反抗国民党反动派的方针是完全正确的。

黄麻起义的成功影响巨大，国民党调集第十二军向黄安县城扑来，起义军解放了21天的黄安县城失守，总指挥潘忠汝和黄安县委书记王志仁等牺牲。黄安北乡死难民众数千人，麻城一次被杀害的民众达400多人。面对如此残酷的打击，黄麻起义的领导人既没有死拼到底，也没有被强势的敌人吓倒。工农革命军鄂东军和地方领导人决定重新集结力量，转移到黄陂木兰山开展游击战争，不久进驻柴山保，工农革命军第七军改编为中国工农红军第十一军三十一师，开辟了以柴山保为中心的鄂豫边革命根据地，走上了“工农武装割据”的正确道路。

▶ 黄麻起义对大别山其他地区有没有影响呢？

辛向阳：在黄麻起义的影响下，武装斗争的烈火燃遍整个大别山脉，其中取得成功的大规模武装起义还有商南起义、六霍起义。

地处鄂东北的黄麻地区，同豫南、皖西相邻，鄂豫边革命根据地的创立和发展，在豫南、皖西地区产生了强烈的反响。1929年5月，河南商城南部的武装起义取得胜利，成立了红十一军三十二师，开辟了豫东南革命根据地。仅相隔半年，这年11月，皖西六霍起义爆发，组建了红十一军三十三师，建立了皖西革命根据地。这两次起义，三个省边区党组织和革命武装互相配合、无私支持，起义取得了巨大成功。红十一军军长兼三十一师师长吴光浩就是在去帮助发动商南起义的途中遭到地方反动民团袭击牺牲的。

从黄麻起义，到以木兰山为中心上山打游击，再到以柴山保为中心的鄂豫边武装割据，创建比较稳定的革命根据地，每一次都迈出了十分重要的一步。这支由绝大多数农民组成的队伍，通过革命斗争的洗礼，逐步锻造成为新型革命军队，为建立红四方面军和鄂豫皖革命根据地奠定了基础。

▶ 八七会议之后，中共党组织在各地都领导发动了武装起义，黄麻起义的重要意义是什么？

辛向阳：自 1927 年秋开始，在八七会议精神指引和南昌起义的影响下，我们党领导大大小小的武装斗争有 200 多次。9 月 9 日，毛泽东领导的湘赣边界秋收起义发动。在遭到挫折后，毛泽东适时地率领部队走上一条在农村建立革命根据地，以保存和发展革命力量的正确道路。这条道路代表了 1927 年大革命失败后中国革命的发展方向。12 月 11 日，中国共产党又领导和发动了广州起义。除了南昌起义、秋收起义和广州起义三大起义之外，广东、湖北、江西、河南、陕西等省的党组织在八七会议后也发动了多次武装起义。其中比较著名的有 1927 年 9 月至 10 月爆发的广东海陆丰起义和琼崖起义，1928 年 1 月由方志敏等人领导发动的弋横起义、由贺龙等领导的荆江两岸年关暴动，1928 年 3 月至 6 月中共福建省委发动的闽西起义，1928 年 5 月由中共陕西省委领导发动的渭华起义，1928 年 7 月由彭德怀领导发动的平江起义，1929 年底至 1930 年初由邓小平和中共广西省委领导发动的百色起义等。这些起义的情况各不相同，结果各异，虽然只有少数起义获得了成功，但都用血与火的语言，宣告了中国共产党人不畏强暴、坚持革命的坚强决心，尤其是在革命遭受严重失败的形势下，党以武装起义的实际行动，明确回答了要不要坚持革命、如何坚持革命两个根本性问题。黄麻起义是继八一南昌起义、湘赣边界秋收起义之后，由中国共产党在长江以北领导的最大规模的农民武装起义。这次武装起义不仅发起时间较早、规模较大，最为难能可贵的在于黄麻起义由退出黄安城到游击木兰山，再到开辟柴山保，虽然几经挫折却一直顽强不息地沿着中国革命的正确航向发展，最终实现了由党领导下武装反抗国民党反动派到开创工农武装割据局面的大转变，完成了中国共产党提出武装起义的历史使命。它以胜利发展的战斗历程为我们党正确认识中国革命武装斗争道路提供了典型的实践经验，为中国革命道路的形成作出了重要的历史贡献。

1962 年，董必武在纪念黄麻起义 35 周年时曾挥毫赋诗：“廿二年间起伏多，黄麻革命涌红波，大山三座终移去，党引工农奏凯歌。”历史将这块不平凡土地上发生的一切艰难、困苦、奋起、胜利、错误、曲折，全部呈现在人们面前。近一个世纪过去了，回望黄麻起义，我们更加由衷地感受到“星星之火，可以燎原”的力量，更感受到红色江山来之不易。回望大别山区筚路蓝缕的革命道路，也让我们更加理解中国共产党人的初心，更能懂得今天的中国，更加坚定地走中国特色社会主义道路。

专家点评：

曾成贵：湖北省社会科学院原党组书记、研究员、黄冈师范学院大别山红色文化研究中心特聘教授、中国近现代史史料学学会副会长

时　间：2021 年 3 月 18 日

地　点：湖北省武汉市

寻访组：大别山武装斗争有怎样的特点和意义？

曾成贵：八七会议是中国共产党历史上一个生死攸关的转折点。它纠正了陈独秀右倾机会主义错误，确定了武装反抗国民党反动派和实行

土地革命的总方针，使党得以从国民革命的失败中奋起，为土地革命的兴起指出了一条新路。陈独秀机会主义错误是历史的产物，它与年轻的党不成熟有关，也与共产国际和联共（布）对中国革命的具体指导脱离了中国实际有关。在八七会议精神指引下，武装起义的烽火燃遍四面八方。黄麻起义是党领导的一系列武装起义中具有重大影响的一次，是大别山地区土地革命雄壮活剧的第一幕。大别山武装斗争在中国共产党的领导下，以本地农民为主体，规模宏大，影响深远，走在全国的前列。

黄麻起义是胜利的起义，它创立了大别山地区共产党领导的第一个县级政权和第一支正规军队。工农革命军第七军突破寡不敌众的困局以后，先是转战木兰山，继而开辟柴山保，在鄂豫边境地区创建了第一块革命根据地，初步积累了游击战争经验，带动了商南起义、六霍起义和豫东南、皖西两块革命根据地的建立。黄麻起义表现了不畏强敌的斗争精神、敢闯敢试的创新精神，是全国第二大苏区——鄂豫皖苏区和三大主力红军之一——红四方面军的历史起点，是中国革命历史中光辉的一页。

从木兰山到柴山保

——探寻中国革命道路

寻访地点：河南省新县陈店乡清水塘会议旧址

河南省新县陈店乡尹家嘴会议旧址

采访对象：晏慎钧　河南省新县党史地方志研究室副研究员

采访人员：林志成　石和安　董绍富　瞿　萍

2020 年 4 月 29 日上午，寻访组来到河南省新县陈店乡山背村方洼村民组。新县党史地方志研究室副研究员晏慎钧把我们带到村民组东侧的一口水塘旁说："清水塘会议就在这口水塘东侧的观音堂召开的。观音堂原有青砖瓦房 3 间，后被敌人烧毁。1928 年 6 月 2 日，工农革命军第七军和地方党的领导人吴光浩、戴克敏、曹学楷、吴焕先、徐朋人等在清水塘举行会议，决定开辟柴山保，以黄安、麻城、光山三个县边界的光宇山、磨云山、羚羊山、木城寨为活动中心，恢复和建立党的组织，开展群众工作，创建一个比较稳定的立足点。这个决定是工农武装割据思想在鄂豫皖边区最早的反映，是鄂豫皖边区革命发展中具有决定意义的一步。"

▶ 在这么不起眼的地方开了一个这么重要的会议，工农革命军第七军怎么会想到在柴山保建立立足点？

晏慎钧：这还要从黄麻起义后黄安县城失守说起。1927 年 12 月 5 日，

◎ 河南省新县陈店乡清水塘会议旧址

也就是黄麻起义胜利后的第 21 天，国民党军任应岐部教导师突袭黄安县城。工农革命军鄂东军将士拼死抵抗，最后城破失守。鄂东军总指挥潘忠汝、黄安县委书记王志仁等壮烈牺牲。淋漓的鲜血告诉人们：在敌强我弱的形势下，试图以城市为中心，固守城池对抗敌人，保住革命成果，这条路是行不通的。但当时的湖北省委仍坚持城市中心论，认为失败的主要原因是没有召开农民代表大会，充分发动周边农民起来暴动。1927 年 12 月 25 日，湖北省委在致黄安县委的信中说，黄安失败最大原因，并不在于任军之坚利，而在于夺取黄安县城后，没有注意到立即召开邻近各县农民代表大会，并派人到各县发动农民暴动；不但没有做发动各县农民暴动的工作，甚至黄安县的西、东、南三乡农民暴动也没有普遍发动起来，以各乡农民自己的力量来铲除乡村一切旧有的封建关系和势力，反而调县城队伍到东乡去杀土豪劣绅，靠紫云、七里二区农民来为他们代庖。

1927 年 12 月下旬，鄂东军和黄麻地区领导人吴光浩、戴克敏、曹学楷等在黄安县北部木城寨召开会议，决定鄂东军一部转移到黄陂木兰山一带开展游击活动。木兰山位于黄陂县北部，主峰海拔 582 米，山高路陡，地势险要，山上有 30 多座庙宇，山周围有 1000 多户人家。当地有党组织坚持斗争，又是吴光浩的家乡，有一定社会关系可以利用，与革命基础较好的黄安县高桥、二程等区紧密相接。当时那里没有敌人的正规军，仅有少数地方反动武装。木城寨会议后，鄂东军在黄安北部的闵家祠堂集合了 72 人，携带长枪 42 支、短枪 11 支，在凛冽的寒风中向南进发，于 12 月 29 日到达木兰山。这样，大别山武装斗争实现了从城市到乡村的伟大转变。这是大别山革命的一次历史性飞跃。

1928 年 1 月 1 日，鄂东军改编为工农革命军第七军。第七军以木兰山为中心开展游击活动，历时三个多月，保存和锻炼了一支革命武装力量，打击了敌人，扩大了革命影响，鼓舞了黄麻地区人民的革命勇气和坚持斗争的信心。第七军在木兰山地区英勇斗争的实践，表明第七军领导人在探索坚持长期农村武装斗争的革命道路上迈出了重要的一步。

国民党当局发现工农革命军在木兰山活动后，调动部队前来“进剿”。第七军到处遭到敌人堵击，处境十分困难，被迫分散游击。参谋长汪奠川率领的一个大队被敌人“包了饺子”，全军覆没。木兰山接近武汉，交通方便，敌我力量又如此悬殊，在这种情况下，第七军难以立足生根。流寇式的游击战争不能发展革命，必须寻找新的出路。

1928 年 4 月初，国民党桂系第十八军与蒋系第十二军发生冲突，原来进驻黄麻地区的国民党第十二军教导师撤回豫南。黄麻地区的国民党军势力顿时空虚。第七军党代表戴克敏率领的一个队回到黄安紫云区探知敌情后，决定主动向反动民团出击，清除障碍，迎接主力返回黄麻老区。4 月 7 日，消灭了黄安县紫云区上戴家的民团，为第七军主力重返老区创造了有利条件。第七军根据敌情南紧北缓的形势，作出“北返黄麻、再组暴动”的决定。第七军返回黄麻老区，随即向土豪劣绅和反动民团展开猛烈反击。农民们高兴地唱道：“党员游击转回还，先打清乡团；铲土豪、除劣绅，一心要共产。谁敢来抵抗，叫他狗命完；只急得土豪劣绅两眼朝上翻。”工农革命军返回黄麻老区不久，国民党第十八军扑向黄麻地区，对革命力量展开疯狂“进剿”。第七军避实击虚，辗转游击，但往往一日数迁，疲惫不堪，给养、弹药、兵员补充也越来越困难。在往返游击的过程中，第七军经常路过柴山保。第七军领导人认为柴山保是建立立足点较理想的地方。

▶ 在柴山保建立立足点有哪些有利条件？第七军是如何建立立足点的？

晏慎钧：第七军和地方党领导人分析了方方面面的因素，一致认为柴山保地区建立立足点有许多有利条件：第一，这里有山险可守。柴山保位于大别山腹地，群峰叠嶂，地形险要。第二，有物产可取用。这里土地比较肥沃，当时按土地肥沃程度分为金、银、铜、铁地，柴山保为银地，物产比较丰富，便于坚持长期的游击战争。第三，敌之矛盾可以利用。这个地区处在湖北、河南的黄安、麻城、光山三县的边界，是三不管的地方，敌人统治力量比较薄弱。第四，党的基本力量依然存在。这里与黄安七里坪和麻城乘马岗相邻，人民群众受过黄麻起义的影响，积极要求革命。当地不少人与黄麻老区的革命领导人和革命群众是亲朋好友，曹学楷、戴克敏等在柴山保的亲戚有一定的号召力。第五，新区与老区可以相互呼应。这里虽是新区，但它与黄麻老区相连，工农革命军在这里活动，既可以利用敌人的空隙得到较好的休整，发动、开辟新区的工作，又可以与黄麻老区保持联系，支持老区人民的斗争。第六，这里阶级矛盾很尖锐。当地的土豪劣绅同国民党军队勾结起来，屠杀革命群众。这里的群众斗争非常坚决。基于以上柴山保地区政治、经济、地理和社会关系等情况，他们决定开辟柴山保，建立根据地。清水塘会议后，国民党第十八军驻黄安县长冲的一个营300余人，向第七军驻地河南湾奔袭。吴光浩、曹学楷利用大雾将30余人分散埋伏在河南湾附近山岭上的树林里，突然发起攻击，打得敌人晕头转向，四散逃命。河南湾战斗的胜利，树立了工农革命军的声威，鼓舞了广大人民群众的斗志，为创建柴山保革命根据地举行了奠基礼。第七军以严明的纪律影响群众。部队实行公买公卖，借东西送还，损坏了东西照价赔偿，派饭一桌给一块银圆，借一床被子给三个铜板。部队坚持在树林中、破庙里宿营，从不住民房。在外宿营时，吃了群众的菜，把钱埋在菜地里；吃了群众的红薯，也把钱埋在红薯秧下。第七军和地方党领导人采取不同的政策和策略，区别对待上层分子和红枪会，坚持“为绅不劣者不杀”“有土不豪者不打”原则，中立中、小地主，孤立和打击大地主及其他反革命首恶分子；选派一些人打入红枪会内部，教育和争取会众，逐步孤立和排除反动会首。这样，党和军队得到了黄安、麻城、光山三县边界地区近 20 万群众的支持，开始在这里站住了脚。

▶ 第七军进入柴山保后又召开了一个尹家嘴会议，这次会议解决了什么问题？

晏慎钧：为巩固和扩大割据区域，研究部署边界地方工作，第七军和地方党领导人于 1928 年 7 月下旬在柴山保的尹家嘴召开会议。会议根据中央指示，将工农革命军第七军改编为中国工农红军第十一军三十一师，吴光浩任军长兼师长，戴克敏任党代表，曹学楷任参谋长。会议根据实际斗争的需要，决定尽快恢复、建立和发展边界地区党团组织，建立健全各

◎ 河南省新县陈店乡尹家嘴会议旧址

级农民委员会，组织赤卫队等农民武装。为了进一步发动群众，并为土地革命的开展做准备，会议还决定在边界地区各县普遍开展抗捐、抗税、抗租、抗粮、抗债运动，同时没收地主的土地和财产。

如果说清水塘会议解决了根据地在哪里建的问题，尹家嘴会议则重点解决了根据地如何建的重大问题。尹家嘴会议初步把土地革命、武装斗争和政权建设三者结合起来。从清水塘到尹家嘴两次重要会议所作出的决定看，工农革命军与鄂豫边界地方党领导人对于利用边界地区实行工农武装割据已经有了明确的认识，开始走上了工农武装割据的道路，这是鄂豫边区人民革命斗争走向胜利的重要转折点。

尹家嘴会议后，鄂豫边区革命斗争很快出现了新局面。红三十一师采取整体防御、部分进攻的策略，以一部向黄麻地区游击，配合群众斗争，恢复起义老区，其余则留在柴山保及其周围地区活动，致力于根据地的建设和发展新区工作。这期间，根据地的建设着重是建党、建政，组织和发展群众武装。先是成立光山南部的三个区工委，不久正式成立了弦南、弦东和弦西区委。此后，又建立了光山县及弦南、弦东、弦西三个区农委会和光山县红枪会指挥部。在改造红枪会的基础上，组织了大批赤卫队等革命群众武装。同期，黄麻党团县委、罗南工委、汪洋店工委和黄安、麻城县武装指挥部、麻城县农委会及罗山红枪会总指挥部也相继建立起来。在各级地方党、政、军、群组织的领导下，地方工作更加有效地展开。

1928年10月，为加强党的集中统一领导，根据中共湖北省委的决定，成立了以王秀松为书记的中共鄂东区特委，领导黄安、麻城、光山(南部)三县和红军中的党组织，积极扩大割据区域。同月，红三十一师根据特委决定，以第一、二大队南下黄麻老区，先后击溃和歼灭了乘马岗、顺河地区的四个反动民团，击退了麻城驻敌一个营的进攻，配合群众没收豪绅地主财产；至年底，黄麻北部的七里、紫云、乘马岗、顺河等大部分地区重为革命势力所控制。罗山南部的宣化店和孝感北部的汪洋店一带，在当地党组织的领导下，革命斗争也蓬勃展开。同时，根据地中心区域的土地没收与分配也大体完毕。

随着军事斗争的胜利和地方工作的深入开展，鄂豫边工农武装割据地区迅速扩大。割据区域向南扩大到黄安的八里、桃花一带，向东扩大到麻城的黄土岗附近，向西发展到孝感县的汪洋店，横65公里、纵50公里。

▶ 当年开辟柴山保主要有哪些领导人？

晏慎钧：主要有吴光浩、戴克敏、曹学楷、吴焕先、徐朋人等。徐向前在《历史的回顾》中说，根据地的这些领导人，土生土长，和当地群众有血肉联系，土马克思主义有一些，洋教条极少，如果搬洋教条的话，闯不出这局面来。路是人走出来的，不能妄自菲薄，小瞧土马克思主义。

追寻革命先辈的足迹，走过柴山保清水塘、尹家嘴这些在鄂豫皖革命根据地创建历史上有着重大影响的小村庄，遥想当年峥嵘岁月，山乡沸腾，热火朝天，仿佛看见人头攒动，红旗满山，梭镖如林。革命先辈开辟的革命道路，愈走愈光明、愈走愈宽广。

专家点评：

石仲泉：原中共中央党史研究室副主任、毛泽东思想邓小平理论研究会会长

时　间：2021年5月12日

地　点：北京市

寻访组：“土马克思主义者”创建大别山第一块革命根据地的伟大意义是什么？

石仲泉：大革命失败后，党独自领导中国革命作了两种探索：一是领导城市武装起义，首先是南昌起义，尽管起义成功了，但由于敌人武

装力量强大，不得不退出南昌向广东进军，除朱德领导一部分起义军转战井冈山与毛泽东的秋收起义队伍会合外，主力的绝大部分都溃散了。广州起义爆发后，尽管宣布成立了苏维埃政府，但最后没能成功，这说明城市武装起义道路不适合中国国情。在八七会议上，党决定领导农民武装起义，于是就有毛泽东领导的湘赣边秋收起义和大别山地区以黄麻起义为代表的诸多起义。在农村，特别是偏远山区，反革命力量相对弱些，而广大贫苦农民有强烈革命愿望，党领导的起义队伍在这里能站稳脚跟，发展力量，进行土地革命，开辟革命根据地。在鄂豫皖交界的大别山区，有建党活动基础，受大革命影响较深，农民运动高涨，因而，能在这里建立起革命根据地。

毛泽东曾指出，“小块红色区域的长期存在”，成为“取得全国政权的许多力量中间的一个力量”。中国的红色政权最初是从土地革命战争时期各地小块根据地开始的，党在那个时期的局部执政，积累了宝贵的执政经验。大别山地区的“土马克思主义者”把马克思主义的普遍真理同大别山地区的具体革命实践相结合，独立自主地走上工农武装割据的道路，开辟了柴山保革命根据地，并使之发展壮大为鄂豫皖革命根据地，成为中国革命的重要战略支点。

胡子石会议

——构筑根据地全面发展的“四梁八柱”

寻访地点：河南省新县陈店乡胡子石会议旧址

采访对象：晏慎钧　河南省新县党史地方志研究室副研究员

采访人员：林志成　董绍富　石和安　瞿　萍

2020 年 4 月 29 日上午 8 点半，沐浴初升的朝阳，乘着骀荡的东风，寻访组从河南新县县城出发，前往新县陈店乡寻访中共鄂豫边第一次代表大会（又称胡子石会议）旧址。2019 年 11 月 20 日，纪念胡子石会议 90 周年座谈会在大别山干部学院举行。与会代表对这次会议给予了高度评价，也愈加凸显了它的重要。车在新修的路基上缓慢前行，我们的思绪却早已飞回 90 多年前的烽火岁月。9 点 10 分，车穿过胡子石大桥，拐向东侧乡间小道。不远处就是胡子石大湾，村庄多是平顶砖混结构两层房屋，白色的墙壁在阳光照射下格外耀眼。

在胡子石村支部书记李得意的引导下，寻访组来到了胡子石会议旧址。李得意介绍说：“胡子石是个大村庄，原有千余人，现在有六七百人，还没有恢复到大革命时期的人口数量。当年数百名青壮年参加了红军，有 4 名红军团长英勇牺牲。”

胡子石会议旧址位于村庄的东北角，原是胡姓地主的宅院，坐北朝

◎ 河南省新县陈店乡胡子石会议旧址

南，共有10余间房，均系青砖硬山灰瓦房。正屋5间，前面有东、西相对的8间配房，构成一座长方形大院。现仅剩正屋5间，东边配房4间。

进到内院，只见北面5间正屋的走廊比较宽阔，几根大红漆柱显得十分气派。东侧两间是会议筹备办公室，西侧3间堂屋是会场。

▶ 胡子石会议是在怎样的背景下召开的？这次会议作出了哪些决议？

晏慎钧：胡子石会议的召开，主要是鄂豫边区革命斗争形势发展的需要。1929年6月下旬至10月中旬，河南、湖北两省国民党军先后向鄂豫边、豫东南革命根据地发动三次"会剿"，一次是罗霖、李克邦部对鄂豫边的"罗李会剿"，一次是刘峙组织鄂、豫两省国民党军对鄂豫边和豫东南革命根据地的"豫鄂会剿"，一次是徐源泉、夏斗寅部对鄂豫边革命根据地的"徐夏会剿"。两块根据地军民互相支持与配合，经过艰苦斗争，接连取得三次反"会剿"的重大胜利，根据地得到恢复和扩大。但是根据地也难以避免地遭到严重摧残，豫东南革命根据地著名领导人詹谷堂就是这个时期牺牲的。随着鄂豫边界工农武装割据局面的不断扩大，国民党军对根据地的围攻步步升级，单打独斗对付不了敌人大规模的军事进攻。这就迫切需要将鄂豫边和豫东南革命根据地党组织、革命政权和红军实行统一领导，壮大革命力量。同时，需要总结根据地建设经验，解决根据地发展中的诸多问题。

在此背景下，中国共产党鄂豫边第一次代表大会于 1929 年 11 月 20 日至 12 月 2 日在光山县南部（今属新县陈店乡）胡子石召开，来自光山、罗山、麻城、黄安、黄陂等县的代表共 29 人。中共中央巡视员曹大骏、王平章出席了会议。大会根据中共中央关于鄂东北改组为鄂豫边特委致豫南特委的信的指示精神，选举产生中共鄂豫边特委，正式委员 9 人，候补委员 5 人。徐朋人、王平章、徐宝珊为常务委员，徐朋人任书记。大会通过了政治任务、苏维埃问题、军事问题、群众运动、救济问题、教育和宣传问题、共青团和青年运动等 9 个决议案。会议对根据地的各项探索进行全面总结，对根据地的未来发展进行全面布局，制定出一整套比较完善的施政方略。所以，胡子石会议是为鄂豫皖革命根据地的发展全面奠基的一次会议。

▶ 这些决议案对根据地建设和发展产生了哪些影响？

晏慎钧：胡子石会议的决议几乎涉及土地革命、武装斗争、根据地建设的各个方面，按照现在的话说，重点解决了思想建党、政治建军、民主建政问题。

党的建设方面，有思想建党内容。鄂豫皖边区革命主要是由本地具有共产主义思想的知识分子组织发动起来的，其基本力量是本地的农民，大量农民加入到无产阶级政党中来。1929 年 5 月统计，黄安县有党员 800 多人，农民党员占 90%，知识分子党员占 5%，小商人党员占 5%。这些农民党员生活在社会最底层，斗争坚决，但是他们的小农意识非常明显，各种非无产阶级思想不可避免地要带到革命队伍中来。针对上述现象，鄂豫皖边区党组织注重思想建党。《政治任务决议案》指出了党组织存在的缺点和弱点，主要是农民意识的严重存在，“左”倾蛮干倾向的遗毒，支部生活不健全等，提出加强党的无产阶级意识和提高党的政治理论水平，扩大党的无产阶级基础；按期举行各种会议，坚决地发展党内讨论和批评来代替机械的执行纪律。

军队建设方面，有政治建军内容。鄂豫皖红军多来源于党领导的农民暴动人员，尽管没有旧式军队士兵的恶习，但农民意识浓厚，纪律性较差。如何将农民成分的红军部队锻造成威武之师，是军队建设的重要课题。胡子石会议通过的由戴克敏、徐向前、曹学楷起草的《军事问题决议案》强调了党的领导地位。首先，明确规定“红军最高司令部、政治部均受革命委员会的指挥”，红军中的“高级党委应规定全军党的工作路线”，使指战员“在党的政治口号之下行动”，“红军游击到各地时，其军事行动应由党委及该地党部开联席会议决定”。其次，在部队中建立政治委员（政治指导员）工作制度，负责督促士兵委员会进行政治训练，指导民运工作。规定“各级军官命令，必须由各级政治委员（政治指导员）签署才能生效”。这些规定使红军置于党的领导之下。同时，对军民关系、军政关系、士兵教育、俘虏政策、经济政策等，都作了正确规定，体现了人民军队所应有的原则。决议还规定了红军游击战术原则：“集中作战，分散游击；红军作战须尽量号召群众参加；敌情不明，不与作战；敌进我退，敌退我进；对敌采取跑圈的形式；对远距离的敌人，先动员群众扰乱敌人，次采取突袭的方式；敌人如有坚固防御工事，不与作战。”这同红四军在井冈山及转战赣南、闽西时所运用的游击战术原则基本一致。所有这些，都丰富了毛泽东军事思想。

政权建设方面，有民主建政内容。胡子石会议作出的《苏维埃问题决议案》，对苏维埃的性质、组织原则、苏维埃组织法、苏维埃区域中党的组织、苏维埃区域的扩张等问题，均作了详细的规定。首先，在选举上，工农兵及一切非剥削的劳动群众，有选举权和被选举权。决议规定：苏维埃的组织必须经过代表大会或群众大会选举，绝对禁止由党部指派；凡年满 16 岁之男女而非剥削的劳动者，有选举权和被选举权。其次，苏维埃政权具有广泛的代表性。各级苏维埃代表遵照一定比例选举产生。再次，苏维埃政权对剥削阶级和一切反动势力实行专政。规定对于豪绅、地主及反革命分子和一切依靠剥削别人而生存的人，都剥夺其选举权和被选举权；凡是从事反革命破坏活动者，都予以坚决镇压。《苏维埃问题决议案》规定的苏维埃组织原则和组织法，奠定了后来鄂豫皖革命根据地政权组织系统基本框架。苏维埃政权的建立，使鄂豫皖边区的劳苦大众破天荒地成为社会的主人。

鄂豫边第一次党代会的召开和鄂豫边特委的成立，有力地推动了根据地的迅速发展和鄂豫皖边区各县的工作。鄂豫皖革命根据地进入一个新的发展时期。

穿越历史的烟云，回到那个绽放激情的年代，一群年轻的共产党人在这里开创了一个崭新的天地。当年参加会议的主要领导人徐朋人、徐宝珊 26 岁，王平章、徐向前 28 岁，戴克敏 23 岁，年龄最小的吴焕先 22 岁，年龄稍大的曹学楷也只有 33 岁，都是风华正茂。他们正在创建一个真正属于人民的红色政权，我们由衷地叹服他们的睿智和气度。其中蕴涵的思想建党、政治建军、民主建政的思想，在今天依然闪耀着真理的光芒。

专家点评：

石仲泉：原中共中央党史研究室副主任、毛泽东思想邓小平理论研究会会长

时　间：2021 年 5 月 12 日

地　点：北京市

寻访组：胡子石会议对鄂豫皖革命根据地发展有怎样的意义？

石仲泉：大别山地区共产党人以中共六大精神为指导，积极探索，勇于实践，使中华苏维埃运动在鄂豫皖边区较早地发展起来。胡子石会议所作出的一系列决议，对于指导大别山地区苏维埃运动发展具有重要意义。我没有见到胡子石会议各项决议的原件，大别山干部学院同志给我介绍了鄂豫边党组织提出的有关“思想建党”的思想。他们说：早在胡子石会议之前，即1929年6月9日，鄂东北各县第二次联席会议（黄安、麻城、黄陂、孝感四县委和红三十一师党委第二次联席会议）作出了《目前政治形势与鄂东北区党的任务决议案》。其中提出鄂东北区党的总任务之一就是“建立布尔什维克的党”，强调“加强党的政治教育”，“用布尔什维克的理论与精神来战胜小资产阶级的和农民的一切不正确倾向”。并且，在《组织问题决议案》中提出的入党“五个条件”中也强调了后来概括的“思想入党”的要求。这“五个条件”是：“A、革命性强的。B、经济地位低的。C、与反革命派无社会关系的。D、习惯好的。E、无恶劣嗜好的。”如果原始文件是这样写的，这个文件是非常珍贵的。从时间来说，它早于古田会议半年，这是因为鄂豫边党组织靠近武汉，交通方便，传达党的六大文件精神比毛泽东率领红四军转战的井冈山和闽西赣南地区会早些，从红军部队实际情况出发提出“思想建党”思想的要求也会早些，这种情况是可能的。1929年12月2日，胡子石会议通过的《政治任务决议案》，在纠正党的错误倾向12条措施中，进一步提出把“打破农民意识的包围，加紧党的无产阶级意识和提高党的政治理论水平线”放在第一位，是非常难得的。它可以视为党史、军史上的红色经典。就此而言，鄂豫边区可以说是具有思想建党、政治建军、民主建政内涵的重要原则的首创地，也是鄂豫皖红军强筋铸魂的首创地。

胡子石会议选举产生中共鄂豫边特委，统一了鄂豫边和豫东南两块革命根据地的领导，标志着大别山脉工农武装割据局面迈上新台阶。

根据上述文件材料，说胡子石会议制定了比较系统的建党、建军、建政实施纲领，初步解决了武装斗争、土地革命、根据地建设的一系列基本原则问题，体现了党在大别山局部执政的智慧和成就，为鄂豫皖革命根据地乃至中华苏维埃运动的发展作出了巨大贡献，也不算为过。

同唱一首歌

——大别山工农武装割据局面的形成

寻访地点：河南省新县鄂豫皖边区第一次工农兵代表大会旧址

采访对象：晏慎钧　河南省新县党史地方志研究室副研究员

采访人员：瞿　萍　叶希武　梅　寒

2020 年 10 月 26 日上午，寻访组一行专程赴河南省新县陈店乡王湾，探访鄂豫皖边区第一次工农兵代表大会旧址。王湾是鄂豫皖革命根据地重要创始人、中共黄安县委书记王志仁的家乡。会议旧址就是王氏宗祠，坐北朝南，分前后两排，每排 3 间，东西各有一耳房，构成一座天井小院。大门开在前排房中间，门框用条石砌成，装有两扇木板门。大门两侧各有一单间，门向过道对开。战争年代北边大院已被敌人烧毁，只剩南边一个小院，是当时大会办公的地方。

新县党史地方志研究室副研究员晏慎钧介绍说："1930 年 6 月底，鄂豫皖边区第一次工农兵代表大会在此召开，到会代表 200 余人，会上选举产生鄂豫皖边区苏维埃政府，甘元景任主席。鄂豫皖边区苏维埃政府的诞生，标志着大别山区工农武装割据局面的正式形成。大别山区工农武装割据局面得以实现，是在中共中央的领导下，鄂豫皖三省党组织共同奋斗的结果。"

◎ 河南省新县陈店乡鄂豫皖边区第一次工农兵代表大会旧址

▶ 鄂豫皖三省党组织从什么时候开始致力于大别山区工农武装割据的？

晏慎钧：鄂豫皖三省党组织在贯彻八七会议精神、部署本省武装起义的时候，把鄂东、豫南、皖西列为重点，在这些地区实行“区域联合”和“上山游击”，探索在敌强我弱的险恶环境中坚持武装斗争的策略。尤其是在黄麻起义后，工农革命军第七军从辗转于鄂豫两省边界打游击到开辟光山县柴山保，工农革命武装得以立足的成功实践，使鄂豫皖三省党组织对工农武装存在和发展有了更加清醒的认识。1928 年 10 月，中央在给各地的指示信中，介绍了井冈山革命根据地把武装斗争、土地革命和红色政权紧密结合的经验，号召各根据地学习。这就更加坚定了三省党组织对于在鄂豫皖边区开展工农武装割据的信心，对将这种战略构想逐步付诸实现起到重要的推动作用。

▶“五委”联席会议对扩大以柴山保为中心的鄂豫边界割据区域起到怎样的作用？

晏慎钧：为进一步扩大以柴山保为中心的鄂豫边界割据区域，1929年4月下旬，黄安、麻城、黄陂、孝感四县委和红十一军第三十一师党委联席会议召开，会议根据中共湖北省委关于将京汉区与鄂东区合并成鄂东北区的决定，成立中共鄂东北特委，领导上述四县和光山等县及红军中党组织开展工作。5月底至6月上旬，鄂东北特委为推动鄂豫边界工农武装割据斗争的加速发展，又召开第二次“五委”联席会议。这次联席会议通过了扩大游击战争、苏维埃问题、组织问题、农民运动、职工运动、兵士运动等决议，对于指导鄂豫边革命运动的蓬勃发展起着重大作用。

▶鄂豫边、豫东南、皖西革命根据地党组织和红军是如何配合、支援的？

晏慎钧：在黄麻起义的影响下，商城县南部地区积极酝酿武装起义。但大荒坡暴动失败后，商城的反动派加大了对中共党组织的摧残。1929年1月18日，中共豫东南特委委员兼军委书记张廷桂和特委委员杨桂芳到商城巡视时被捕遇害。2月3日，豫东南特委书记余锡珍从固始来商城指导起义工作，途经商城武庙集时不幸被捕，6小时后牺牲于城关。中共商城县委也多次遭到敌人破坏，办公地点被迫多次转移，2月21日商城县又遭破坏，县委书记李惠民等被捕遇害。

1929年3月13日，根据中共中央指示，中共豫东南特委和鄂东特委在柴山保召开联席会议，中央巡视员郭述申主持会议。会议分析了当时的形势，提出要尽快举行商南起义。鉴于中共商城县委近期连遭敌人破坏，加之商城县委与商南区委之间路途遥远，路上又有敌人层层封锁，商城县委与商南区委联系存在诸多困难，豫东南特委对商南起义工作直接指挥不便的实际情况，会议决定由鄂东特委直接领导商南党组织，指挥商南起义工作。会后，鄂东特委考虑到商南起义的重要性，遂将商城南部、罗田北部、麻城东部划为特别区，成立中共商罗麻特别区委，并派出参加过八一南昌起义、黄麻起义的鄂东特委委员徐其虚、徐子清到商南参加起义领导工作。4月，中共商罗麻特别区委在太平山成立，徐子清任书记。同时还成立商罗麻特别区军委会，徐其虚任军委书记。1929年4月下旬，中共商罗麻特别区委在太平山穿石庙召开紧急会议，研究起义提前问题。特别区委书记徐子清决定立即将相关情况报告鄂东北特委（鄂东特委于4月中旬改组为鄂东北特委），等待指示后再定具体行动时间。1929年5月初，鄂东北特委派红十一军军长兼三十一师师长吴光浩率10多人带枪由鄂东赴商城参加起义的领导指挥工作，队伍途经罗田县滕家堡遭到民团包围，突围时吴光浩等同志不幸壮烈牺牲。在这种严峻的形势下，中共商罗麻特别区委决定提前发动起义，并取得成功。随即，商南起义队伍组建为红十一军第三十二师。红三十二师经过艰苦奋战，开辟了豫东南革命根据地。

商南起义胜利后，红三十二师大力支援六霍起义。1929年11月9日，中共六安中心县委发出通知，要求各区和邻近各县迅速采取行动，组织武装起义。中共霍山县委和西镇区委立即作出响应，决定发动西镇农民起义，但在起义待举的关键时刻，国民党西镇事务所民团队长陈先觉发觉了革命群众的行动，豪绅地主相互勾结，19日要在全区实行反革命大搜捕，妄想将革命力量一网打尽。在此紧急关头，这个消息被西镇党组织探知，中共霍山县委委员徐育三连夜派西镇区委书记刘仁辅赶到商南丁家埠，请求红三十二师前去支援。中共商城县委了解到西镇紧急情况后，研究决定立即派周维炯率领部队星夜行动赶往西镇。红军于午夜到达西镇后，立即会同徐育三等西镇数百名起义农民，一举攻占闻家店大恶霸余良远的住宅，缴枪32支，取得了初战的胜利。随后兵分两路，一路攻燕子河，打豪绅刘佐廷的庄园；一路攻楼房塆，活捉土豪郑世济。19日黎明，两路队伍会师长山冲，又包围了高氏祠，红军一马当先，与起义队伍乘胜东进漫水河，攻占西镇事务所，解救被捕同志，歼敌70余人。第二天，在燕子河成立西镇革命委员会，主席王隆安。同时，成立360人的游击大队，总指挥徐育三，这支队伍成为皖西三大主力之一，也是红三十三师的重要组成部分。前后三天时间，整个西镇地区反动势力基本被消灭，方圆百里，完全被起义武装占领。为了感谢红三十二师的支援，西镇群众编歌赞颂，迄今广为流传：河南老红军，来到我西镇，钢枪打前阵，后跟赤卫军。先打闻家店，后打楼房村，打土豪，杀劣绅，反动团总消灭尽。

红三十二师支援西镇起义后又继续东进六安，支援流波𥕢农民起义。流波𥕢是皖西的一个重要战略要地，盘踞着六安县民团300余人。在当地起义农民的配合下，红三十二师从小河南面发动进攻，同时从两翼进行包抄，打乱了敌人的指挥机关，摧毁敌人的火力点，敌人顿时大乱，溃不成军，匆匆向胡子岩的石洞逃窜，结果被前往配合作战的六安六区游击大队全部消灭。1930年1月上旬，红三十二师的九十七团和一百团再次东征，打退敌人的反扑。20日，中国工农红军第十一军第三十三师在流波𥕢成立。2月中旬，周维炯又率领两个团进行第三次东征，协同红三十三师围攻麻埠，两师共组前敌总指挥部，周维炯和徐百川分别担任正副总指挥。两师协同作战，击溃守敌张季荃部。至此，皖西革命根据地进一步扩大。

▶ 中共中央对于鄂豫皖革命根据地的统一作出了什么样的决策和部署呢？

晏慎钧：鄂豫皖革命根据地的统一问题是中央最终作出决定的。但从地方到中央，在推动大别山区工农武装割据局面形成上经历了一个过程。

早在1928年12月中旬，中共湖北省委巡视员曹壮父到达鄂豫边区后，被根据地兴旺的景象所吸引，更为一群山沟里的“土马克思主义者”们提出在三省创建苏维埃局面的战略构想所赞叹。他立即向中央起草了报告并阐释了理由，这是就在大别山实行工农武装割据战略构想第一次正式提请党中央批示。但当时中央负责人没有采纳曹壮父的建议。1929年5月，中共鄂东特委再次给中央报告，提出学习江西井冈山的办法，请求确立实现大别山工农武装割据的战略构想。9月24日，中共中央发出《关于鄂东北特委改组为鄂豫边特委致豫南特委的信》，决定将湖北省的黄安、麻城、黄陂、罗田、黄冈和河南省的商城、光山、罗山八个县划为鄂豫边特区。在中央因势利导的决策部署下，1929年11月到12月，在胡子石召开的中共鄂豫边第一次代表大会和在光山县南部细吴家召开的鄂豫边第一次工农兵代表大会，选举产生中共鄂豫边特委和革命委员会，建立了鄂豫边区党和革命的统一领导机构。

1930年春，随着皖西革命根据地的发展，以大别山脉为中心的工农武装割据已初具规模。在鄂豫皖边区纵横数百里的广阔范围，广大乡村大部分都成为红色区域。红三十一、三十二、三十三师以三足鼎立之势，战略上紧密呼应，作战时互相配合和支援，战斗力越来越强。此时又恰逢蒋介石、阎锡山、冯玉祥正在酝酿一场军阀大战，无暇顾及大别山红军的动向，客观上也有利于鄂豫皖革命根据地的统一。在这种有利形势下，把鄂豫边、豫东南、皖西三块红色区域统一成较为稳固的战略根据地，实现红军由游击战向运动战的转变，已经从地方到中央形成共识。

1930年2月，在上海霞飞路的一座小洋楼里召开了一个重要的会议。会议召集人是时任中共中央组织部部长、军委书记的周恩来。会上，中央巡视员郭述申等人向周恩来汇报了鄂豫皖的革命形势，再次提出建立鄂豫皖特委的建议。周恩来分析了当前的政治形势，指出鄂豫皖三省边界地区的重要战略地位，传达了党中央指示。从2月到3月，中共中央连续发出四封指示信，作出建立鄂豫皖边特别区、统一党在鄂豫皖边区的领导、组建红一军的重要决策和战略部署，并派遣郭述申、许继慎、曹大骏、熊受暄等人前往鄂豫皖边区担任党和红军的领导职务。1930年3月20日，鄂豫皖边区党代表大会在黄安县箭厂河召开，宣布成立中共鄂豫皖边特别委员会，郭述申任书记。5月23日，红三十一、三十二、三十三师合编为红一军，全军2100余人，直属中央军委指挥。自此，鄂豫皖红军相互分散、互不隶属的问题得到彻底解决。6月下旬，鄂豫皖边特区苏维埃政府成立，鄂豫边、豫东南、皖西三块根据地实现统一，鄂豫皖三省党组织共创大别山区工农武装割据的夙愿终于成为现实。

1931年3月10日，中共中央作出《关于鄂豫皖苏维埃区域成立中央分局决议案》，指出为着适应鄂豫皖苏维埃运动的扩大，中央政治局决定在这一地区成立中央分局，以直接领导这一地区的土地革命的开展。中央分局完全直隶于中央政治局，其职权系代表中央政治局而高于省委。5月，中共鄂豫皖中央分局成立后，大别山区工农武装割据的局面随之进一步巩固和扩大。

专家点评：

曾成贵： 湖北省社会科学院原党组书记、研究员、黄冈师范学院大别山红色文化研究中心特聘教授、中国近现代史史料学学会副会长

时　间： 2021年3月18日

地　点： 湖北省武汉市

寻访组： 请谈谈大别山工农武装割据局面形成的重大意义。

曾成贵： 大别山地区鄂东北、豫东南和皖西三块根据地的统一，形成全国第二大苏区即鄂豫皖苏区，把大别山地区的土地革命和红军战争推向了新阶段，开辟了革命斗争的新局面。它是大别山地区的党组织从本地实际出发，不断在实践中总结经验，努力探索革命力量生存发展正确道路的结果。建立跨越三省地区的大苏区，是本地共产党人自己提出

来的战略性构想。这一构想受到毛泽东开辟井冈山革命根据地的启发，党中央批准了这一具有战略意义的建议。统一的鄂豫皖苏区的形成，为红四方面军的建立和壮大、为土地革命的深入和发展创造了条件，也有利于实行党的统一领导。大别山地区三块革命根据地结成一个有机整体，客观上有利于发挥其“一面可以控制平汉铁路，一面可以截据长江交通”“直接威逼武汉，进而与全国红色区域打成一片”的重大作用，它与湘鄂西苏区、湘鄂赣苏区互为犄角，又与中央苏区实行战略配合。毛泽东在《星星之火，可以燎原》中阐述具有中国特色的革命道路时指出：“朱德毛泽东式、方志敏式之有根据地的，有计划地建设政权的，深入土地革命的，扩大人民武装的路线是经由乡赤卫队、区赤卫大队、县赤卫总队、地方红军直至正规红军这样一套办法的，政权发展是波浪式地向前扩大的，等等的政策，无疑义地是正确的。”大别山区鄂豫皖三省人民同唱一首歌，同走一条路，正是毛泽东所指出的“农村包围城市、武装夺取政权”的正确道路。

红四方面军

——一支铁血劲旅的锻造

寻访地点：湖北省红安县七里坪镇中国工农红军第四方面军诞生地

采访对象：辛向阳　湖北省红安县史志研究中心主任

采访人员：瞿　萍　叶希武　梅　寒

2020 年 10 月 26 日的清晨，寻访组一行迎着朝阳，驱车前往湖北省红安县七里坪镇，寻访中国工农红军三大主力之一红四方面军的成立历程。

在位于七里坪西门外的红军广场，我们看到了红四方面军成立纪念碑。纪念碑正面镌刻着徐向前题写的“中国工农红军第四方面军诞生地”14 个大字，基座上刻有红四方面军诞生地纪念碑碑文，记载了红四方面军的诞生：一九三一年十一月七日，中国工农红军第四方面军在黄安（今红安）七里坪成立，下辖红四军和红二十五军，徐向前任总指挥，陈昌浩任政治委员。

红安县史志研究中心主任辛向阳介绍说：“这里当年是倒水河的一片河滩，红四方面军就是在倒水河河畔成立的。”

倒水河发源于河南省新县的庆儿寺，由北向南流经河南新县、湖北红安县、武汉市新洲区，在新洲区阳逻龙口注入长江。河东岸自北向南依

◎ 湖北省红安县七里坪镇中国工农红军第四方面军诞生地纪念碑

次耸立着酒醉山、大小雾嘴山和古风岭。这条长约 160 公里的倒水河不是一条普通的河流，从箭厂河到檀树岗、七里坪，再到红安县城，倒水河畔将星闪烁，平均不到一公里就走出过一位开国将军。今天的倒水河，河水清澈澄碧，在阳光的照耀下闪着点点星光，像一条漂亮的金色绸带飘绕在山间。站在倒水河畔，看着静静流淌的河水，时间仿佛回到了 90 多年前的一天——1931 年 11 月 7 日。红四方面军在七里坪西门外的河滩上宣告成立。

这一天阳光明媚，宽阔的河滩上红旗招展，刀枪林立。七里坪万人空巷，周围的田坎、山坡上聚拢着潮水般的人群，群众敲锣打鼓、燃鞭放炮，热烈庆贺中国工农红军第四方面军成立。官兵们英姿飒爽，列队整齐，穿戴一新，鼓掌、敬礼、喊号子，气震山河，绣有镰刀斧头红五星的中国工农红军第四方面军军旗第一次高高飘扬。总指挥徐向前、政治委员陈昌浩在阅兵总指挥王树声的陪同下骑马检阅了部队。红四方面军辖红四军、红二十五军，近 3 万人，这支从倒水河河滩走出来的革命队伍，是中国工农红军的三大主力之一，成为推翻旧世界开创新世界的伟大力量。

▶ 红四方面军的创建有着什么样的背景呢？

辛向阳：红四方面军与中华苏维埃共和国临时中央政府在同一天诞生，把时间定在 11 月 7 日，是为了纪念苏联的十月革命节。1930 年 4 月到 6 月间，根据中共中央指示，中共鄂豫皖边特委和红一军成立，三块分散的根据地在组织领导上统一起来，原来的红三十一师、三十二师、三十三师统一了指挥，作战更加集中，战斗力得到了很大的提高，为红军由游击战到运动战过渡创造了条件。活动于蕲春、黄梅、广济地区的红军，随着武装斗争的发展，于 10 月成立了中国工农红军第十五军。1930 年 11 月到 1931 年 5 月的 7 个月间，敌人对鄂豫皖区红军和根据地发动了两次大规模的"围剿"。红一军在红十五军的配合下进行了英勇反击，取得了第一、二次反"围剿"的胜利。这一时期，在中央给各苏区的训令和对鄂豫皖中央分局指示信中，都指示要想尽一切办法建立和湘鄂西、鄂北苏区的联系，构建相互呼应的作战格局，以便将长江以北的苏区打成一片，并且要求鄂豫皖革命根据地的红军按照中央的统一编制，组建红军第四军团。遵照中央指示，红一军与红十五军在商城南部合编为中国工农红军第四军，全军共 12500 人。随着革命形势的迅速发展，鄂豫皖区革命根据地掀起了参军拥军的热潮，鄂豫皖军委于 1931 年 10 月在麻埠组建了中国工农红军第二十五军。为了统一红军指挥，决定由红四军和红二十五军合组成红四方面军。

11 月 7 日，在庆祝苏联十月革命节的欢乐声中，第四军、第二十五军于黄安县的七里坪进行整编，红四方面军宣告成立。这支红军是在党的直接领导下，从黄麻、商南、六霍等农民起义中诞生的，汇集了各方面的力量。它的诞生和发展，正是处在我们党创建人民军队最艰苦的时期，经历了错综复杂的过程。它的成立是鄂豫皖红军进一步发展的标志，也是党领导鄂豫皖人民进行革命斗争的胜利成果。

▶ 红四方面军是如何粉碎敌军第三次“围剿”的？

辛向阳：红四方面军成立后的第三天，便经历了黄安战役的洗礼。这一年，蒋介石在对鄂豫皖革命根据地的第二次“围剿”失败后，马上着手筹划对根据地的第三次“围剿”。在严峻的形势下，鄂豫皖军委决定充分利用敌人内部派系矛盾，抓住有利时机，在红四方面军成立后即向敌人发起进攻，首先取得了黄安战役的胜利。之后，红四方面军又先后取得商（城）潢（川）、苏家埠、潢（川）光（山）3次战役的巨大胜利，消灭了敌人大量有生力量，成建制被歼灭的敌正规部队将近40个团，总计约6万人，有力地策应和支援了中央红军，在各根据地引起轰动效应，包括中央革命根据地都大张旗鼓宣传红四方面军的伟大胜利。从1931年11月到1932年6月，红四方面军四次战役的胜利，使国民党军的第三次“围剿”计划彻底破产。鄂豫皖革命根据地向外猛烈扩大，面积达到4万余平方公里，人口达到350万，建立了27个县级革命政权，成为仅次于中央革命根据地的全国第二大革命根据地，创造了一个极盛的局面。红四方面军总兵力迅速发展到45000多人。

▶ 为什么红四方面军能够屡破强敌，取得如此骄人的战绩？

辛向阳：首先从红四方面军建军的特点说起，如果用几个关键词来形容红四方面军的建军特点的话，首先一个关键词就应该是“土气”。中国共产党领导的三支主力红军中，红一、二方面军都有成建制的革命军队作为创建基础，红一方面军有卢德铭警卫团和朱德率领的南昌起义剩余部队，红二方面军有能够接受贺龙指挥的湘西家族武装，而红四方面军完全是从大别山的农民暴动和游击战争中产生，其基本成分主要是当地土生土长的贫苦农民、雇工以及少数的知识分子，是一支最“土”工农武装。也正是因为这种“土气”，让这支部队的所有指战员知道参军打仗是为了自身的解放，为了子孙后代谋福祉。因而在战场上，他们能够步调一致、不怕牺牲、奋勇向前。

其次是“忠诚”。红四方面军是中国共产党缔造的一支新型人民军队，自诞生之日起，就在党的绝对领导之下，发展和建立了各级党的组织，建立了党代表和政治工作制度，形成了坚强的领导中枢。以党的纲领、决议武装指战员的头脑，不断将革命理想、革命精神贯注于军队之中。广大指战员有着坚定的革命信仰，对革命必胜充满了信念，懂得为谁当兵、为谁打仗。在西征、长征和西路军那样艰难困苦的情况下，百折不挠、顽强不屈，只要还有一个人，就要继续战斗下去。张国焘叛逃时，没能带走一人一枪，连警卫员都没有跟他走。红四方面军指战员们以对党和革命的无比坚定最终赢得了全党的信任与厚望。

再者就是“血性”。红四方面军是一支打仗最“野”的部队，他们以火热的斗志、张扬的血性、不拘常规的战术、严明的纪律，形成了“狠、硬、快、猛、活”的战斗作风。毛泽东曾形象地称徐向前为红四方面军的“老母鸡”，在他的带领和培育下，成长了许世友、王近山等一批面对强敌敢于亮剑、善打苦仗硬仗恶仗的将领，整个部队从上到下都有一股狠劲，不消灭敌人，决不罢休。他们豁得出、挺得住、打不垮、拖不烂，愈战愈强，百炼成钢，书写了红军战史上耀眼的辉煌，还为共和国锻造出1位元帅、2位大将、14位上将、51位中将和数百位少将。1989年和1994年中央军委分两批确定了36位军事家，其中从红四方面军走出来的就有8位，即徐向前、李先念、陈赓、徐海东、王树声、许继慎、蔡申熙、曾中生。这些都能够透射出这支英雄部队的奋斗历程和伟大贡献。

红四方面军在战争的熔炉中淬炼成钢，在曲折的征程中愈挫愈勇，铸造出超凡的坚定意志和血性胆魄。十年土地革命战争中，红四方面军从创建伊始经历了四次起伏：黄麻起义后，革命军由城市转入农村，72人转移至黄陂木兰山坚持游击斗争；第四次反“围剿”失败后，红四方面军被迫离开鄂豫皖革命根据地，总数2万余人的主力红军，到达川陕的只有1.3万人；长征途中，百丈关战役折损一半，由8万余人减至4万余人；三军会师后，红四方面军奉中革军委之命，抽调一半人马组成西路军，苦战河西走廊，几乎全军覆没，2万余将士殒命祁连山。抗日战争爆发后，红四方面军主力整编入八路军一二九师，奔赴抗日最前线。八年抗战中一二九师从合编时兵力最少发展到兵力最为雄厚，到1945年8月时，主力部队达30万人，民兵武装达40万人，8年间共歼灭日伪军42万人，先后开辟了太行、太岳、冀南等大片根据地。抗日战争胜利后，一二九师扩编为晋冀鲁豫野战军、中原野战军、第二野战军，承担了解放战争时期许多最为艰苦的战役，写下了千里跃进大别山、淮海战役和决战大西南的雄伟篇章。红四方面军犹如浴火重生的凤凰，它的红色血脉在经历了苦难的洗礼后展现出更加夺目的光华。

历史，往往在经过时间沉淀后才显得更加清晰。作为中国共产党领导下的一支劲旅，红四方面军的发展历史既是艰难曲折的，又是辉煌伟大的，它的战斗历程是中国工农红军革命战争史的重要组成部分，数以万计的红四方面军将士为了人民的解放事业，英勇顽强血战到底，彰显了理想信念的伟大力量和人民军队一往无前的斗争精神。天地有大美而不言，这支部队的历史和蕴含的丰厚精神，仍然有待于我们在历史的长河中去体会、去挖掘、去探究、去阐释。

专家点评：

曾成贵：湖北省社会科学院原党组书记、研究员、黄冈师范学院大别山红色文化研究中心特聘教授、中国近现代史史料学学会副会长

时　间：2021年3月18日

地　点：湖北省武汉市

寻访组：请谈谈红四方面军的特点和伟大历史功绩。

曾成贵：红四方面军是中国共产党缔造的中国工农红军三大主力部队之一。这支英雄的人民军队具有鲜明的特点：一是朴实，二是忠诚，三是善战。红四方面军指战员主要由大别山的英雄儿女所组成，大多来自山乡农家，朴实无华，吃苦耐劳，与本地区的人民群众保持着天然的密切联系，为中国革命而战与为父老乡亲而战高度地一致。红四方面军坚持党指挥枪，人民军队忠于党，旌麾所指，一往无前。红四方面军具有优良的军事素质和敢与敌人血战到底的英雄气概，从战争中学会战斗，形成了“狠、硬、快、猛、活”的优良作风，一经成军，就乘势发起黄安、商潢、苏家埠、潢光四大战役，显示了强大的战斗威力，成长为一支敢打硬仗、大仗、恶仗的铁血雄师。大别山文化传统的哺育，苏维埃红军斗争的历练，锻造了红四方面军不朽的军魂，这就是“智勇坚定，排难创新，团结奋斗，不胜不休”。

红四方面军从黄麻、商南、六霍起义起，粉碎敌人的多次“会剿”“围剿”，由小到大、由弱到强，由一支仅有几十人的游击队发展为 8 万余人的正规红军。它先后转战于湖北、河南、安徽、陕西、四川、青海、甘肃、宁夏等省，歼敌 30 余万，创建了仅次于中央苏区的鄂豫皖、川陕两大革命根据地，为党和军队培养和造就了大批领导骨干。

一场最受农民欢迎的革命

寻访地点：河南省新县鄂豫皖苏区首府革命博物馆

采访对象：韩光生　河南省新县文物管理局局长

（现任河南省新县文物管理局四级调研员）

采访人员：瞿　萍　叶希武　梅　寒

2020年11月20日，寻访组来到了河南省新县鄂豫皖苏区首府革命博物馆。新县文物管理局局长韩光生把寻访组带到了“镇馆之宝”前，给大家讲述了全国唯一保存下来的、书写在青砖墙上的《中国苏维埃第一次全国代表大会土地法令草案》的来龙去脉。

1931年11月，中华苏维埃第一次全国代表大会颁布了《土地法令草案》，内容共14条。1932年初，这个草案传到鄂豫皖革命根据地，黄安县紫云区二乡（今新县箭厂河乡方湾村）苏维埃政府主席派秘书方思归用毛笔把草案全文写在方湾的一面青砖墙上，农民们看到后，竞相传告，欢欣鼓舞。1932年红军主力转移后，群众用黄泥和稻草把它糊住，想方设法保存下来，直到1966年才揭开，保存基本完好。1991年，河南省文物局派专家指导，把它切割成四块后转交鄂豫皖苏区首府革命博物馆收藏，现在是国家一级文物。2019年9月，习近平总书记来这里参观时，专门叮嘱要用专业技术保护好这个文物。

"为什么这件藏品，几经风雨沧桑，仍然保存完好无损呢？因为人民群众热烈拥护土地革命。作为一件藏品，今天它静静地躺在博物馆里，但是它鲜活的历史告诉了我们一个道理：你代表谁的利益，谁就会支持你。土地是农民赖以生存的根本，解决农民问题就要解决土地问题。"韩光生局长说。

▶ 大别山地区在土地革命前，各阶级占有土地的基本状况是怎样的？

韩光生：大别山地区在土地革命前，各阶级占有土地的基本情况与全国大体相同，但大地主较多，不少地方地主占有土地的比例大大高出全国平均数。封建土地制度的特征是：占人口极少数的地主富农占有绝大部分的土地，占人口绝大多数的农民却只占有极少量的土地。在鄂豫边区，光山县殷区90%以上的土地被20户地主所占有，罗山县地主刘楷堂占有土地2.5万亩，黄冈县地主刘维真占有土地10万亩、方本仁占有土地4.8万亩，豫东南的商城县南部银山一带，90%的土地被地主所占有。皖西霍邱李家圩地主霸占的土地跨皖豫两省的霍邱、颍上、阜阳、固始四县，共20万亩，其中在本县占有土地15.46万亩，真所谓"人行百里不走别人家的路，马跑百里不吃别人家的草"。

由于地主的剥削，土豪劣绅的敲诈，贪官污吏的苛暴，军阀政府的勒索，以及外国资本的压迫，农民日益贫困破产。鄂东黄安县贫农吃米的日子只有一半，妇女贫农中缺衣的在一半以上，寒冬无被，很多人卖儿鬻女，全县失业农民在1万以上。豫东南农村中因为封建式的剥削，土匪溃兵的骚扰，捐税空前奇重以及各种灾害，农村经济濒临破产，无饭吃的农民占40%。皖西农民由于豪绅地主的加重剥削，反动政府的苛捐杂税，以及兵匪的骚扰，加上1929年干旱和蝗虫灾害，上至中农下至雇农，都是没有饭吃，失业农民占20%。霍邱县周店60多户农民中，1929年冬逃荒、冻死、饿死50多户，仅剩下8户。

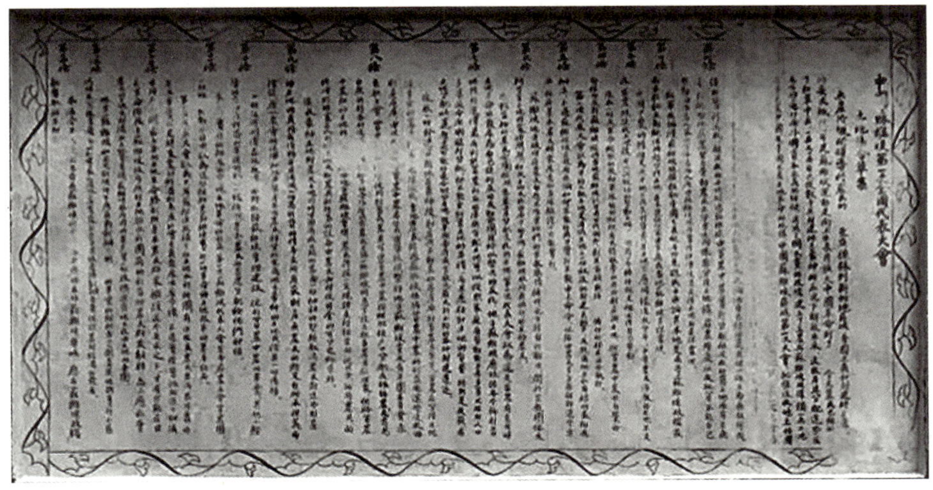

◎ 书写在青砖墙壁上的《中国苏维埃第一次全国代表大会土地法令草案》

正因为这种处境，农民迫切希望推翻封建制度，反对帝国主义压迫，改变自己的命运，因此他们具有很强的革命性。而农民革命性的源泉，就是想得到一块自己的土地。消灭封建地主土地所有制，实现“耕者有其田”的制度，是中国共产党领导人民进行的最重大的社会变革，也满足了农民群众的根本要求。

▶ 鄂豫皖革命根据地是如何制定土地政策，开展土地革命的？

韩光生：1928 年 12 月，中共湖北省委巡视员曹壮父到柴山保地区传达贯彻党的六大关于《农民问题决议案》《土地问题决议案》等重要精神。鄂东党组织认真学习了这些文件，对土地革命的纲领、路线、政策、方针和方法有了较为清晰的认识，进一步明确了在中国革命具体条件下开展土地革命的指导思想和要解决的一些主要问题。

1929 年 5 月下旬至 6 月上旬，黄安、麻城、黄陂、孝感四县县委和红三十一师师党委的第二次联席会议召开。会议根据党的六大精神制定《临时土地政纲》。《临时土地政纲》是鄂豫皖革命根据地第一个关于土地革命的纲领性文件，同毛泽东主持制订的《井冈山土地法》《兴国土地法》的主要精神基本相符，制订的时间相差不多，都是我国土地革命史上最早的地区性土地法之一。

1929年12月下旬，鄂豫边区第一次工农兵代表大会召开。会议制定颁布《鄂豫边革命委员会土地政纲实施细则》，对《临时土地政纲》作了极其重要的补充和修订，扩大了没收土地的范围。凡祠堂、庙宇、教堂的土地及一切公产、官地一律没收，对地主豪绅的土地一律没收，对富农只没收其剩余土地；在对待中农的问题上，不得侵犯自耕农利益，不得分配其土地。提出了合理的分配政策，分配土地的对象为无地的农民、少地的农民、愿安家耕种的雇农、愿耕种的工人、红军的官兵、职业革命家、退伍的兵士、愿耕种的小贩及其他职业者，还有无反动嫌疑的豪绅地主的家属。这样的分配范围，满足社会上各个不同阶层、不同职业的人对土地的要求，使之各有其田，各得其所。分配的标准，按照粮食需要量来决定分给多少土地，以土地的出产量计算单位面积，保证了分配土地时基本公平合理。细则还将民主集中制引入到分配土地的工作中来，分配土地方法由乡土地委员会详细讨论，经乡农代会通过交区农会执行。让广大农民参与到分配土地的全过程，通过自上而下，再自下而上的分配程序，切实有效地调动了广大农民的革命积极性。

1929年6月到11月，鄂豫边根据地按照《临时土地政纲》，掀起一场大规模的“打土豪，分田地”运动，其中心区黄安县的七里、紫云、仙居、桃花、高桥等区，麻城县的乘马岗、顺河等区，光山县的柴山、观音、官堰等保，初步完成了土地没收和分配。1930年春，鄂豫边、豫东南根据地按照《鄂豫边革命委员会土地政纲实施细则》，再次掀起土地革命热潮，已分配土地的地方进行了调整，新扩大的根据地完成了土地没收与分配，其中商城县就有7.7万多人分得了15.1万多亩的土地。同年4月下旬开始，皖西根据地按照六安中心县委批转的六安县第六区《土地政纲实施细则》和《森林办法》，逐步掀起土地革命高潮，到7月六安县的三、六、七区，霍山县的一、二、三、五、六区及四区一部，霍邱、英山两县的小块苏区，都完成了任务，共有4万多人分得了土地。至此，在当时鄂豫皖革命根据地范围内完成了土地革命任务。后来鄂豫皖革命根据地的土地革命尽管受到“立三路线”“王明路线”的土地政策影响，但土地革命运动仍在曲折中发展，最终摧毁了封建土地制度的枷锁，使大别山广大农民成为土地的主人。

▶ 在鄂豫皖革命根据地土地制度中，有一项红军公田制度，这项制度起到什么样的作用？

韩光生：红军战士是否享有分配土地的权利，一直是鄂豫皖革命根据地革命领导人所考虑的问题之一，并由此提出了具有重要影响的红军公田制度。红军公田制度使家在非苏区的红军战士一样分到土地。红军公田由苏维埃政府派人帮助红军战士家属耕种。鄂豫皖苏区于1931年10月正式提出了红军公田制度：“每乡留一石到五石为红军公田，分给红军中由白色区来的贫苦农民和俘虏哗变加入红军的士兵。”红军公田制度的主要内容包括红军公田的分配原则、分配数量、耕种管理及收获产品的分配等。红军公田的分配原则是，分配土地时首先将红军公田提出来，把好田分给红军。红军公田的收获产品，除留少数借用的耕牛、种子费外，其余完全交给该红军战士。没有分配的公田收获产品，由当地苏维埃政府负责，作为救济红军家属和抚恤伤亡红军战士等。红军公田的设立，丰富了土地政纲的内容，对于扩大红军、调动战士的积极性起了很好的作用。

▶ 鄂豫皖革命根据地土地革命带来了哪些影响？

韩光生：土地革命使鄂豫皖革命根据地的面貌发生了根本性的变化。第一，极大地解放了农村生产力。广大农民分得了土地，生产积极性大大提高，促进了农业生产的发展。1930年，在已经进行了土地革命的地区，粮食亩产一般都增产二三成。特别是 1931 年在发生了空前的水灾的情况下，仍获得了大丰收。苏区粮食比白区便宜三四倍甚至十倍以上。第二，农民生活很快得到改善。广大农民不再是“收割时忙，谷上地主仓”，而是“红军有福，到处有谷，看农人当家，肥猪满屋”。广大农民高兴地唱道：“分田又分地，自种自吃，只有（那个）革命才有出息。”英山县农民周大林，一家 4 口人，靠卖窑货、抬轿子、打短工度日，难以糊口，老婆孩子到处讨饭。土地革命后，他家分得 20 石谷的田，当年又大获丰收，除吃饱外，还有剩余，他家购置了穿的、盖的、帐子、箱子等日常用具。黄安县檀树乡原长期“倒灶头”的农民来新台家，分田 12 斗，地 11 斗，屋 3 间，菜地一块，半头牛，还有桌、椅、衣物等。土地革命将他家的灶头竖起来了，原为“光棍”的兄弟 4 人均结婚成了家，吃、穿、住样样不愁。第三，革命积极性大大提高。政治上经济上翻了身的广大农民，把自己的命运与共产党、苏维埃政府和工农红军紧密地联系在一起，他们热烈地起来拥护苏维埃政府与红军。1931 年 5 月，黄麻地区、皖西北地区一批就各有 2000 多农民参加红军，使组建不到 5 个月的红四军由 1.25 万余人发展到近 2 万人，其中 85%是农民，不仅贫雇农占多数，而且中农也占相当比例。徐向前在他的回忆录《历史的回顾》中说，红军队伍不管走到哪个村里，都有一群孩子围在红军指战员周围，问长问短，摸这摸那，和红军亲得不得了。你若是问他们长大干什么，他们会异口同声地说，当红军，打反动派。每次扩大红军，都有许多孩子到报名处要求参军，不让他们参加，就哭哭啼啼，缠住不放。弄得各部队没办法，陆续吸收了一些。在扩大红军工作中，广大妇女起了重要作用。紫云区檀树乡莲花背村新婚妇女张国英听到红军招募新兵的消息，当天即动员新郎报名入伍，并向新郎表示，家中养老抚幼及一切事务由她一人承担，鼓励丈夫安心红军工作，奋勇杀敌。檀树岗红军招募处将“世人要学张国英，她劝丈夫当红军”的大红横幅标语贴在墙上，号召人们向她学习。“正月里来正月正，我劝我郎当红军，现在革命高潮起，切莫留恋在家庭”一类的劝夫当红军的歌谣，在大别山地区广大乡村唱响。红军每到一地即受群众热烈的欢迎，亲切的慰问。1931 年 5 月，鄂豫皖中央分局在写给中央的报告中说，群众对红军非常拥护，到处都有农妇替红军缝衣做衣做草鞋等，昨天军委还接到七里区送的一百双鞋子，乡间的老太婆甚至将好吃的小菜留起来，说等红军来送给他们吃。由此可知，土地革命使广大农民在经济上彻底翻了身，摆脱了被剥削、被压榨的命运，他们发自内心拥护党和红军。

专家点评：

曾成贵：湖北省社会科学院原党组书记、研究员、黄冈师范学院大别山红色文化研究中心特聘教授、中国近现代史史料学学会副会长

时　间：2021 年 3 月 18 日

地　点：湖北省武汉市

寻访组：请谈谈鄂豫皖革命根据地土地革命的伟大意义。

曾成贵：开展土地革命，是中国新民主主义革命的基本内容之一。不改变地主土地所有制，便没有彻底的反封建可言；农民得不到土地，便不能起来拥护革命、参加革命直到最后胜利。党的第五次全国代表大会通过了第一个土地问题决议，八七会议推动了土地革命的实践。在大别山地区，随着根据地的建立和发展，土地革命广泛而深入地开展起来。其间虽然两度执行“左”倾土地政策，但毕竟实现了“耕者有其田”的制度，在苏区内实现了最根本的社会变革，满足了农民群众的根本要求，因而解放了农村生产力，激发了广大农民革命和生产的积极性。共产党领导农民进行土地革命，使农民群众迅速分清了国共两党和两个政

府的优劣，极大地调动了他们支援革命战争、保卫和建设根据地的积极性，为红军的壮大、根据地的巩固与发展打下了坚实的基础。正如毛泽东在《中国革命战争的战略问题》中所指出的："根据地虽小却有很大的政治上的威力，屹然和庞大的国民党政权相对立，军事上给国民党的进攻以很大困难，因为我们有农民的援助。红军虽小却有强大的战斗力，因为在共产党领导下的红军人员是从土地革命中产生，为着自己的利益而战斗的。"

桂花飘香的日子

——鄂豫皖革命根据地大发展

寻访地点：河南省新县陈店乡光山县苏维埃政府旧址

采访对象：韩光生　河南省新县文物管理局局长

（现任河南省新县文物管理局四级调研员）

采访人员：瞿　萍　叶希武　梅　寒

2020年10月8日，寻访组来到河南省新县陈店乡大朱家。在一处5间青砖瓦房前，新县文物管理局局长韩光生介绍道："这就是光山县苏维埃政府旧址。1929年农历八月，光山县苏维埃代表大会在此召开，选举程炳煌为县苏维埃政府主席。光山县苏维埃政府是鄂豫皖边

◎ 河南省新县陈店乡光山县苏维埃政府旧址

区最早建立的县级苏维埃政府，在此办公达两年之久。当时正值桂花盛开季节，为庆祝苏维埃政府成立，人们创作并演唱了革命歌曲《八月桂花遍地开》。”

八月桂花遍地开，
鲜红的旗帜竖呀竖起来！
张灯又结彩呀，张灯又结彩呀，
光辉灿烂闪出新世界！
亲爱的工友们，亲爱的农友们，
唱一曲国际歌庆祝苏维埃！

站在革命最前线，
不怕牺牲冲上前，
为的是政权呀，为的是政权呀。
工农专政如今已实现，
亲爱的工友们，亲爱的农友们，
今日是我们解放的第一天。
……

从歌词中，我们就知道人们为什么要纵情歌唱。苏维埃政府是工农民主专政的政权，苏维埃政权下工农大众真正翻了身做主人。鄂豫皖苏区第二次代表大会通过的《鄂豫皖苏维埃政府临时组织大纲》中指出，苏维埃是工农代表会议，是工农民主专政的政权，是彻底替工农兵谋解放的政权，与地主、资产阶级、国民党政权完全对立。许世友将军也在回忆录中写道，种田佬掌起了印把子，挑粪的当上了大委员。穷弟兄们一个个争先恐后，要打出个自己的天下。

▶ 鄂豫皖革命根据地苏维埃政权是怎样建立起来的？

韩光生：鄂豫皖边区的苏维埃政权是在武装起义风暴中建立起来，

随着武装斗争不断取得胜利而苏维埃区域不断扩大。1927 年 11 月中旬，黄麻起义胜利后，成立黄安县农民政府，为鄂豫皖边区最早创立的县级红色政权。1928 年以后，根据中共六大会议精神，鄂豫皖边区苏维埃政权逐步建立起来。1930 年 6 月下旬，鄂豫皖边区第一次工农兵代表大会召开，选举成立鄂豫皖边区苏维埃政府。随着黄安、商潢、苏家埠、潢光四大战役的胜利，鄂豫皖边区苏维埃区域迅猛扩大。到 1932 年 6 月，苏维埃区域发展到东起舒城附近，西到平汉铁路附近，北濒淮河，南至黄梅、广济。在此广大地区内，为革命势力所控制的面积达 4 万余平方公里。根据地人口达 350 万人，拥有红安（黄安）、赤城（商城）、红城（霍邱）、红山（英山）、罗田、广济 6 座县城，建立了 27 个县级苏维埃政权。

鄂豫皖区苏维埃政府 1931 年 7 月颁布的《鄂豫皖苏维埃临时组织大纲》的规定，鄂豫皖苏区的政权分村、乡、区、县、道区、特区或省六级。鄂豫皖省苏维埃代表大会是最高权力机构。它选举若干人组成执行委员会，再由执行委员中选举若干人组成主席团，行使代表大会职权。执行委员会在代表大会休会期间为最高权力机关。主席团任命若干人组织人民委员会，人民委员会设委员长 1 人，副委员长 2 人，下设外交、军事、交通、财政经济、内务、土地、粮食、文化教育、劳工九个委员会及政治保卫局、革命法庭。另外，鄂豫皖苏区由苏维埃代表大会选举若干人组成工农监察委员会，在组织上与苏维埃执行委员会并立。由此可见，鄂豫皖苏区所设立的政权机构相当完备，且各个部门的职能也比较完善。鄂豫皖省苏维埃政府先后制定了《苏维埃政府工农监察委员会条例》《革命军事法庭暂行条例》《政治保卫局工作条例》《商业累进税之规定》等；还作出一些具有法律效力的通令、决定等。这些区域性的苏维埃法律法规成为保障民主，镇压敌人，惩治犯罪，保护人民，推进武装斗争、土地革命和根据地建设，巩固苏维埃政权的有力武器。

▶ 为确保苏维埃政府是廉洁勤政的政府，建立了怎样的监督机制？

韩光生：为使苏维埃政府坚持全心全意为人民服务的宗旨，工作人员保持人民公仆的本色，鄂豫皖根据地各级苏维埃政府在加强自身的勤政廉政建设中，接受党和人民的监督。

1931 年 5 月 18 日，《鄂豫皖中央分局通知第五号》中指出，工农监察委员会的组织，是专门来和一切苏维埃机关中的官僚腐化倾向斗争的。鄂豫皖革命根据地各级苏维埃代表大会在选举执行委员会的同时，选举产生工农监察委员会。商城县新店乡苏维埃主席黄息定，因其女儿仗着自己的权势随便拿没收来的地主的东西，被区监察委员会撤职。同时，鄂豫皖区监察干部以身作则，搞好监察工作。商城县第四区区委委员晏永春，1930 年春分管四区监察工作，便对利用职权贪污的行为坚决查处。有一次，晏永春的一个亲戚拿走打土豪缴获的一个小元宝。晏永春知道后，果断追回，并给予亲戚纪律处分。

苏维埃政府除接受专门监督部门监督外，还接受苏维埃代表大会、人民群众和党的监督。鄂豫皖根据地各级苏维埃代表大会和选民大会认真履行监督的权力，不仅监督行政机构，而且监督司法机构，发现苏维埃执行委员会有不正当的行为，即进行批评直至撤换、制裁，并授予各级执行委员会有撤换该级常委会或执行委员的权力。人民群众也同样认真履行对苏维埃代表和政府工作人员监督和罢免的权力，发现苏维埃委员及其他工作人员有不好行为时，即提议苏维埃代表大会或选民大会改选，或到工农监察委员会或上级苏维埃政府去控诉。

苏维埃代表和政府工作人员中共产党员占半数左右，而且多处于领导岗位，必须加强党的监督。在选举苏维埃代表时，先由党组织与群众团体协商，提出候选人名单，交选民酝酿讨论，经群众认可提交选民大会正式表决。在选举苏维埃委员时，先由选民大会选举。苏维埃代表和执行委员选出后，要经同级党组织同意，报上一级党组织审批，保证代表、委员的质量。在每次召开苏维埃代表大会时，无论乡、区、县，党、团组织都派公开代表致辞，并且可以纠正议案和发言者的错误，从开会起至闭幕止，固定一个出席代表参会。这样，使代表大会不仅能够以党的纲领、路线、方针、政策为依据制定法律法规，作出决议，而且做好选举工作。在苏维埃政府工作中，党组织将自己的主张、办法通过政府去执行；同时，在政府中工作的党员以党的正确政策和自己模范工作，说服和教育党外人士，使他们接受党的建议。这样，既坚持了党对政府的领导，又避免了以党包办苏维埃的现象发生。1930 年冬，中共鄂豫皖临时特委鉴于鄂豫皖特区临时苏维埃政府没有成为真正领导与指挥广大群众的斗争机关，特召集专门会议进行研究，给苏维埃政府党团写了指示信，以原则上方法上具体指示，并派了 4 个较好的干部去充实苏维埃政府的力量。1931 年秋，在坚决执行鄂豫皖区第二次苏维埃代表大会通过的土地法令中，各级党委领导群众自己起来解决土地中复杂的问题，对于过去占取好土地的、要农民群众代耕的共产党员，苏维埃工作人员进行批评教育，有的甚至开除了党籍，撤销了职务。

鄂豫皖根据地所建立的一套对各级苏维埃政府进行监督的机制，确保了各级苏维埃政府成为勤政廉洁的政府。

▶ 鄂豫皖革命根据地党和苏维埃政府是如何领导苏区人民进行经济建设的？

韩光生：鄂豫皖苏区党和苏维埃政府领导苏区人民，自力更生，艰苦创业，促进苏区各项建设事业发展，建立了苏区物质基础。

农业方面：动员广大妇女参加田间生产，少年儿童参加力所能及的生产劳动，组织代耕、变工、换工、换耕，开展生产互助。大力发展粮食生产，开展春播秋收运动，鼓励妇孺老幼种瓜种豆，解决了粮食饥荒。工业方面：在创办军事工业的同时，发展民用工业，开办鄂豫皖边区军事委员会兵工厂和五一模范工厂。此外，大力恢复和发展个体手工业，成立手工生产合作社。商贸方面：创办国营商业——经济公社和集体商业——合作社，对私营商业采取了保护、鼓励的政策，保护中小商人利益。多种形式的商业成分并存，共同促进商贸繁荣。财税金融方面：设立区以上各级苏维埃政府财政经济委员会和税务机关，实施累进税制。建立鄂豫皖省苏维埃政府工农银行，发行货币，扶持工农业生产和商业贸易。实现了财政经济状况逐步好转。

▶ 鄂豫皖革命根据地党和苏维埃政府是如何开展文化教育工作的？

韩光生：苏区的文化工作，采取多种多样的形式，成为巩固苏维埃政权、支援革命战争的有效工具。一是出版发行报刊。报刊是苏区采取的一种重要的文化宣传形式。据不完全统计，至 1932 年春，鄂豫皖苏区有报刊近 50 种，其中既有党报党刊，又有苏维埃政府报刊；既有红军报刊，又有群众团体报刊；既有时政性报刊，又有专业性报刊。1928 年 11 月，中共鄂东特委出版《血潮》，后改为《英特纳雄耐尔》，是鄂豫皖革命根据地最早的一份报纸。二是建立宣传队。宣传形式多样，有政治演讲、教唱歌曲、表演节目、张贴标语、散发传单、火线喊话等。创作并传唱革命歌谣最为突出的是黄安县，在该县境内广泛流传的革命歌谣达 500 首之多。中共鄂东北特委在写给中央的报告中说，歌谣的宣传效力最大，因为各种文字宣传识字者少，意义又深，又少味，农民最喜欢唱歌，现在赤色区域所有农民尽唱革命歌，妇女儿童没有一个不记得一首两首。三是建立新剧团。县以上为专业的，区、乡为业余的，表演形式包括戏剧、歌舞、曲艺等。各剧团演出的剧目大都是围绕党的中心任务自编自导的，即使是上演三省辖区流行的楚剧、汉剧、倒七戏（今庐剧）和花鼓戏、采茶戏（后统称黄梅戏）等，也用来表演革命内容。成立于 1930 年春的商城红日新剧团有演员 20 多人，演出的剧目有《送郎当红军》《八月桂花遍地开》和舞蹈《梅花落》等。四是建立音乐队。除一些俱乐部成立小型音乐队外，单独组织较大的音乐队有 9 个，实行供给制，队员系赤化带，臂戴红袖章。

鄂豫皖苏区的党和苏维埃政府采取了一系列措施，使苏维埃的教育事业得到了迅猛的发展，特别是普及工农教育方面发展更为迅速。

为普及少儿教育，党和苏维埃政府积极创办农村小学，通称列宁小学。村村办起列宁初级小学，每个乡苏维埃政府所在地均建立有两所以上的列宁模范小学，每个县苏维埃政府建立一所模范小学。到 1932 年春，学龄儿童入学率在根据地的中心区高达 90%以上，实现了有史以来第一次普及小学教育。按照教育生产化、政治化和军事化的要求，苏维埃政府编的新教材联系实际，思想性强，通俗易懂。例如，列宁模范小学语文课本上有这样的课文：“春风起，秋风凉，打倒富豪不完粮。”“我们的飞机来了，大家快来看飞机，昨天向黄安县城抛了两个（颗）炸弹，把敌人吓得发抖。这是红军的列宁号飞机。”“列宁是全世界无产阶级的导师，他一生的工作，都是革命工作，苏联十月革命，是在他的领导下完成的。”

鄂豫皖苏区党和苏维埃政府均把干部教育放在首位，创办各级各类干部学校，举办训练班。彭杨军政干部学校主要负责培训军政干部，学员是由红军各团选送的雇农、贫农、手工业出身的连长、排长、指导员和优秀战士。学习时间一般为 3 个月到 6 个月。学员结业后，大部分分配到红军中任连、营干部，少数充实地方武装。校长曾中生，后由蔡申熙担任；政治部主任傅钟，教务长李特。课程以军事、政治为主，附设国文、算术、历史、地理等。设有步兵、工兵、炮兵、电工等班组。彭杨军政干部学校先后培养军政干部和特种兵专业骨干在千人以上。鄂豫皖特区列宁高级学校成立于 1931 年 2 月，是培养苏维埃干部的最高学府。学校的任务是培养红军地方干部，招生的范围包括鄂豫皖三省，招生对象是干部子弟、红军子弟和优秀的贫苦农民子弟，年龄一般在 16 岁到 22 岁之间。学习内容有政治、党史、国语、数理、军事等课程，共培养苏维埃干部 600 余人。

鄂豫皖苏区的党和苏维埃政府秉持执政为民的理念，全心全意为人民谋福祉，在苏区建设中彰显了“人民政权为人民”的本色，苏区人民生活上有温饱、政治上有地位、人格上有尊严、精神上有追求。鄂豫皖苏区的党和政府充分显示其伟大的创造精神，建立了一整套勤政廉政机制，在探索实践中为党在全国执政积累了宝贵经验。

专家点评：

石仲泉： 原中共中央党史研究室副主任、毛泽东思想邓小平理论研究会会长

时　间： 2021 年 5 月 12 日

地　点： 北京市

寻访组： 请谈谈鄂豫皖革命根据地对中国革命的伟大贡献。

石仲泉： 鄂豫皖苏区是革命摇篮、将军摇篮，发展到鼎盛时期，东西长约 300 余公里，南北宽约 250 余公里，总面积达 4 万平方公里，人口约 350 万人，拥有红安、商城、霍邱等 5 座县城，建立了 27 个县级苏维埃政权。其中，红军共计 4.5 万余人，苏区各县独立团、赤卫军、游击队等地方武装有 20 余万人。其所辖区域的面积、人口、县城和武装力量，都仅次于中央苏区。鄂豫皖苏区是中华苏维埃共和国的一部分，但由于没有连成一个整体，因而各苏区的独立性很大，而鄂豫皖苏区的独立性更大。从战略上说，鄂豫皖苏区与中央苏区南北呼应，互相配合，其地位和影响高于其他苏区。就蒋介石国民党方面而言，也是最看重这两个苏区，其“围剿”兵力也以这两个苏区为重点。为了中国革命的胜利，鄂豫皖苏区人民作出了巨大的牺牲和贡献。

与张国焘错误路线的斗争

寻访地点：河南省新县中共中央鄂豫皖分局旧址

采访对象：任舒泽　武汉大学马克思主义学院教授、大别山干部学院特聘教授

韩光生　河南省新县文物管理局局长（现任河南省新县文物管理局四级调研员）

采访人员：梅　寒　瞿　萍　叶希武

2021 年 1 月 8 日上午，寻访组一行从大别山干部学院出发，前往位于河南省新县县城首府路的中共中央鄂豫皖分局旧址。迎着冬日的暖阳，车子行驶在县城整洁的道路上，大约 20 分钟后抵达目的地。一下车，映入眼帘的是大门上方悬挂着的徐向前元帅书写的“中共中央鄂豫皖分局旧址”匾额，白面黑字，熠熠生辉。旧址顶部是花砖挑脊，两端有燕尾山墙，大门前有石鼓门磴一对。湛蓝的天空下，这座古朴典雅的建筑被映衬得格外庄严肃穆。

“这里已有 100 多年历史，原来是新集刘氏家族的住宅，占地面积 1980 平方米。”伴随着讲解员的介绍，我们从门楼进入旧址内部。环顾左右，发现整个建筑结构紧凑，庭院对称，廊檐宽阔，宁静幽深。长廊两边的房屋各自组成 4 个方形天井小院，院内地坪用石条铺砌，四周有廊檐围绕。

◎ 河南省新县中共中央鄂豫皖分局旧址

讲解员继续介绍说："旧址前后共有五进大院，七栋老式阁楼，每栋七间，中间这条长廊把整个建筑分为南北两部分。北边是少共中央鄂豫皖分局办公室、省委组织部办公室、机要文印室和妇女部，南边有省委宣传部办公室、省委书记沈泽民的办公室以及分局、省委会议室。"

▶ 中共中央鄂豫皖分局是在什么样的背景下成立的？

任舒泽：1931 年 2 月，红军攻克新集，苏区党、政、军首脑机关先后从箭厂河迁到新集，新集便成为苏区的政治、军事、经济、文化中心。1931 年 5 月，中共中央鄂豫皖分局在新集正式成立，张国焘任分局书记兼军委主席。

南昌起义后，张国焘就背上了"假传圣旨""阻止南昌起义"的罪名。1927 年 11 月，以瞿秋白为首的临时中央在中央政治局扩大会议上，以怀疑和反对暴动为理由，将张国焘从中央政治局和中央执行委员会除名。张国焘一下子从革命的浪尖跌到谷底。1928 年 5 月，中共六大即将在莫斯科召开。共产国际对以瞿秋白为首的领导班子不满意，张国焘以党内反对派的身份受邀去莫斯科参加六大。在共产国际的操纵下，张国焘重新进入了中央委员会和政治局。会议期间，他与瞿秋白多次发生争论。两人虽然都进入了政治局，但会议结束后也都被留在莫斯科领导中共驻共产国际代表团。在莫斯科两年多的时间里，张国焘见证了联共（布）党内斗争的残酷，也厌倦了莫斯科的生活，迫切想要回国。1930 年 10 月下旬，受共产国际执委会派遣到上海指导中共中央的共产国际东方部副部长兼远东局局长米夫在给共产国际执委会的信中，表示了对中共中央的不满，明确表示国内的工作需要张国焘，请求尽快让他回国。1930 年底，共产国际终于同意张国焘回国工作了。

1931 年 1 月下旬，张国焘和他的夫人杨子烈回到了上海。这时，米夫操纵的中共六届四中全会已开过，王明的错误路线在中央占主导地位。三中全会后组成的中央政治局被改组，瞿秋白、李立三从政治局除名，向忠发、周恩来、张国焘当选中央政治局常委。张国焘面对的是党内的分裂局面，他本来与米夫、王明不和，回到上海后，看到王明一派得到共产国际的支持，在政治局内占了多数，所以不得不向王明靠拢。从内心来说，张国焘并不愿意支持王明等人，但现实却迫使他必须要迅速做出支持王明的选择。他在党刊《实话》上发表文章，吹捧王明等是坚持执行国际路线和党的路线的最好的同志。张国焘是老资格的中共领袖，这样赞颂一个年仅 26 岁、刚刚成为政治局委员的王明，让王明和他的追随者受宠若惊，也让他和王明之间的关系迅速火热起来。六届四中全会后，王明集团以中共中央的名义，派遣许多中央代表到各根据地和国民党统治区组织中央局或中央分局。1931 年 3 月 10 日，中央政治局决定在鄂豫皖苏区成立中央分局，代表中央统一领导长江以北苏区和白区党的全部工作。

▶ 中央本来是派沈泽民出任分局书记的，后来怎么成了张国焘呢？

韩光生：是张国焘自己主动要求来的。1931 年 3 月 10 日，中共中央作出《关于鄂豫皖苏维埃区域成立中央分局决议案》，决定成立鄂豫皖中央分局，指定沈泽民任书记。就在沈泽民从上海出发后，刚当上常委的张国焘突然自告奋勇，提出要来鄂豫皖苏区的要求。他当然不是突发奇想，而是想要独当一面，在中国革命中扮演重要角色，才选择来到鄂豫皖的。当时中共中央也认为应当对鄂豫皖革命根据地特别关注。1931 年 3 月 28 日，中央政治局常委会议讨论鄂豫皖革命根据地问题时，周恩来也认为这里比中央苏区更容易发展。会议最后决定，由中央政治局常委张国焘前往鄂豫皖革命根据地，担任中央分局书记兼军委主席。5 月 6 日，中央正式作出《中央关于鄂豫皖省委的决议》，指定张国焘、沈泽民与陈昌浩为中央局委员，张国焘为分局书记兼革命军事委员会主席，沈泽民兼任鄂豫皖省委书记。4 月 12 日，张国焘来到新集。5 月 12 日，中共鄂豫皖中央分局正式成立，张国焘任分局书记兼鄂豫皖军委主席。至此，鄂豫皖革命根据地的历史便与他联系在一起，变得复杂起来。

▶ 来到鄂豫皖革命根据地后，张国焘推行王明“左”倾路线，首先遭到哪些人反对和抵制？

任舒泽：为了建立他的个人权威，张国焘极力推行王明为代表的“左”倾教条主义，在党内开展反右倾斗争，决定对鄂豫皖革命根据地的党政军等领导机关进行“改造”。张国焘选择的切入点就是打击原来的一些领导人，对鄂豫皖老资格的领导人徐朋人、陈定侯等进行打击和陷害。

徐朋人、陈定侯等根据地早期的领导人，都与张国焘进行了坚决的抗争。徐朋人曾担任过鄂豫边特委书记，1931 年 1 月，他参加了在上海召开的中共六届四中全会。当时他就对王明的“左”倾教条主义深表怀疑和忧虑，因此遭到了王明的忌恨。不久，王明控制的党中央把他打入“右派小组织”，撤销了他的职务，接着又给他严重警告处分，派他回鄂豫皖苏区基层工作。徐朋人回到苏区后不久，张国焘就来到鄂豫皖苏区。由于张国焘推行的也是六届四中全会路线，所以对反对这一路线的徐朋人也采取排斥打击的态度，分配徐朋人任光山县税务局局长并对他进行审查。1931 年初，正在搞春耕生产，广大贫农、雇农都分到了土地。而张国焘却要统统推翻，重新进行分配土地，并且提出地主不分田、富农分坏田的“左”的政策。徐朋人公开反对大忙季节重新分配土地和地主不分田、富农分坏田的政策。为此，张国焘感觉权威受到了冒犯，就对他进行诬陷和迫害，于是在中央分局第一次扩大会议上开除了徐朋人的党籍。1931 年 10 月，张国焘借口改造红军，发动了大规模的肃反，后来肃反之风从军队刮到地方，徐朋人被逮捕，1932 年 4 月被杀害于光山县泼陂河。与徐朋人一样，同为鄂豫皖革命根据地创始人的陈定侯也与张国焘的错误路线进行了斗争。陈定侯领导参加过黄麻起义，先后担任了红三十一师政治部主任、鄂豫边区特委委员。1931 年 5 月，陈定侯调任红四军政治部主任。他曾经在《苏维埃》三日刊上写文章，批评那种不顾实际、一味强调提高工人工资影响工农联盟的“左”的政策。因此，被张国焘诬蔑为“不可救药的右倾分子”而遭到撤职。在这之后，张国焘也一直没有放松对陈定侯的打击，把一些莫须有的罪名加在他身上，甚至把他 1927 年去武汉寻找上级组织、接受党的八七会议精神，污蔑为到过国民党改组训练班，是改组派。1931 年 10 月，陈定侯也在肃反中被杀害。

▶ 鄂豫皖苏区干部群众对张国焘大搞肃反扩大化进行了怎样的斗争？

任舒泽：说到肃反，这是我党我军历史上一段惨痛的历史。本来，在革命队伍内部开展正常的锄奸肃反，以巩固革命根据地、保卫革命果实、发展革命斗争，是很正常而且很有必要的工作。然而，张国焘在鄂豫皖苏区肃反中，受共产国际“左”倾错误路线的影响，把个人野心掺杂其中，采用恐怖政策和逼供手法，把大量的优秀干部和群众当作敌人严厉处置，使肃反扩大化，严重损害了根据地的大好局面。

韩光生：张国焘大搞肃反扩大化，蔓延到地方，激起了根据地军民的强烈反抗。当时黄安县仙居区的群众提出了“反对不走群众路线的肃反政策！”“不许保卫局乱抓乱杀！”“打倒杀人的刽子手张国焘！”的口号，他们刷标语、写传单，表示拥护红军、拥护共产党，反对乱抓乱杀。还把政治保卫局要捕杀的干部藏进山洞掩护起来，驱赶乱抓干部的政治保卫局人员。除了广大群众的反抗，很多红军干部也与肃反扩大化作了坚决的斗争。徐向前元帅就保护了很多红军将士，其中还有后来的开国上将陈锡联。

红军攻下光山县城以后，有一天陈锡联在街上遇到了老班长孙玉清，本来是一场平常的战友相逢，没想到却带来了麻烦。当上连长的孙玉清见到陈锡联后很高兴，看他生活很苦，就说自己还有几个铜板，想请大家吃点东西。于是第二天一早，陈锡联叫上班里的十几个伙伴，由孙玉清拿“大头”，大家凑了钱，在街上买了几根油条和一碗鸡血汤，每个人都尝了尝。结果这件事被张国焘的手下知道了，就给他们定性为“吃喝委员会”，要逮捕陈锡联。就在这时，徐向前视察部队到达当地，有人向他汇报了这件事。徐向前当时就发火了，说几个小孩子肚子饿了，在一起吃点东西，算什么“吃喝委员会”！并且命令前去肃反的人把抓了的全部放掉。这件事，陈锡联后来在他的回忆录中也提到了，他说，“徐老总明里暗里保护了一大批人，我只是其中一个”。

▶ 当时形势那么紧张，苏区的群众对党和红军的信念有没有产生动摇呢？

韩光生：尽管大家都痛恨张国焘肆意抓人杀人，但他们对共产党和红军始终是拥护和热爱的，从来没有动摇对党的信念。为了反抗肃反扩大化，仙居区的群众掩护区乡干部逃入山里。上山之前，还给区政府送去 500 多担大米和 1000 多双鞋袜，在信中还特意写明，这是送给红军的。还有许多忠于革命事业的红军指战员，他们始终前仆后继，英勇战斗。开国大将王树声的弟弟王宏义和妹妹王桂玉，都在肃反扩大化中被杀害，王树声本人也被列入“肃整”对象。但是时任红十一师师长的他对党忠贞不渝，强忍悲痛，率部参加商潢战役，一心一意与敌作战，身负重伤。还有徐向前元帅，他的妻子程训宣在肃反扩大化中也被当作反革命抓了起来，审讯人员对她进行严刑拷打，企图迫使她供认徐向前是“改组派”“AB 团”。但是程训宣始终没有屈服，坚信丈夫，张国焘没有得到想要的口供，最后对她执行了枪决。大敌当前，徐向前始终以大局为重，他压抑着内心的悲痛，把全部精力都投入到第四次反“围剿”的斗争中。正如徐向前所说，当时内部虽然杀了那么多的人，也没有把我们党搞垮、把红军搞垮，极少有人叛变投敌。就是因为我们党领导的革命，代表着人民的利益，所以人心向着共产党，向着红军。历史证明，我们的党尽管多灾多难，但力量却是无穷无尽的。

▶ 曾中生等人是如何抵制张国焘“左”倾教条主义的军事行动方针的？

韩光生： 1930 年冬，曾中生受党中央派遣到鄂豫皖主持根据地全面工作，他以惊人的胆略和超人的军事才华赢得了根据地军民的一致拥戴。曾中生的个人能力和威信无疑对张国焘掌权鄂豫皖革命根据地形成了巨大的压力。张国焘来到鄂豫皖革命根据地后，首先就把曾中生调到红四军任政委，逐步建立起自己的权威。曾中生与张国焘的斗争，最早就源于红四军行动方向的“东进南下”之争。1931 年五六月间，在红四军行动方向的问题上，张国焘等中央分局领导人与曾中生、徐向前等红四军领导人发生了分歧。张国焘主张攻英山后，东出潜山、太湖，进逼安庆，威胁南京。这一“左”倾教条主义的军事行动方针，自然遭到以曾中生为首的广大红四军将士的反对和抵制。曾中生、徐向前等红四军领导人考虑到第二次反

“围剿”取得了胜利，敌人已经处于守势，苏区粮食供应困难，主张留一部分兵力扫清残余反动武装，集中主要兵力向外线发展，打下英山后南下蕲春、黄梅、广济地区，既能解决粮食问题，又能牵制敌人，达到配合中央苏区反“围剿”的效果。争论的结果，红四军决定执行中央分局命令。但是在执行任务的过程中，根据实际情况的变化，红四军改变了中央分局确定的方向，实行南下计划，并向中央作了汇报，申明了南下的理由。红四军南下后，由于作战方针正确，指挥机动灵活，部队英勇善战，仅以5个多团的兵力，连克英山、蕲水、罗田、广济4城，歼敌7个多团。既消灭了敌军主力一部，又牵制了敌人准备派往江西的部分兵力，有效配合了中央苏区的反“围剿”，缴获的众多物资也缓解了红军和根据地的经济困难。事实证明，红四军改东进为南下的决策是正确的。但是张国焘却不考虑这些，他看到的是红四军没有遵循他的命令，在意的是个人的权力受到挑战。曾中生等人估计到了张国焘会有反应，与军长徐向前、参谋长刘士奇联名向上海党中央写了一封信，申诉红四军南下的理由。信中讲到，红四军的行动是正确的，不仅恢复了大片红色区域，还可以相机占据长江边的武穴，寻机机动歼敌，并准备继续向宿松、潜山、太湖方向发展，直至出击安庆。之后，徐向前、曾中生继续指挥红四军作战，连战皆捷。但是张国焘接连来信斥责，徐向前、曾中生无奈，只好率部撤回北返。9月初，红四军在鸡鸣河召开了部队支部书记和指导员以上的活动分子会议，公开讨论张国焘的来信。与会的大多数人认为，红四军南下作战已取得很大胜利，应开展英、蕲、黄、广地区工作，不应北返。会上通过了由曾中生起草的申明书，决定派刘士奇先行北返，向中央分局陈述意见。张国焘抓住曾中生违反中央分局命令的问题，借机撤销了他红四军政委的职务，并派陈昌浩立即赶往接任。两个多月后，中央在给鄂豫皖中央分局的信中对红四军的南下行动作出了最终的裁定，认为这是违抗军事委员会的命令，反抗中央分局的决议，是严重的反党错误。对于曾中生本人，也给予了严厉处理，不让他在红军中担任任何领导工作。从此，曾中生在鄂豫皖苏区被打入另类。

▶ 中共鄂豫皖省委书记沈泽民是怎样同张国焘作斗争的？

任舒泽：1931 年 3 月，沈泽民与夫人张琴秋离开上海，秘密进入鄂豫皖革命根据地。沈泽民一来到苏区，就立刻以饱满的热情投入到工作当中。在鄂豫皖革命根据地工作期间，他虽然配合张国焘忠实地执行了王明“左”倾教条主义路线，但是后来肃反扩大化以及张国焘口是心非的表现，让沈泽民逐渐认清了他的个人野心和本性，并与之作了坚决的斗争。

红四方面军第四次反“围剿”失败后，沈泽民与张国焘撤离鄂豫皖革命根据地的右倾逃跑路线也进行了斗争。1932 年，蒋介石集结数十万大军“围剿”鄂豫皖革命根据地，面对敌人的大规模进攻，张国焘坚守根据地的决心开始动摇。中共鄂豫皖中央分局、鄂豫皖省委及省苏维埃政府等机关撤出新集，随红四方面军主力向皖西根据地转移。对此，沈泽民和省委其他同志坚持主张把红十师留下以巩固鄂东北苏区，但张国焘坚决不同意。沈泽民已看清张国焘的本性，认为他对鄂豫皖革命根据地毫无负责之心，既不认真考虑根据地的现实，也不考虑根据地的前途，在盲目进攻受挫之后，又一再退让，并且事事独裁，不和鄂豫皖中央分局其他领导商量，也不召开分局会议讨论根据地前途问题。对此，身为鄂豫皖省委书记的沈泽民十分焦虑。他联合省委委员郑位三、成仿吾等人，给张国焘写了一封长达数页的长信，分析了当时严峻的局势和应对之策，强烈要求张国焘召开中央分局会议，讨论粉碎敌人“围剿”和武装保卫苏区问题。

然而张国焘还是不断推脱，迟迟不集中开会研究。最后沈泽民直接找到了他，要求召开会议讨论下一步的作战方针和苏区的前途问题。在沈泽民的极力争取下，张国焘最终同意在燕子河召开会议。会上，张国焘主张红军南下攻打英山，或是在潜山、太湖一带打游击。但沈泽民坚决反对，他坚持认为不能丢掉苏区几百万人民不管，党和先烈开创的苏区不能不战而扔下，还提出“保卫苏区”的口号。

1932 年 10 月 10 日，张国焘在黄柴畈召开紧急会议，再次讨论决定红军的行动方针。张国焘主张红军主力要跳到外围保存实力，沈泽民坚决反对退出鄂豫皖革命根据地的主张。最终多数人支持张国焘的主张，会议决定红四方面军主力转移到外线作战。沈泽民无力推翻会议的决定，但却仍然坚决地表态，说自己是苏区的省委书记，不能离开苏区，要和军民一起保卫鄂豫皖苏区，坚持武装斗争。可以说，沈泽民以自己的实际行动对张国焘撤离苏区的主张作了最坚决的抗争。

专家点评：

姚金果：原中共中央党史研究室巡视员、享受国务院特殊津贴专家，中国中共党史学会共产国际与中国革命研究专业委员会副会长

时　间：2021 年 4 月 5 日

地　点：北京市

寻访组：请谈谈张国焘错误路线对鄂豫皖革命根据地的危害以及干部群众抵制张国焘错误路线的意义。

姚金果：张国焘的错误路线，特别是为了推行“左”倾路线发动的肃反运动，给鄂豫皖革命根据地造成了惨重的灾难。一是肃反扩大化导致一大批功勋卓著的领导干部被杀，极大地削弱了党的领导力量，造成领导干部特别是高级领导干部异常缺乏，很多领导机关几度陷于瘫痪状态。二是肃反扩大化破坏了党的民主集中制的基本原则，使党内盲目服从、随声附和的现象日益严重，批评与自我批评的民主精神消失，破坏了根据地内生动活泼的政治局面，造成了极坏的影响。三是肃反扩大化

严重损害了党的威信，挫伤了广大党员、干部和群众的革命积极性，造成了部队知识分子极度缺乏的窘境，以及轻视知识分子的倾向，人们怕变成知识分子而不愿学文化，部队中的文化程度一落千丈。四是肃反扩大化使大量的红军指战员被杀害，极大地削弱了红军的战斗力，为第四次反“围剿”失败埋下了致命隐患。

鄂豫皖革命根据地领导人沈泽民、徐向前、曾中生等以及一些革命群众对张国焘错误路线进行了抵制和斗争，捍卫了马克思主义实事求是的思想路线，减轻了对根据地的危害和损失，同时彰显了根据地军民坚定信念、对党忠诚、坚持真理、顽强不屈的斗争精神。

雄师的绝境与突围

寻访地点： 河南省新县吴陈河镇扶山寨战斗遗址

采访对象： 任舒泽　武汉大学马克思主义学院教授、大别山干部学院特聘教授

成传政　河南省新县党史地方志研究室主任（现任河南省新县政协学习和文史委员会主任）

采访人员： 梅　寒　叶希武　周思源

2021 年 1 月 7 日下午，寻访组一行从河南省新县县城出发，前往位于城北 15 公里处吴陈河镇章墩村的扶山寨战斗遗址。扶山寨战斗，是红四方面军第四次反“围剿”中的一场硬仗，大名鼎鼎的陈赓将军就是在这一仗中负了伤之后前往上海医治的。

章墩村支部书记章其太向寻访组介绍：“扶山寨是明代由扶姓先祖为保卫家园、防匪入侵而动员乡邻用天然石头垒砌修建而成的城堡，毁于战火，但山寨石基还在。小时候听我爷爷讲，扶山寨战斗十分惨烈，红军打了 5 天 5 夜，牺牲了好多人，血水把村里的稻田和水沟都染红了。”

◎ 河南省新县吴陈河镇扶山寨战斗遗址

▶ 从鄂豫皖苏区到转战川陕，红四方面军经历了那么多次硬仗，一场发生在这样一个名不见经传的小山寨的战斗是怎么载入红四方面军战史的呢？

成传政：说起扶山寨这场战斗，首先还得从第四次反“围剿”开始讲起。红四方面军成立后，先后发起黄安、商潢、苏家埠、潢光四大战役，取得了空前胜利，根据地迎来极盛局面。在此背景下，张国焘的轻敌思想便膨胀起来，对形势作出错误的估计。张国焘在大会上作报告时说，估计国民党主力只剩下七师人，其余的都是杂色部队，红军有这样力量已经不论多少敌人都不怕了。中共鄂豫皖中央分局和鄂豫皖省委少数领导人认为，国民党的军队现在要大规模开始瓦解，再加上国民党放弃南京、上海，迁都洛阳，其中央政权在瓦解着，变成偏安西北的局面。由此，在进攻苏区与红军的战场上主要的火线将由帝国主义者所直接担负，而国民党的洛阳政府和其他军阀政府只担任偏师的任务。中共临时中央对张国焘等人的“偏师”说进行了严厉批评。中央在致鄂豫皖中央分局及鄂豫皖省委的信中指出：“以为国民党政府及其他军阀政府在进攻苏区红军中只担任偏师的任务，这是不顾事实的胡说。迁都洛阳后的国民党政府，口头上说长期的抵抗日本或征讨东北伪国，而实际上却以全部力量进攻鄂豫皖苏区。”“对于国民党这个进攻有丝毫的忽视与轻敌将造成极大的罪恶。”对于中央的批评，张国焘、陈昌浩等人并没有从“左”的指导思想上转变，仍认为“国民党军队一天天的缩小”，“敌人的势力大大崩溃”，现在不是冲破敌人的“围剿”问题，而是根本消灭“围剿”争取一省数省首先胜利的问题。由于对形势的错误判断和对敌我力量的错误估量，张国焘等人强令红四方面军不停顿地进攻，南下夺取麻城，向武汉进逼。当时国民党军新一轮的“围剿”已经部署完成，并且开始向根据地推进。张国焘一作出这个决定，其实就已经埋下了失败的根苗。

湖北麻城是国民党军队长期占据的一个坚固城池，也是敌人安插在鄂豫皖革命根据地内的一个顽固堡垒。蒋介石认为，占据麻城既可以牵制红军兵力，又可以从东西支援配合中路军、左路军作战，具有重要的战略意义。所以，他决心要死守麻城。鄂豫皖中央分局决定围攻麻城，实际上是部署了一个硬碰硬的军事行动。麻城守敌凭借坚固的城防工事，固守不出，红军发起多次进攻都无法攻破。因此，南下作战计划始终不能实现。就在红四方面军主力与南线的敌人相持胶着的时候，敌人乘机部署对根据地的全面“围剿”。卫立煌第六纵队和陈继承第二纵队，平汉路东侧的马鸿逵纵队，豫南的张钫纵队，皖西的徐庭瑶纵队，蕲黄广的上官云相纵队，麻城、黄陂的张印相纵队，形成分进合击的架势，从东、北、西三面大举向鄂豫皖革命根据地涌来。在武汉坐镇指挥的蒋介石，看见各路部队进入根据地后没有遇到有力抵抗，就改变了步步为营、稳扎稳打的战术，决定开始总攻。1932 年 8 月 10 日，陈继承纵队向七里坪急进，卫立煌纵队也进抵河口一带，扑向黄安。

红四军第十二师第三十四团和三十六团作为先锋，赶到黄安城西的冯寿二地区。与红十二师遭遇的敌先头部队是卫立煌纵队的第十师。战斗打响，红军在敌强我弱的情况下，顽强地进行阻击。激战到下午，红十一师向敌左翼迂回，抄袭敌人后路，配合红十二师正面反击成功，歼敌2000余人，才迫使敌人后退，红军伤亡也较重。而这时敌陈继承部逼近七里坪，并进剿黄安城西冯秀驿地区，红军有被敌人抄后路的危险。红四方面军总部研究了敌情后，决定放弃黄安，转向七里坪攻击敌人。七里坪之战，毙、伤敌3300余人，使敌第二师受到严重打击。冯寿二和七里坪之战，在红四方面军战史上都是数得上的硬仗。但是，这两战都没能使整个战局发生变化，红军自身也伤亡了2000余人，黄安独立师师长曾中生也在战斗中负伤。

在这样的形势下张国焘仍然没看到危机，还是一味强调进攻。8月29日，他在给中央的电报中认为，全国红军应趁此时机起来消灭“围剿”，迅速完成一省数省首先胜利。并且认为敌军两次都被我军击溃，已经没有斗志，而且军阀之间又起了冲突。基于这样的错误认识，张国焘不但没有命令红军避开敌人主力，反而继续命令红军主力北出，进攻正在与陈继承纵队靠拢的张钫纵队，企图保住中央分局所在地，也就是鄂豫皖苏区首府新集。根据张国焘的指示，红四方面军主力向新集以北的扶山寨转移，阻击陈继承部东进，这就是扶山寨战斗的起因。

9月1日，扶山寨战斗打响，敌人试探性进攻被击退。2日，敌人陈继承部开始猛攻，遭到红军第十一、十二师迎头痛击。打到第四天，红军战士连续打退了敌人的数十次进攻。5日拂晓，敌人恼羞成怒，调集了数倍于红军的兵力，发动了全面进攻。红军战士同敌人激战一整天，阵地多次失而复得。五天之内，敌人伤亡2000余人，红军也有重大损失，红十二师师长陈赓的右腿在战斗中负伤，徐向前总指挥亲自上扶山寨指挥战斗。战斗之后，张国焘命令红四方面军主力向皖西转移，他自己也率鄂豫皖中央分局、省委和省苏维埃政府等机关撤出新集，随红四方面军主力向皖西金家寨转移，鄂豫皖苏区首府新集落入敌手。

红四方面军总部率领红十、十一、十二、十三师到达皖西金家寨与红二十五军会合后，决定首先挥师六安方向，打击徐庭瑶纵队。但由于部队行动不够隐蔽，行至东西香火岭，即与敌遭遇。而后面的卫立煌、陈继承两纵队又已经追来，与徐庭瑶纵队形成对红军的东西夹击之势。于是，红四方面军总部决定率部队南下英山，会合地方武装。但是走到霍山县燕子河时，得知英山也被敌人占领，部队只好停止前进，就地休息待命。从红四方面军南下围攻麻城至此，只有两个多月，形势发生了巨大逆转。红四方面军四处转战，一直处于被追击的状态，最后攻打英山，也没有战机，又向黄安、麻城地区转移。10 月 8 日，红四方面军主力抵达黄安城以西河口地区，与国民党军第一、第八十八师各一部遭遇，歼其 2000 余人。次日，国民党军第二、第三纵队等部从东、南、北三面逼近。红军主力四面临敌，已经到了岌岌可危的地步。

▶ 在这种局面下，张国焘这些领导人对战局又有怎样的认识和决定呢？

任舒泽：在那种形势下，是走还是留？张国焘动摇了，他已经没有了在鄂豫皖苏区继续坚持斗争的信心和勇气了。10 月 10 日晚，鄂豫皖中央分局在黄柴畈连夜召开紧急会议，讨论红四方面军未来的行动方向。参加会议的有张国焘、沈泽民、徐向前、陈昌浩、徐宝珊、王平章、吴焕先等 20 多人。张国焘认为，红军经过各次战斗未能完成击溃敌人的任务，已完全处在被动、失败的地位，敌人的力量大大超过红军，根据地内的主要城镇被敌军占领，红军主力没有周旋余地，无法粉碎敌人的“围剿”，必须跳到外线作战。只有跳出敌人的包围圈，才能保存力量。因此，他提出去平汉路以西，与红三军会合。会议最终决定，方面军总部率第十、第十一、第十二、第七十三师及少共国际团跳出根据地，暂到平汉路以西活动，然后再伺机打回根据地；留下第七十四、第七十五两师与各独立师团，由鄂豫皖省委书记沈泽民负责，在根据地坚持斗争。根据黄柴畈会议的部署，红四方面军跨过平汉路，踏上了漫漫征途，他们一路颠沛流离，艰苦转战，直到到达川北地区创建川陕革命根据地，才算真正站住脚扎下根，而他们打回鄂豫皖的设想也终究无法实现了。

▶ 第四次反“围剿”的失利令人遗憾，根据地的大好局面被葬送更让人痛心。回顾第四次反“围剿”的惨痛经过，究竟是什么样的原因造成这样的结果？

成传政：其实，这次红四方面军陷于绝境，其原因是多方面的。首先，敌人的这次“围剿”，规模之大和重视程度之高是空前的。九一八事变后，面对日本帝国主义的侵略，蒋介石认为攘外必先安内，坚持以主要兵力“围剿”工农红军。他首先调集24个师又6个旅约30余万人，还有4个航空队，集中主要兵力围攻鄂豫皖革命根据地。蒋介石的嫡系精锐主力师除陈诚等部在江西对付中央红军外，大部分都从江苏、浙江等抗日前线调来鄂豫皖边区。他自己亲任鄂豫皖三省“剿匪”总司令，坐镇武汉指挥，这是大的客观原因。其次，张国焘来到鄂豫皖革命根据地后，全面推行王明的“左”倾路线，尤其是肃反的扩大化，使一大批忠于革命的优秀的党、政、军、群领导干部和工作人员、红军战士被杀害，严重削弱了革命的领导力量和战斗力。部队中知识分子、有军事知识、有战斗经验的干部被“肃掉”后，红四方面军损失了一大批优秀指挥员和战士，在军事理论研究和作战指挥上大大削弱。

任舒泽：除了这些，这次失败还与张国焘不顾客观事实，盲目轻敌，提出“偏师”说，作出一系列脱离客观实际的决策有关。他认为进攻苏区与红军的主要力量将是日本帝国主义者，而国民党军队只担任“偏师”的任务，红军力量已超过敌人，已经到了与敌人决战胜负的时候了。还提出要采取坚决进攻的主张，准备与帝国主义直接作战，从而夺取武汉。在这一错误思想的指导下，再加上四大战役的胜利，冲昏了张国焘等分局主要领导人的头脑，他们一味夸大红军胜利和敌人失败的程度，认为国民党动员多少部队，都不堪红军一击。这是第四次反“围剿”失利的主要思想根源。张国焘的错误指挥，是造成这次反“围剿”斗争失败的直接原因。根据地军民在打破敌人第三次“围剿”战斗中虽然取得一连串的重大胜利，但并没有根本改变敌强我弱的形势，而且敌人正在组织新的“围剿”，张国焘却忽视了这一点。到第三次反“围剿”结束，红四方面军已连续作战7个月，十分疲劳，而且敌人第四次“围剿”已在皖西北开始。这时，本应该及时休整部队，对根据地军民进行政治动员，扩大红军，筹集粮食，转入反“围剿”的准备。但张国焘由于轻敌，对形势错误估计和执行“左”倾教条主义的战略方针，不但不做反“围剿”的准备，反而坚持不停顿地进攻，作出红军主力南下围攻麻城、威胁武汉的决定，大大消耗了自己。国民党军队大举围攻根据地，红四方面军转入反“围剿”作战之后，张国焘在战略指导上又继续犯错，不采取诱敌深入、各个击破的方针，却让红军主力连夜转移，以疲劳之师迎击敌军主力，与敌实行正面决战，试图一举打破“围剿”。这个策略正中敌人下怀，导致红军始终处于被动局面。直到几次正面遭遇战均未打好，才不得不匆忙将部队主力转移到外线，最后被迫战略转移，最终导致反“围剿”斗争的失败。

专家点评：

姚金果：原中共中央党史研究室巡视员、享受国务院特殊津贴专家，中国中共党史学会共产国际与中国革命研究专业委员会副会长

时　间：2021年4月5日

地　点：北京市

寻访组：请谈谈红四方面军第四次反“围剿”失利主客观原因。

姚金果：从客观上看，国民党这次“围剿”的规模之大和重视程度之高是空前的。蒋介石认为鄂豫皖“占中国中部之中心，逼近国民党统治权力的要害处”，因此调集30余万兵力对鄂豫皖革命根据地进行“围剿”，并亲任豫鄂皖三省“剿匪”总司令，坐镇武汉指挥。但是张国焘等人却对这个情况估计不足，因此准备不足，仓促应战。

从主观方面来看，第四次反“围剿”的失利，根源在于张国焘贯彻王明“左”倾路线，苏区工作出现不同程度的问题，动摇了人民战争的基础。特别是根据地严重的肃反扩大化，杀害了一大批具有丰富经验的指战员，大大损害了红四方面军的战斗力。在具体斗争中，张国焘不顾客观事实，盲目轻敌，提出“偏师”说，毫不进行必要的准备；坚持不停顿地进攻，大大疲惫和消耗了自己。因此，导致第四次反“围剿”失败，红四方面军主力不得不实行战略转移。

誓死保卫根据地

——中共鄂豫皖省委的坚持

寻访地点：河南省新县卡房乡烈士陵园沈泽民烈士墓

采访对象：任舒泽　武汉大学马克思主义学院教授、大别山干部学院特聘教授

成传政　河南省新县党史地方志研究室主任（现任河南省新县政协学习和文史委员会主任）

采访人员：梅　寒　叶希武　周思源

2021 年 1 月 7 日上午，寻访组一行从大别山干部学院出发，前往素有新县“小西藏”之称的卡房乡。车子一路穿行在崎岖的“十八拐”山路上，大约 70 分钟后，抵达位于卡房乡公路边的卡房烈士陵园。隆冬的卡房，溪水淙淙，道路两旁的积雪尚未消融。长眠在这里的烈士中，有一个重要人物，就是中共鄂豫皖中央分局常委、鄂豫皖省委书记沈泽民。

“1933 年 11 月 20 日，沈泽民病逝在卡房乡胡湾村枣林山。由于当时条件有限，他的遗体就地掩埋在枣林山一户人家的山头墙旁，1963 年，当时的卡房公社把他的遗骸迁葬到卡房老烈士陵园。2007 年，乡人民政府对老烈士陵园进行了一次修缮和加固工作，又重新为沈泽民烈士树立了墓碑。”走进陵园，卡房乡乡长詹晓光向我们介绍说。

◎ 河南省新县卡房乡沈泽民烈士墓

“沈泽民是中共中央鄂豫皖分局随红四方面军主力撤离后，留在根据地的最高领导人，也是领导红二十五军坚持大别山斗争的关键人物。”同行的河南省新县党史地方志研究室主任成传政介绍道。

▶ 第四次反“围剿”失败红四方面军撤离大别山后，中央对鄂豫皖苏区和中共鄂豫皖省委有什么部署和指示吗?

成传政：1933 年 3 月 10 日，中共中央向鄂豫皖省委发出军事指令，指出当前鄂豫皖省委的军事任务是保护与巩固现有的苏区，把这些分散的区域联结成统一的整体，进而扩大现有区域并逐渐完全恢复过去所有的区域。这个指示就要求鄂豫皖省委要继续加强和国民党军队的斗争，必须保卫根据地。

▶ 当时鄂豫皖革命根据地是什么样的局面呢?

任舒泽：红四方面军主力西征之后，蒋介石继续出动 20 万大军对鄂豫皖革命根据地进行“清剿”，并且下令限于 1932 年 12 月 15 日前，彻底消灭留在根据地的红军，摧毁根据地。蒋介石对根据地实行灭绝人性的烧光、杀光、抢光的“三光”政策，根据地陷入一片白色恐怖。在敌人疯狂进攻和摧残下，鄂豫皖革命根据地绝大部分丧失，尚存的苏区也被敌人分割为鄂东北、皖西北两个相互隔绝的地区。留在根据地的革命武装力量也大大减少，主力红军、地方武装及红军伤病员共有2万余人，这点力量去面对10倍于己的敌人，面临的困难可想而知。当时根据地党的领导力量严重缺失，留在根据地的9名省委委员又分散在各地党组织和红军中工作。省委常委会由沈泽民、郑位三、成仿吾、徐宝珊、吴焕先组成，郑位三同时代理省苏维埃人民委员会主席，徐宝珊担任鄂东北道委书记，吴焕先担任鄂东北道委游击总司令，成仿吾担任红安中心县委书记，所以省委里只剩下书记沈泽民了。同时，省委与党中央失去联系，以为中央分局和红军主力不久就会返回根据地，缺乏独立坚持斗争的思想准备。因此，一段时间里根据地党组织和红军缺乏统一的有力领导，思想上、组织上、行动上存在混乱现象。

▶ 面对这样困难的局面，以沈泽民为书记的中共鄂豫皖省委是如何应对的呢？

任舒泽：虽然形势严峻，困难重重，但是省委并没有丧失信心，而是坚定地支撑起危局，积极进行反“围剿”斗争。沈泽民一直有着坚守根据地的决心。张国焘决定率领红四方面军撤离的时候，让他也一起离开大别山。但是沈泽民却坚持不走，表明自己是鄂豫皖的省委书记，死也要和根据地的军民在一起。1932年11月12日，沈泽民主持召开中共鄂豫皖省委第一次扩大会议，参加会议的有徐宝珊、成仿吾、吴焕先、王平章、郑位三、戴季英、高敬亭等。会议分析了鄂豫皖革命根据地第四次反“围剿”失败后的斗争形势，指出要用全党力量去动员群众参加红军，要在巩固苏区的策略下与敌人作运动战，以扩大游击队、赤卫军、少先队武装组织。应该说，这次会议对于稳定局势、安定人心、动员群众参加红军、扩大地方武装力量、广泛开展游击战争、坚持根据地斗争等起了重要作用。

这次会议之后，省委挑起独立坚守根据地的重担，领导红军、地方武装、游击队以及根据地广大人民群众，灵活运用游击战、运动战和歼灭战，同敌人进行了顽强的斗争，使根据地得到部分恢复和巩固，各项建设逐步展开，形势开始好转。

▶ 这一时期鄂东北、皖西地区的游击战争是怎么开展的呢？

成传政：敌人开始“清乡”后，除在各区、乡建立游击队和游击小组外，鄂东北道委和游击总司令部先后合编和扩编了 7 个独立师和游击师。各游击师成为各县武装斗争的主要骨干力量，积极开展游击战争。根据地的广大人民在当地党组织的领导下，踊跃参加红军，参加保卫根据地的战斗。他们积极为红军侦察敌情，带路送信，筹运粮草，收容和掩护伤病员，采取各种各样的方式支援红军斗争。

皖西地区，红七十四师师长徐海东率领七十九团在 1932 年 10 月 1 日完成掩护红四方面军主力向鄂东北地区转移的任务后，撤到英山县以北金家铺地区，与中共皖西北道委及一部地方武装会合。当天，皖西北道委在英山县土门潭召开会议。会议分析了当时皖西北的形势，明确了斗争任务。为了坚持皖西北地区的革命斗争，掩护地方干部、群众和伤病员安全转移，决定成立中共鄂皖工作委员会和红二十七军。第二天，在英山县金家铺河滩召开大会，宣告红二十七军成立，同时把皖西北道委机关和道区军事指挥部机关改为军部机关，刘士奇任军长，郭述申任政委，下辖红七十九、八十一两个师，全军共 4500 余人。红二十七军成立后，执行从内线转向外线的作战方针，转战鄂豫皖三省 10 多个县，行程 1500 多公里，经历大小战斗数十次，歼敌 3000 多人，有力地打击了敌人，保存了自己。鄂皖工委在严重的形势下，率领红二十七军到外线作战，大大减轻了根据地的压力，配合了留在根据地的红军部队的反“围剿”斗争。红二十七军的外线作战行动，还保护了一大批地方干部、根据地群众和红军伤病员的安全转移，为以后皖西北革命根据地的恢复和发展作出了贡献。红二十七军在外线转战过程中，还宣传发动了群众，扩大了中国共产党和红军的政治影响，鼓舞了群众的斗争信心，为以后的革命斗争创造了群众条件。

总的来说，红四方面军主力西撤后，留在鄂豫皖革命根据地的红军主力部队、地方武装和游击队，没有被险恶的形势所吓倒，他们在省委的领导下，在广大人民群众的支援和配合下，同敌军展开了英勇顽强的斗争，有力地打击了敌人，保存了根据地。但是，由于部队分散在各地，各自为战，整个根据地缺乏统一领导和指挥，所以没有取得更大的战果。因此，鄂豫皖革命根据地急需重建一支统一的、有坚强领导的红军主力。1932 年 11 月 29 日，中共鄂豫皖省委在檀树岗召开军事会议，决定重建红二十五军。红二十五军组建不久，接连取得了郭家河、潘家河、杨泗寨战斗的胜利。但紧接着，遭遇七里坪战役以及鄂东北、皖西北中心区保卫战接连失败。根据地内物力、财力被摧残殆尽，整个鄂豫皖革命根据地的斗争空前艰难。

▶ 在这样的情况下，中共鄂豫皖省委又做出了哪些努力呢？

任舒泽：这种局面，促使省委认真地总结红二十五军连续失利的教训，重新考虑后续的斗争方针。为此，1933 年 10 月 16 日，沈泽民抱病主持召开了省委第三次扩大会议，全面检查过去的斗争方针，总结经验教训。会上，省委还决定派省委委员成仿吾到上海向党中央汇报工作，同时要求中央派军事指挥员。会后，沈泽民躺在床上和成仿吾研究汇报的内容，颤抖着手用化学药水在成仿吾的衬衫上写下“派成仿吾同志到中央报告工作”，最后用俄文署上自己的名字。后来，病重的沈泽民在一盏梓油灯下，熬了好几个夜晚，给中央写了一份长达 1.3 万多字的报告。沈泽民在报告中，代表省委检讨了过去斗争失败的原因。他认为，郭家河、潘家河之战取得轰轰烈烈的胜利之后，弄到当下的局面，完全是过去错误所造成的，是党的路线一贯脱离群众造成的。由此可见，他不仅公开承认了错误，而且找到了错误的病根，这是很不容易的。沈泽民还在报告里自责，说自己还是一个书生，在政治知识上是一个杂货店，并且身体太弱，也不能领导积极工作。面对这样的局面，只有以万死的决心来转变，洗心革面，重新做起。写完这份报告 10 天后，也就是 1933 年的 11 月 20 日，沈泽民病逝在新县卡房乡枣林山，年仅 33 岁。沈泽民的这份报告，是他到鄂豫皖苏区后向中央写的最后一份材料，也是他短暂的一生中，留下几百万文字中的一篇绝笔之作。成仿吾就是带着这份报告，到上海之后通过鲁迅找到了党中央，报告了鄂豫皖苏区当时的斗争情况。红四方面军主力西撤后，在鄂豫皖革命根据地形势十分险恶的情况下，沈泽民同留在根据地的省委其他成员一起，坚定地担负起中共鄂豫皖省委的领导重任，重新组建了红二十五军，领导广大军民坚持了根据地的斗争。在这一阶段的斗争中，他虽然也曾犯过一些“左”的错误，但是面对错误他不推诿不逃避，敢于自我批评、承认错误，勇于从失败中吸取教训。

▶ 沈泽民逝世后，中共鄂豫皖省委又是怎样领导苏区军民坚持斗争的？

任舒泽：沈泽民代表中共鄂豫皖省委给中央的报告，提出了比较正确的方针。代理省委书记徐宝珊主持省委工作，在实施省委新的方针中及时总结经验，全面扭转斗争方针。1934 年 1 月 2 日，省委发布《中共鄂豫皖省委通告第一一〇号》，提出具体任务、政策和措施：加紧武装斗争，扩大红军；深入发动群众，建立秘密工作；实行区别对待政策，扩大团结面；整顿与发展党的组织，健全党的生活。省委转变斗争方针后，根据地进一步得到恢复和好转。

1934 年 2 月底，蒋介石任命张学良为鄂豫皖三省“剿匪”副总司令，将东北军从华北调到大别山区，总兵力 80 多个团，继续“围剿”鄂豫皖革命根据地。张学良制订了从 7 月到 10 月的 3 个月“围剿”计划，使用兵力为 15 个师又 3 个独立旅，共 70 多个团，将鄂豫皖地区划为六个“驻剿区”和一个“护路区”，另组建4个追击队，声称在3个月内将红军完全扑灭，永绝后患。中共鄂豫皖省委根据中共中央的指示信和军事训令，率领军民大力发展游击战争，保持现有苏区中心及根据地，逐步巩固和向外扩大并创造新的根据地。7月，红二十五军转移到罗山何家冲，在长岭岗地区，利用军事行动和政治攻势相结合的方式，打垮东北军2个团，歼敌5个营，给张学良的“围剿”计划当头一棒。到9月，张学良的三个月“围剿”计划宣告破产。

青山依旧在，几度夕阳红。回望那段历史，我们不禁感慨，正是由于当时的鄂豫皖省委誓死坚守大别山，一次次从磨难中奋起，愈挫愈勇，才使得革命的红旗始终在大别山上高高飘扬。

专家点评：

郭晓平：中共河南省委党史研究室原副主任、河南省中共党史学会原副会长、郑州大学教授

时　间：2021年3月19日

地　点：河南省郑州市

寻访组：请谈谈中共鄂豫皖省委转变斗争方针的原因以及沈泽民自我革命的意义。

郭晓平：红四方面军主力战略转移后，中共鄂豫皖省委苦撑危局，领导根据地军民与强敌周旋，保卫和坚守根据地。红二十五军重建后，接连几次战斗的胜利，使得省委和红二十五军从上到下都滋生了骄傲自满的情绪，认为自己力量强大，敌人不堪一击。省委主要领导人思想变得狂热起来，开始制定一些不符合实际的目标任务，最终导致七里坪战役和鄂东北、皖西北中心保卫战的接连失利，红二十五军主力损失殆

尽，根据地面积极大缩小。惨痛的现实面前，以沈泽民为书记的鄂豫皖省委开始认识到了“左”倾错误的危害，召开了省委扩大会议，总结经验教训，决定转变斗争方针。

沈泽民在这里表现出了一个共产党员的忠诚磊落，面对自己的问题，没有丝毫推诿，极为严厉地反省批判了自己的错误。正是因为根据地最高领导人这种实事求是的自我批评，省委能够认真对待前一段斗争中出现的问题，迅速纠正过去所犯的错误，及时转变斗争方针，从而再次走上正确的道路。

打不散的红二十五军

寻访地点：河南省新县箭厂河乡方湾村红二十五军司令部旧址

采访对象：蒋仁勇　中共河南省委党校教授、大别山干部学院特聘教授

任舒泽　武汉大学马克思主义学院教授、大别山干部学院特聘教授

采访人员：梅　寒　叶希武　周思源

红二十五军是一支为中国革命立了大功的队伍，充满了传奇色彩。带着对这支队伍的敬仰与好奇，2021 年 1 月 8 日上午，寻访组一行驱车前往河南省新县箭厂河乡方湾村，红二十五军司令部旧址就在这里。

行车路上，蒋仁勇教授向寻访组介绍道：“红四方面军主力撤离后，迫切需要有一支主力红军来坚持和保卫根据地。1932 年 11 月 30 日，根据中共鄂豫皖省委的决定，在檀树岗村重新组建中国工农红军第二十五军，军长吴焕先、政委王平章、副军长徐海东。起初，吴焕先认为自己军事知识和指挥才能都很浅薄，不愿意当军长。而沈泽民认为，军长必须从省委成员中挑选。当时的几位省委领导都不是正规军事将领出身，有的甚至连枪都没有放过。吴焕先虽然没有学过军事，但担任过鄂东北游击总司令，领过兵打过仗，有实战经验，由他担任军长，是当时最合适的。经过沈泽民的再三劝说，吴焕先最终才担起了这副沉重的担子。红二十五军辖

◎ 河南省新县箭厂河乡中国工农红军第二十五军司令部旧址

2个师5个团及2个特务营，共约7000人。其中包括原红二十七师、红七十五师以及黄安、麻城等地游击队。1936年，《共产国际》刊载过一篇文章《中国红军第二十五军的远征》，其中说："从前的鄂豫皖苏区遭到异常残酷的白色恐怖，那些在战斗中牺牲者的遗孤，那些在1932年随红四方面军远征到四川的红军战斗员的子弟，便在这种恐怖条件之下建立起游击队，从游击队变为现在以'儿童军'著名的红二十五军。"红二十五军的重建，为鄂豫皖革命根据地的斗争带来了希望。

寻访组来到红二十五军司令部旧址——闵氏宗祠，祠堂西山墙上还保留着当年军政治部主任郑位三亲笔书写的"为保障秋收秋耕坚决扩大红二十五军打破敌人的新进攻"标语。继续往前走，来到祠堂的正面。祠堂坐北向南，背靠太平寨，门前有一条小河，东南角有一株老枫树。祠堂正门上方石条上刻着"闵氏宗祠"四个大字。

从祠堂大门进去，只见前后两排，每排五间，东西各有两间耳房，院内地坪用条石砌成，散水流向中间，俗称"四水归池"。

▶ 重建后的红二十五军是怎样顽强坚持斗争的？

任舒泽：蒋介石在鄂豫皖革命根据地调集 15 个师约 80 个团，对苏区实行大规模“清剿”，企图将根据地红军完全消灭。红二十五军成立后，抓住战机，积极歼敌。1933 年 3 月 4 日，敌三十五师马鸿奎部两个团孤军冒进，占据鄂东北根据地中心郭家河。红二十五军在地方武装和群众的配合下，全歼郭家河守敌 2000 余人，取得了重建后的首次大捷。接着，红二十五军再战潘家河、杨泗寨，三战三捷，军威大振，部队发展至 1.3 万余人。但这时鄂豫皖省委个别领导人头脑发热，机械执行中共中央关于攻占中心城镇的军事指令，于 1933 年 5 月命令红二十五军围攻黄安县七里坪镇，发起七里坪战役。在敌我力量相差近 20 倍、粮食弹药无以为继的困境下，红军围攻七里坪 43 天没有攻下，这场战役导致红二十五军伤亡过半，人员由战役初期的 1.3 万人锐减到 6000 余人，战斗力大为削弱，蒙受了重大损失。

红二十五军撤出七里坪后，国民党军于 1933 年 7 月发动对鄂豫皖苏区的第五次“围剿”。红二十五军在来不及休整的情况下被迫进行第五次反“围剿”斗争。但是在内线单纯防御的作战方针指导下，红二十五军接连遭到鄂东北中心区保卫战、皖西北中心区保卫战的失利，兵员损失更大，全军仅剩 3000 多人。

1933 年 9 月，省委决定让红二十五军主力立即重返鄂东北，红八十二师留在皖西北坚持斗争。敌第三十师、十一师集结在潢（川）麻（城）公路设置封锁线。红二十五军转到黄土岗以南，强行通过公路，遭到敌第三十一师九十三旅的猛烈火力阻击。省委书记沈泽民和军长吴焕先、政治委员戴季英率第七十五师大部、第七十四师部共 2000 余人，向西突破了封锁线。因病躺在担架上的副军长徐海东及后续部队 1000 余人被截断在路东，折回皖西北。从此，红二十五军被分割于鄂东北、皖西北两个地区。

在鄂东北，敌人集中第十三、第三十、第三十一、第三十二四个师“围剿”红二十五军。红二十五军仅四个团，在内线作战的三个团又遭到重大损失。第二二四团在紫云寨一带与敌七个团恶战，冲破敌人重围后转移到老君山、天台山地区；第二二五团在紫云寨以北与敌交战，减员过半，后转到天台山与第二二四团会合；第二一七团在姚家寨一带与敌四个团辗转苦战，指战员大部壮烈牺牲，只剩下几十人突围到天台山。至此，在鄂东北红二十五军主力只剩下1000多人。当时，红军经常活动的中心地区天台山、老君山、高山岗、仰天窝、茅草尖、卡房一带，已经成了无人区。红军长期在深山荒野露营，指战员大都带着镰刀斧子，每到一地，割野草，搭茅棚，以避风雨。时已初冬，部队的给养严重缺乏，有时连野菜、树叶都找不到，只得剥树皮、挖葛藤根充饥。安置在深山密林中的伤病员，缺药断粮。医护人员一面掩护伤病员，一面冒着生命危险，到山下筹集粮食和其他物资。没有药品，他们就用盐水、南瓜瓤、烟叶等为伤员治伤。敌人天天搜山，放火烧山，伤病员随时都得转移地方。尽管环境十分艰苦，斗争极为残酷，但部队始终斗志坚定，情绪乐观。指战员中传诵着一首歌谣：“山沟野坳是我房，野菜山果是我粮，三天不吃饭，照样打胜仗。”省委转变斗争方针，坚持以游击战为主，紧密联系群众，发展便衣队。红二十五军在地方武装、便衣队的有力配合下，不仅胜利地坚持了第五次反“围剿”斗争，而且在鄂东北地区恢复了以老君山、天台山和东高山、西高山为中心的两小块游击根据地，部队的游击战术得到了提高，弹药、装备得到了补充。

徐海东因病躺在担架上，率领的后方勤杂人员被隔断在潢麻公路以东，身边只有一个特务连。徐海东叫号兵吹调动号，联络上没有到路西的零散部队，一共有六个连队。徐海东率部转回皖西北地区后，重建了红二十八军，徐海东任军长，郭述申任政委。下辖第八十二师、八十四师，全军2300余人。红二十八军不打消耗仗、不硬拼，积极向外线游击，寻机歼灭敌人，夺取敌人物资以补充部队。第八十二师在赤南革命根据地坚持斗争，第八十四师在赤城革命根据地熊家河一带活动。10月下旬，敌第十二、第四十五师和独立第四十旅各一部合围熊家河。第八十四师连夜跳出包围圈。10月底，又北返熊家河地区。11月初，在石门口与敌独立第四十旅遭遇，第八十四师在第二路游击师配合下，将敌击溃，歼敌一个团，俘1000余人。这是红二十八军坚持皖西北斗争的良好开端。第八十二师在坚持赤南革命根据地斗争中，于10月19日被敌第四十七、第五十四师共5个团突然合围于南溪东南黄泥山。经激战，冲破包围。11月下旬，北上熊家河地区，与第八十四师会合。红二十八军进行了灵活的游击战和运动战，在5个多月的时间内取得了一连串的胜利，皖西北革命根据地摆脱了被动局面。

1934年2月底，蒋介石任命张学良为“豫鄂皖三省剿匪副总司令”，并将东北军从华北调到鄂豫皖地区。4月中旬，东北军王以哲第六十七军、何柱国第五十七军及刘多荃第一〇五师，共9个师，陆续开抵鄂豫皖地区。敌人继续“围剿”鄂豫皖革命根据地的总兵力为16个师又4个独立旅，共80多个团。为了集中兵力，开展新的斗争，省委决定红二十五军和红二十八军会合，然后一同返回鄂东北。4月16日，红二十五军和红二十八军在商城县东南部豹子岩会师。第二天，红二十八军编入红二十五军。整编后的红二十五军，军长由徐海东担任、政委由吴焕先担任，辖两个师，共3000余人。这一时期，红二十五军积极向外线捕捉战机、避实击虚，连续取得了长岭岗、太湖等战斗的胜利，恢复、开辟了朱堂店和陶家河两块游击根据地，打破了张学良的3个月“围剿”计划。

▶ 红二十五军在什么样的背景下开始长征的？

蒋仁勇：经过几次反“围剿”，鄂豫皖革命根据地总的形势仍然是严峻的，敌人力量强大，根据地被敌人压缩成几个小块，人口锐减，干部奇缺，兵源枯竭，军民衣食极端困难，短期内难以根本转变。因此，是否实施战略转移成了红二十五军必须考虑的现实问题。

1934年8月底，派到鄂豫皖革命根据地工作的程子华已到中共鄂东北道委驻地，他带来党中央7月26日《关于组织抗日先遣队的通知》和7月29日《致鄂豫皖省委训令》，以及周恩来代表党中央的指示。中共鄂东北道委建议省委率领红二十五军速来鄂东北。1934年11月4日，红二十五军由皖西北向鄂东北挺进。这时，敌5个“追剿”支队紧紧追击；东北军第一〇七、一〇九、一一〇、一一七师和一二九师等部在商城、麻城、潢川、光山交界地区构成重重封锁线，阻止红二十五军西进。红二十五军突破敌人四道封锁线，来到光山县斛山寨一带，军领导决定稍事休息一下。就在这时，敌刘翰东第一〇七师、吴克仁第一一七师各一部共4个团和第四“追剿”支队、第五“追剿”支队跟踪而来，并趁红军警戒部队极度疲劳、疏于戒备之机，从东、南两面发动突然袭击。红二十五军仓促应战，顽强抗击。此时，敌“追剿”纵队总指挥上官云相派飞机对红军轰炸、扫射，并乘飞机亲临战场上空督战。敌人凭其优势向红军阵地反复猛攻。红二十五军处境极端危险。第七十四师二营固守要点，抗击敌人，但因众寡悬殊，阵地随时都有被敌人突破的可能。在此情况下军首长急令该师第一、第三营增援。全师指战员以极其英勇顽强的战斗精神，打退敌人6个团多次猛烈的冲击，守住了阵地。在这紧急时刻，第七十五师二二四团赶到军部驻地。军长徐海东和政治委员吴焕先及时分析了部队情况，认为部队经过长途行军和连续战斗，指战员体力消耗很大，要以快速行军的方式摆脱敌人是很困难的。只有打垮敌人的进攻，才能继续前进。徐海东、吴焕先下令：第七十四师继续扼守斛山寨制高点，钳制和消耗敌“追剿”第四、第五支队，第七十五师二二四团从寨北迂回到刘湾北侧，协同第二二三团向敌第一〇七、第一一七师实施突击；然后，第二二四团迂回至朱家坳以南，第二二三团到朱家坳以东，与第七十四师协同攻击敌第四、第五支队。命令下达后，部队立即进行短促有力的政治动员。第二二四团沿斛山寨北山麓隐蔽地迂回到敌第一〇七师侧后，突然发起猛攻，第二二三团乘机反击，敌被迫向东撤退。接着，第二二四、第二二三团协同攻击敌第一一七师。在红军的勇猛攻击下，敌人撤退。红军两个团集中力量向敌第四、第五支队的侧后猛攻，第七十四师也趁机发起反击，将敌压至朱家坳一带。敌人处于三面夹击之下，纷纷溃乱。红二十五军以极其英勇顽强的精神投入战斗，打垮了敌人10个团的袭击，共毙、伤、俘敌约4000人。这次战斗，打破了敌人的追堵计划，奏响了红二十五军长征的序曲。

战斗结束后，省委率领红二十五军按计划继续西进，在光山县西南部的花山寨与鄂东北道委和程子华相遇。至此，红二十五军胜利完成了开赴鄂东北接受中央指示的紧急任务。11月11日，中共鄂豫皖省委在花山寨举行第14次常委会议，根据程子华带来的中央军委副主席周恩来的口头指示，结合鄂豫皖根据地斗争实际，讨论决定红二十五军实行战略转移。11月16日，红二十五军告别家乡，离开故土，以“中国工农红军北上抗日第二先遣队”的名义，由河南罗山县何家冲出发西进，踏上了漫漫长征路。

▶ 红二十五军在长征途中经历了哪些险恶战斗？又是怎么样转危为安的呢？

蒋仁勇：在长征途中，红二十五军几次陷入绝境，但每次都能绝处逢生。长征路上的第一场血战发生在河南省方城县独树镇。红二十五军进入桐柏山区后，因无法立足，转向河南西部的伏牛山前进。敌军判断红军会经过象河关及独树镇、保安寨一线，急忙调兵拦阻。敌第四十军一一五旅由赊旗镇北返方城的独树镇、七里岗、砚山铺一带，迎头堵击红二十五军；驻叶县的第四十军骑兵团南下保安寨配合堵击；第一一六旅由新野北上南召，以阻止红二十五军进入伏牛山区；“追剿纵队”五个支队和第四十军骑兵第五师紧追不舍。形势对红二十五军十分不利。11月25日，红二十五军到达象河关西北的王店、土风园、小张庄一带。当晚，敌“追剿纵队”第二支队跟踪而至，并向土风园发动进攻。驻土风园的红二十五军直属队和第二二五团予敌以打击后，沿小道赶到王店，与军主力会合。26日拂晓，敌“追剿纵队”又尾追而来。这时，红二十五军距许（昌）南（阳）公路只有20多公里，过了公路就是伏牛山东麓。为了防止敌人追堵，保持回旋余地，争取时间迅速穿过公路，军首长以第二二四、第二二五团和军直属队为前梯队，先行出发；以第二二三团为后梯队，占领王店赵庄，阻击尾追之敌，掩护全军行进。这天，恰遇寒流，雨雪交加。红二十五军指战员衣服单薄，又被雨雪浸透，饥寒交迫。许多战士的草鞋被烂泥黏掉，赤脚行军。当日13时，红二十五军前梯队第二二四团进到方城独树镇附近，准备由七里岗通过公路。但敌第四十军一一五旅和骑兵团已于两小时前到达，抢先占领段庄、马庄、七里岗、砚山铺一线阵地，突然向红军进行猛烈攻击。因气候不佳，能见度很低，红军先头团发现敌人较迟，又无战斗准备，一时陷入被动，加之战士们的手指被冻僵，一下拉不开枪栓，抵抗不及，以致被迫后撤。敌人乘机猛烈冲击，并从两翼实施包围，情况十分险恶。在此危急时刻，军政委吴焕先迅速赶到先头团，立即指挥部队就地进行抵抗。他向战士们大声疾呼：“同志们，就地卧倒，坚决顶住敌人，决不能后退！”战士们趴在泥泞地上，利用地形地物顽强抗击敌人。吴焕先从交通队员身上抽出一把大刀，高呼：“同志们，现在是生死存亡的关头，决不能后退！共产党员跟我来！”说罢，吴焕先带领部队，冒着敌人密集的火力，奋不顾身地冲上前去，与敌人展开搏斗。战斗正在激烈进行之际，副军长徐海东带领第二二三团跑步赶到，立即投入战斗。敌军潮水般一波一波地涌过来，红军一次又一次地将敌人顶了回去。经过一番恶战，终于打退了敌人的进攻。我军伤亡300余人。入夜以后，红二十五军转向杨楼一带集结，对部队进行紧急动员，准备连夜突出重围。部队集合后，由地下党的同志带路，穿过敌人空隙，沿着弯弯曲曲的田埂小道疾速行进，许多伤员也忍着极大的伤痛，坚持随军突围。当晚，由叶县保安寨以北的沈庄附近，穿过许南公路，进入伏牛山东麓。红二十五军在地形平坦和气候恶劣的条件下，遭到“追剿纵队”、第四十军步骑兵的前堵后追。由于军首长和全体共产党员在紧要时刻奋勇当先，带领全军顽强战斗，挫败了敌人的攻击锋芒，稳住了阵地，突出了重围，把追堵之敌甩在背后，才得以转危为安，继续前进。习近平总书记在纪念红军长征胜利80周年大会讲话中，用了“鏖战独树镇”一词，把这场战斗与血战湘江、四渡赤水、巧渡金沙江、强渡大渡河等经典战例并立，可见这场战斗的重要性。

独树镇战斗刚结束没多久，1934年12月9日，红二十五军到达陕西省洛南县庾家河。10日上午，鄂豫皖省委在庾家河召开第18次常委会议。会议正在进行时，国民党军第六十师突然袭来，向庾家河猛攻。危急关头，省委立即停止会议，决定由红二十五军领导人迅速指挥部队反击。徐海东带领第二二三团首先冲了上去，但敌人的一个团已经抢占了东山坳口，并凭着有利地形，向我军发起猛攻。如果我们顶不住，红二十五军就会被压在山沟里，遭到灭顶之灾。徐海东指挥第二二三团拼死地向敌人冲锋，夺回了坳口。接着程子华、吴焕先带着第二二四团、二二五团赶来，攻占了坳口南北两侧高地，协同第二二三团打退了敌人的进攻。这时，敌人又上来两个团，再次向我军发起冲击。于是，全线展开了激烈地争夺坳口和两侧高地的战斗。一拨接一拨的冲锋，一群又一群的刺刀格斗，漫山遍野刀光剑影，杀声震天。红二十五军将士经过20多次反复冲杀，终于打垮了敌人。军长程子华被敌人子弹击穿双手，打断3根手指头，左手腕动脉血管被击伤。副军长徐海东被一颗子弹从左眼底下打进去、右耳根穿出，身负重伤。这次战斗共毙伤敌300余人，红二十五军自身也伤亡100余人。庾家河战斗的胜利，使红二十五军又一次转危为安，得以在陕南站稳脚跟。至此，红二十五军终于粉碎了十余倍于己之敌的围追堵截，胜利地完成了第一阶段的战略转移任务，为创建鄂豫陕革命根据地打下了坚实的基础。

长征中，红二十五军还经历了一场悲壮的战斗，就是军政委吴焕先牺牲的四坡村战斗。1935 年 7 月，红二十五军北出秦岭，威逼西安，在获知红四方面军和中央红军北上动向后，毅然作出离开鄂豫陕革命根据地，继续西征北上，迎接党中央，会合陕甘红军的决定。8 月 21 日，红二十五军到达甘肃泾川县，正在抢渡汭河时，突遇山洪暴发，河水猛涨，部队被分割在河两岸。这时，国民党第三十五师二〇八团 1000 余人由泾川县城沿着王母宫塬突然袭来。前有河水阻隔，后有强敌猛扑，危急形势可想而知。位于塬上四坡村东北角的第二二三团三营，首先与敌接火，当即凭借房屋、土墙和窑洞，分班分排地与敌人展开激战。先头部队已渡过汭河，难以回援。军首长命令后卫部队第二二三团一、二营全部投入战斗，从西南方向猛烈反击敌人。吴焕先带领军部交通队和学兵连 100 余人，从河边冲到塬上，直插敌人侧后。他一边指挥，一边向战士们振臂高呼："同志们，压住敌人就是胜利，决不能让敌人逼近河边！一定要坚决地打！"战士们不顾道路泥泞，迅速抢占了塬上制高点，从侧翼向敌人发起冲击。与此同时，第三营在重机枪火力掩护下，集中力量进行反击，对敌形成夹击之势。敌人顿时混乱，纷纷溃散。战斗正在激烈进行时，吴焕先不幸中弹牺牲。他的牺牲激起了战士们对敌人的仇恨，他们高喊着为政委报仇的口号，一个个奋不顾身，英勇杀敌。最终敌二〇八团全部被歼，团长马开基被击毙。红二十五军又一次脱险；但是吴焕先的牺牲，却是红二十五军无法弥补的损失。

历经磨难与艰险，红二十五军这支出发时不足 3000 人的队伍最终胜利完成长征，成为最先到达陕北的长征队伍，他们会同陕北红军，巩固了陕甘革命根据地，为党中央把中国革命大本营放在陕北作出了不可磨灭的贡献。

▶ 为什么这支部队能历经磨难却始终击不垮打不散，而且还取得如此辉煌的功绩呢？

任舒泽：首先就在于红二十五军十分注重加强政治思想工作。他们健全军、师、团、营的政治委员制度和各级政治机关、连队党支部，加强党的政治领导、组织领导、思想领导。同时还注意进行政治思想教育和政策教育，有任务就进行动员，发生问题就及时教育。其次，红二十五军各级领导干部也发挥了模范带头作用。他们以身作则，言传身教，建立了很好的官兵关系，上下齐心，团结一致，形成了强大的凝聚力。军长吴焕先"行军让骡马，住宿让房子"，行军途中，他总是走在最后，检查伤病员掉队情况，把战士们背不动的枪挂在骡子上。就在皖西和鄂东北被分隔开，也就是红二十五军最艰难的1933年夏到1934年秋这一年多的时间里，为了稳定军心，吴焕先经常到部队、战士中间讲全国革命形势，讲列宁领导苏联十月革命的故事，激发战士们的斗志。

除了强有力的政治思想工作和领导干部的模范带头作用，红二十五军之所以战斗力强，和他们对纪律的严格要求也是密不可分的。当时，他们甚至有一条"不准吃鸡"的纪律。1933年郭家河大捷，举行祝捷大会时，临街的几家店铺门前贴出了"白军来了鸡犬不宁，红军来了鸡犬不惊"的对联表示庆贺。省委书记沈泽民知道后说，老百姓越是称赞红军纪律严明，红军越是要严格遵守群众纪律，只有这样才能顺乎民心。而且决定针对这副对联制定一条特殊纪律：在红二十五军中谁也不准吃鸡。

《红军三大纪律八项注意歌》最早就是从红二十五军中传唱开来的。1934年秋，程子华由中央苏区到鄂东北道委驻地河南新县卡房，向郑位三和程坦等人传达了中央指示。由此，程坦了解到"三大纪律八项注意"的有关内容，就想到以它来编写一首关于红军纪律的歌曲。在刘华清的协助下，程坦把"三大纪律八项注意"的纪律条文改编成朗朗上口的九字节歌词，填入当时苏区一首关于红军纪律的歌曲《土地革命成功了》的曲调之中。写好之后，他们把歌拿到鄂东北道委独立团教唱。后来，程坦等人随红二十五军长征，这首歌开始在红二十五军中唱响。红二十五军到达陕北后，与陕北红军合编为红十五军团。在陕北，程坦看到了《中国工农红军三大纪律八项注意布告》这个文件，他根据文件内容，对原有的歌词进行了重新修改，创作完成后以《红军三大纪律八项注意歌》命名。1935年11月，在红十五军团与红一方面军会师后的庆祝活动上，红十五军团的战士们唱响了这首歌。随着红军会师和队伍发展，《红军三大纪律八项注意歌》迅速在各个红军队伍中传唱开来，传遍大江南北。美国记者斯诺在《西行漫记》中记述，他于1936年8月底曾在甘肃省的豫旺县采访，访问过徐海东及其率领的红二十五军以及红十五军团，发现部队都在唱《红军三大纪律八项注意歌》，认为这就是国民党的军队无法打败红军的重要原因。

专家点评：

郭晓平：中共河南省委党史研究室原副主任、河南省中共党史学会原副会长、郑州大学教授

时　间：2021年3月19日

地　点：河南省郑州市

寻访组：请谈谈红二十五军拖不垮、打不散的原因以及对中国革命的贡献。

郭晓平：徐向前元帅评价红二十五军是一支有着坚定的革命信念和坚强的党性观念的人民军队，这也正是这支队伍拖不垮、打不散的根本原因。除此之外，还在于红二十五军有一个坚强有力的领导集体，他们识大体、顾大局，相互支持、密切配合，身先士卒、率先垂范。红

二十五军有着英勇顽强的战斗作风和严明的组织纪律，这是它能克服困难战胜敌人的重要原因。红二十五军有着实事求是、勇于纠错的态度，面对错误，能够及时纠正，迅速转变作战方针。红二十五军有广大人民群众的支持，始终注意维护和人民群众的关系，这是他们生存发展的基础。

红二十五军参加创建鄂豫皖革命根据地，为鄂豫皖苏区的鼎盛局面作出重大贡献。在红四方面军撤离大别山后，红二十五军在极端困难的条件下坚持鄂豫皖根据地斗争，使大别山红旗不倒、革命火种不灭。长征中，红二十五军独立创建了鄂豫陕革命根据地，使自己得以休养生息。它西征北上的战略行动，成为红军北上的先导，为党中央找到落脚点，为把中国革命的大本营建在西北建立了特殊的功勋。

杜鹃花儿开

——艰苦卓绝的三年游击战争

寻访地点：安徽省岳西县红二十八军军政旧址

采访对象：高　翔　安徽省岳西县委党史和地方志研究室主任

　　　　　周华岳　安徽省岳西县新四军研究会副会长

采访人员：梅　寒　叶希武　周思源

2021 年 1 月 11 日清晨，寻访组从大别山干部学院出发，前往位于安徽省安庆市岳西县的红二十八军军政旧址。红二十八军军政旧址聂家老屋位于岳西县包家乡鹞落坪村，是 1935 年至 1937 年中共鄂豫皖省委常委、皖西北道委书记高敬亭将军率领红二十八军坚持鄂豫皖三年游击战争的大本营，也是游击根据地中心。

经过近 4 个小时的高速行驶，车子驶入岳西县境内。进入鹞落坪风景区内，一路都是参天古木，山路背阴处的积雪尚未消融，山崖间还有许多悬冰。到达目的地，岳西县委党史和地方志研究室主任高翔等人已经在这里等候多时了。

一下车，只见旧址四周山峦起伏，尽管是三九寒冬，林木依然苍翠。高翔主任介绍说："鹞落坪因为地形险要，峰顶有块巨石像鹞子而得名。1935 年夏，高敬亭率红二十八军在转战途中进入这里，见鹞落坪崇山峻

◎ 安徽省岳西县红二十八军军政旧址

岭、山高林密、易守难攻，便决定在这里立足，建立根据地。随后，在地方党组织的配合下，成立了红军便衣队，创建了山林医院、红军被服厂、小型修械所和红军商店，这里逐渐成为红二十八军领导鄂豫皖三年游击战争的大本营。在大别山三年游击战争中，高敬亭这位闻名遐迩的'游击专家'就是在鹞落坪这个山窝里，依靠广大指战员和人民群众，指挥不到 2000 人的部队，牵制了国民党正规军数十个团，成功地歼灭 18 个整营和 15 个整连，共计 5 万余人，是南方八省 13 个游击区中最强大的红军部队。"

老屋坐东朝西，平面为一进两厢三合院式布局。双坡屋面，悬山顶，小青瓦，夯筑墙，三合土地面。

▶ 红二十五军战略转移后，大别山地区的形势是怎样的呢？

周华岳：鄂豫皖省委率领红二十五军转移后，根据地失去了统一的领导和指挥，也失去了与外界各方面的联系。根据地没有主力红军，也就失去了坚持武装斗争的主心骨。留在鄂豫皖边区的党组织主要有中共鄂东北道委和皖西北道委，有几小块根据地，但也都处于分散隔绝的状态。

▶ 高敬亭是如何重建红二十八军的呢?

高翔：花山寨会议决定红二十五军实施战略转移，同时决定留下一部分武装再次组建红二十八军，继续坚持鄂豫皖边区的武装斗争。高敬亭那时正在皖西地区作战，没有参加花山寨会议，所以之前并不知道鄂豫皖省委和红二十五军已经离开大别山了。接到指示后，他感到形势严峻，责任重大。因为当时省委常委只留下他一人，道委一级的干部大部分都走了，也和上级党组织失去了联系，留下来的部队力量有限，而且缺乏统一领导和指挥。但是高敬亭不愧是一个意志坚定的革命者，面对困境，他没有畏惧动摇，而是在思索应该怎么完成省委交代的重任。1935 年 2 月 3 日，高敬亭率领部队来到了太湖县凉亭坳。谁也没有想到，凉亭坳这个默默无闻的小山村从这天起就成为鄂豫皖革命根据地史上具有重要意义的地方，可以说鄂豫皖革命根据地的斗争在凉亭坳翻开了新的一页。凉亭坳位于鄂皖两省交界地区，历史上属于太湖县，后属岳西县。当晚，高敬亭在凉亭坳主持召开会议，传达了鄂豫皖省委的指示，分析了形势，研究了任务。最后作出决定，以红八十二师和地方武装为基础，重新组建红二十八军，高敬亭任政委（未设军长），统一领导鄂豫皖边区党政军的工作。2 月 4 日，高敬亭又主持召开了军人大会，向全体人员传达了中共鄂豫皖省委对红军坚持鄂豫皖边区斗争的指示信，分析了红二十五军北上抗日后的革命形势，宣布了凉亭坳会议重建红二十八军的决定。

▶ 红二十八军究竟是靠着什么坚持下来，又取得那么大的成绩呢?

高翔：红二十八军初建时，部队以集中活动为主。后来，由于大部队经常在一起活动目标大，容易被敌人发现，高敬亭就采取以营、连为单位分散活动的方式，化整为零。这样既可以缩小目标，又便于灵活机动地寻找战机，消灭敌人。有时他们还到敌人的统治区去四处活动，然后又集零为整，将分散的几个小部队集中起来，消灭一股敌人和一处据点，再分散活动。在战斗中也总结出一条经验：当敌人严密包围向我军发动攻击时，就设法跳到外线去，你清你的剿，我游我的击；你上我的山区，我下你的平原，迫使敌人丧失主动，求得我军的生存和发展。通过作战实践，高敬亭总结出“敌情明，地形好，缴获大则打；敌情不明，地形不好，缴获不大则不打；无大伤亡就打，伤亡大则不打”的作战原则。同时提出对地方民团采取“三不打”原则：地方民团不先开枪打红军，红军不打它；地方民团招待红军吃饭，红军不打它；在红军没有走之前，地方民团不去报告国民党正规军，红军不打它。这种政策使得箭厂河、新集、光山、罗山等地民团都主动为红军服务。1935 年 12 月，高敬亭主持召开了一次干部会议，总结战斗经验，肯定了这些作战原则和“三不打”原则。后来，这些作战原则被坚持下来。高敬亭通过分析鄂豫皖边地区国民党“剿共”军队的情况，发现在其正规军和地方保安团之间、蒋介石嫡系部队和杂牌军之间，各自为敌、派系林立，于是提出了“拖垮二十五路军，相机打击十一路军和东北军，向保安团要补给”的避强击弱的作战方针，不断有效地打击敌人。此外，在三年游击战中，高敬亭还十分重视正规红军和便衣队相配合的战术。红二十八军以不足 2000 人的兵力，建立了遍及 22 个县的游击根据地，转战 45 个县境，抗击数十倍于己的敌人，歼敌 18 个营、15 个连和大量小股敌军，使黄麻起义以来鄂豫皖革命根据地武装斗争得以继续和发展，为中国人民的革命事业作出了重要贡献。

▶ 三年游击战争中，有一个特殊的武装组织——便衣队。它是怎么发展壮大的？

高翔：便衣队是在鄂豫皖边区革命根据地遭受敌人严重摧残的特定条件下坚持敌后斗争的实践中产生的，是鄂豫皖边区军民独创的革命斗争的组织形式，是根据地始终红旗不倒的一个重要原因。高敬亭在皖西地区一面选派富有群众工作经验的红军指战员协助地方党委大力发展便衣队；一面亲自从红军队伍中挑选人员，配备武器，组成便衣队下派到地方，有目的、有计划地发展壮大便衣队的数量、规模，建立根据地。在鄂豫皖革命根据地各级党组织的精心组织、合理布局下，便衣队由少转多，由弱转强，到1937年夏天以后，据不完全统计，便衣队发展到82个，遍布鄂豫皖边区22个县，几乎县、乡、村都有便衣队。1937年9月，红二十八军全部下山到七里坪改编时，各地便衣队奉命下山，人数已占全部红二十八军的三分之一。便衣队在红二十八军无后方供应保障与敌作斗争的情况下，为主力红军补充兵员、安置伤员、筹款、筹物，成为我军可靠的后方基地。更重要的是，便衣队既是一支游击小分队，又代表苏维埃执行政纲法令，实际上是党政军三位一体的武装工作队。

周华岳：便衣队一面配合主力红军作战，一面掌握着地方政权，他们将军事斗争与政治斗争、公开斗争与秘密斗争紧密结合，发动群众，分化瓦解敌人，建立革命的统一战线，是扰乱敌后方的第二重要武装，在对敌斗争中起了重大作用。在斗争策略上，便衣队充分发挥自己精悍灵活、善于群众掩护、便于奇袭的优势，在敌后拦截敌人辎重，伏击小股敌人，摧毁敌人的碉堡据点，神出鬼没地打击敌人，并且化整为零，避开强敌，保存自己。在斗争路线上，便衣队发动群众，依靠群众。一方面通过坚决打击地主豪绅，惩治反动分子，消灭匪患等方式为民除害，维护群众；另一方面积极帮助群众解决生产生活中的困难，帮助他们砍柴挑水、耕种收割等。在打击敌人的同时，便衣队还注重恢复和建立党的组织，发挥党的主心骨作用，吸纳经得起考验、革命立场坚定的先进分子入党，尽可能争取一切力量，充实了地方党组织。在鄂豫皖边区三年游击战中，便衣队们既是主力红军的前哨，又是主力红军的后方，他们和红二十八军紧密配合，对敌形成了层层包围圈，陷敌于人民战争的汪洋大海之中。

▶ 鄂豫皖边区的便衣队能够不断发展壮大，并且取得这么大的成绩，靠的是什么呢？

高翔：一方面是因为党的正确领导。便衣队一直是在红二十八军和地方各级党组织的直接领导下发展壮大起来的。红二十八军领导人和地方各级党组织经常讨论便衣队的工作，及时为便衣队规定任务，提出正确的斗争方针，注意加强便衣队领导班子建设和思想政治工作。便衣队都设有队长、指导员，领导者由根据地县、区、乡、村干部和久经锻炼的红军干部、战士担任，都是党的骨干分子。同时，红二十八军还不断派出大批干部和骨干到便衣队工作。这样，便衣队能经常适时地得到党组织指示，斗争方向更加明确，斗争艺术也不断提高。另一方面是人民群众的拥护和支持。便衣队所到之处，不仅英勇地打击敌人，而且处处保护群众的利益，还严格执行群众纪律，借群众的东西按时送还，损坏了群众的东西照价赔偿，等等。因此，群众都把便衣队当成亲人，非常信赖他们，想尽一切办法掩护和支持他们。不少群众为了掩护便衣队而历尽艰苦，受尽折磨，甚至献出了生命。潜山便衣队几个伤员住在群众家里 3 个月，群众始终把他们当成自家人给吃、给穿；英山便衣队的伤员隐蔽在山上，群众冒着生命危险给伤员送饭；将军山便衣队在密林里掩护伤员，群众派妇女前往送饭，在生活极端困难的条件下，还几天送一只鸡。正是紧紧依靠群众，扎根于群众之中，处处关心群众利益，为群众着想，便衣队才得到了群众真心实意的信任和拥护，才能在面对敌人 10 多万重兵“围剿”坚持下来，生存下来。

▶ 毛泽东曾赞扬红二十八军“很不容易，很有成绩，很了不起”。为什么毛泽东对这支部队有这么高的赞誉？

高翔：红二十八军一直与党中央失去联系，几乎是孤军奋战，辗转于白色恐怖区内 45 个县达 3 年之久，3 年中以不足 2000 人的兵力牵制了国民党 17 万正规部队和 10 余个地方保安团，与敌人发生大小战斗共计 243

次。粉碎了国民党反动派的多次大规模“清剿”，牵制了敌人大量军队，从战略上减少了北上主力红军的压力，同时给南方八省其他区红军游击队以支持。从红二十八军1935年2月第三次重建到1937年8月国共和谈成功，这期间仅30个月，几乎每个月要打8次仗，平均三四天就有一次战斗，这是战争史上很少见的。即便如此，它自身也发展壮大到3100人，是南方八省十五个游击区唯一保存军级建制作战的部队，并且最先与地方国民党政府作成功和谈，开南方八省成功和谈之先河，确实“很不容易，很有成绩，很了不起”。

▶ 红二十八军与国民党豫鄂皖边区督办公署是如何举行谈判，达成停止内战、一致抗日的协定的？

高翔：1936年秋天，为了同党中央取得联系，担任皖西特委书记的何耀榜派姜树堂去陕西，送信给红二十五军，向党中央转告红二十八军的情况。姜树堂家住西安，原是国民党第十一路军中的一个排长，在一次战斗中被红二十八军围困，率全排投诚。1937年5月，姜树堂才辗转回到大别山岳西地区，找到何耀榜，把1935年党中央的《八一宣言》和《论反对日本帝国主义的策略》《中国共产党在抗日时期的任务》等文件以及一封信交给了他。那时高敬亭率领部队还在鄂东地区活动，何耀榜一时无法找到他，只好把文件保存起来。7月13日，高敬亭率部到达岳西县的南田村，与何耀榜会合。高敬亭看到文件和信，高兴地说：“耀榜同志，你办了一件大好事，我们终于同党中央联系上了。”

高敬亭认真阅读了姜树堂带来的文件和信以后，决定同国民党军队进行停战谈判。7月15日，高敬亭以红二十八军名义给国民党豫鄂皖边区督办公署督办卫立煌写了公函，派交通员金孝广送至国民党岳西县第三区区公所碉楼，信封横书上写：岳西县第三区区公所速交卫立煌督办收。按照当时国民党的官场文牍，不但信封不能横写，而且“速交”应写“转呈”，“收”字要写成“钧启”才行。更讲究的是要忌名讳，竟然把“卫立煌”大名直书出来，加上落款是“红二十八军缄”6个字，碉堡上的敌人见了信后大惊失色，不敢怠慢，连忙将信送到区公所。当时第三区区长李德保不在家，区员汪汉臣接到这封来信，一面打电话向县里报告，一面派专人送信至国民党岳西县政府。卫立煌很快复信，表示愿意接受红二十八军停战谈判的提议。

卫立煌虽然表示愿意进行停战谈判，但是曾在“清剿”中损兵折将的王修身的第三十二师却将红军一部和中共地方党政军机关包围在岳西县鹞落坪、大岗岭、南田村一带，妄图以武力迫使红军投降。李德保提醒何耀榜要提防十分反动的王修身。李德保是河南信阳人，曾是董必武的学生，后来脱离了革命，但这次谈判他起到穿针引线的作用。高敬亭和何耀榜及时揭露对方的阴谋，督办公署只好派其高级参谋刘刚夫来到岳西县城充当谈判的全权代表，并按红军的要求，命令第三十二师后撤20里。

从7月22日起，何耀榜、刘刚夫在岳西县青天畈上青小学正式举行停战谈判。谈判一共进行了六天，其间，高敬亭以红二十八军“军政治部主任”的身份始终参加和领导这次谈判。双方以“停止内战、一致对外、合作抗日”作为共同遵循的方针，经过激烈争论，在共产党和红军不提打土豪，红军军事行动事先呈报，部队集中时间不超过三个月且集中地点以湖北七里坪为中心，国民党军队不得袭击、堵截红军，共产党在黄安、确山、立煌三县设办事处，释放政治犯及保证军需供应等方面达成协议。

7月28日上午8时，双方决定在红二十八军临时集合点岳西县九河的朱家大屋举行停战谈判协议签字仪式。高敬亭化名李守义，仍以红二十八军政治部主任的身份出席。何耀榜和刘刚夫分别在协议上签字，协议生效。岳西谈判是南方八省红军游击队中最早也最成功的一次谈判，标志着鄂豫皖边区十年内战宣告结束。

专家点评：

石仲泉：原中共中央党史研究室副主任、毛泽东思想邓小平理论研究会会长

时　间：2021 年 5 月 12 日

地　点：北京市

寻访组：请谈谈大别山三年游击战争的显著特点和能够坚持下来的原因。

石仲泉：红二十五军长征后，中共鄂豫皖省委常委高敬亭率领留在鄂豫皖边的红军和游击队，重新组建红二十八军，在大别山坚持游击战争。鄂豫皖边游击区在南方三年游击战争时期呈现四个显著特点：其一，这是三年游击战争时期保留下来有军级建制红军部队的游击区。当时我们党在南方坚持游击战争的共有 15 个区域，形成了 15 支独立作战的红军游击队。其他游击区的红军或为独立师、独立团，比较多的称为游击队，鄂豫皖边游击区红二十八军还存在军级建制非常难得。其二，这是三年游击战争中游击区域特别大的一块游击区。它包括鄂豫皖三省近 30 个县，比鄂豫皖苏区时期的区域只少十来个县。其三，这是三年游击战争中牵制敌人特别多的游击区，挫败了反动派的多次“清剿”。其四，这是三年游击战争中保存红军部队特别多的游击区，有 1800 余人。大别山红旗不倒，就是因为有这支强大的红军始终坚持着游击战争。因此，就党在全国的三年游击战争这段历史来说，这个游击区的存在是对党的一个重大贡献，也是大别山区革命斗争的一段重要历史。

红二十八军之所以能在极其艰苦的条件下，独立自主地坚持三年游击战争，使党在鄂豫皖地区点燃的革命烈火始终燃烧不息，大别山区始终红旗不倒，首先是因为它有着党的坚强的领导。鄂豫皖省委率红

二十五军长征后，高敬亭临危受命，根据省委临行前留下的指示，重新组建了红二十八军，很快将分散的各级党组织统一起来，勇敢地承担起全面领导边区党政军坚持武装斗争的重担。在游击战争中，红二十八军在党的领导下不断总结经验教训，制定了正确的游击战争原则和灵活的游击战术，创造性地建立了“主力红军、地方武装、便衣队”三结合的武装力量体制，与数十倍于己的国民党军队作战，挫败了敌人的反复“清剿”。依靠群众、善于斗争也是红二十八军坚持斗争的制胜法宝之一。鄂豫皖边三年游击战争，是群众性的游击战争，没有人民群众的支援，红军和游击队就不能生存和发展，游击战争就不能坚持。此外，红二十八军始终艰苦奋斗、不怕牺牲。在三年游击战争中，红二十八军和游击队尽管被围困在大别山的深山密林里，经常是昼伏夜行，风餐露宿，但他们不畏艰难、不怕牺牲、英勇顽强、浴血奋战，表现了敢于压倒一切敌人、战胜一切困难的革命英雄主义精神，这是极为重要和极其难能可贵的。

抗战初期大别山地区的抗日救亡运动

寻访地点：河南省确山县竹沟新四军第四支队第八团留守处旧址
河南省确山县竹沟中共河南省委旧址
河南省确山县竹沟中共中央中原局旧址
湖北省红安县七里坪抗日干部训练班旧址
安徽省六安市民众总动员委员会旧址

采访对象：鲁金亮　河南省确山县竹沟革命纪念馆馆长
辛向阳　河南省红安县史志研究中心主任
蒋二明　中共安徽省六安市委党史和地方志研究室副主任

采访人员：贡少辉　向　炜　叶希武　郭薪璞

2020 年 10 月 12 日，寻访组一行前往河南省确山县考察革命旧址。走进有“小延安”之称的豫南小镇竹沟，一处处红色的历史符号映入眼帘，一队队接受红色教育的人群络绎不绝。

寻访组来到新四军第四支队第八团队留守处旧址、中共河南省委旧址、中共中央中原局旧址。旧址为毗连的四处砖瓦房四合院，原为清末山西商人所建店铺，东西长 60 米，南北宽 24 米。1981 年后，按旧址原貌修复瓦房 30 余间。

竹沟革命纪念馆馆长鲁金亮介绍说：“1938 年 3 月，新四军第四支队

◎ 河南省确山竹沟革命纪念馆

第八团队留守处在这里成立，王国华任主任。1938 年 5 月，徐州失守后，中共河南省委由开封迁到这里。1939 年 1 月 29 日，中共中央中原局书记刘少奇抵达竹沟，也在这里办公。中共河南省委以留守处的名义领导抗日救亡工作，并在竹沟开办教导大队、新兵队等训练班，培训抗日干部和专业人才 5000 余人，为我党在华中地区抗战输送了大批有生力量。”

▶ 中共河南省委、豫南特委是如何领导豫南地区信阳的抗日救亡运动的？

鲁金亮：1937 年 12 月，中共河南省委将中共鄂豫边区特委改为中共豫南特委。中共豫南特委设在竹沟，领导豫南地区的确山、泌阳、桐柏、信阳等 13 县的抗日救亡运动。豫南特委以信阳县北部尖山为中心，恢复和发展党组织，到 1938 年 5 月，共发展 8 个党支部，500 余名党员。在中国共产党抗战政策和抗日救亡浪潮的推动下，信阳第三师范学校全体师生组织壁报社、画报组、歌咏队、讲演队、话剧团等各种抗日救亡宣传组织，到信阳城乡进行宣传活动。徐州沦陷后，随着战区的南移，大批抗日救亡团体伴随着保卫大武汉的呼声纷纷南下，汇集到武汉北面的门户信阳及保卫武汉的主战场豫东南地区。由中共河南省委组织的河南省战时教育工作促进团、开封扶轮小学孩子剧团、光明话剧团等团体来到信阳，发动与组织信阳民众，把整个信阳地区的抗日救亡运动推向一个新的高潮。中共河南省委为贯彻执行党中央的抗日民族统一战线政策，把争取国民党信阳县县长李德纯的转变确定为我党在豫南统战工作的重点。1938 年 6 月，中共河南省委书记朱理治和省委秘书长危拱之带领开封孩子剧团到信阳，通过孩子剧团的指导员谢夕泥认识李德纯。谢夕泥的丈夫宋绍尧为中共党员，其父是国民党河南省政府的科长，与李德纯关系不错。省委交给危拱之的任务主要是做李德纯的统战工作。随后，省委从竹沟派豫南特委群工部部长文敏生到黄龙寺做李德纯的工作，并当了县政府的秘书。文敏生在信阳县政府对李德纯做了大量的工作，李德纯终于选择了与我党合作，走上了团结抗战的道路。信阳县常备队与朱大鹏带领的七七工作团、孙石带领的泌阳自卫队等改编为信阳挺进队，共 600 多人。这支队伍纳入信阳县政府的编制，李德纯任司令员，刘子厚负责党的工作。为便于代表县政府、县长行使职权，李德纯在县政府内特设了第一科，任命刘子厚为第一科科长。1939 年 4 月，国民党河南省政府下令撤去李德纯信阳县长的职务，李德纯前往竹沟，并加入中国共产党，后改名朱毅，转到安徽新四军总部学习。李德纯走后不久，信阳挺进队整编为新四军豫鄂独立游击支队第二团队、第三团队（通称信南老三团），成为新四军第五师重要来源。

▶ 抗战初期，大别山豫东南地区的抗日救亡运动是怎样的一种状况？

鲁金亮：1937 年 12 月，中共河南省委派遣苗勃然以省委特派员身份到达潢川县，联系先期到达的党员，恢复建立豫东南党组织。1938 年初，中共豫东南工作委员会在潢川县成立，不久改为中共豫东南特委。到

1938 年 8 月，豫东南特委所属潢川、商城、经扶（今河南新县）、罗山、固始等县有党员 318 人。各县党组织把开展群众性的抗日救亡运动作为自己工作的起点，纷纷建立抗敌后援会、抗敌动员委员会、学生抗敌宣传队等各类抗日救亡团体，吸收大批爱国青年参加，在大小城镇开展抗日救亡宣传。青年军团实习队在豫东南的活动非常活跃。1938 年 4 月，国民党第五战区抗敌青年军团在潢川的训练结束后，李宗仁下令组成一个半军事性质的第五战区司令长官部政治部实习队，分赴豫、皖、苏、鲁、鄂五省开展抗日宣传，总部设在潢川。其大部分人员留在豫东南的潢川、固始、息县、商城、经扶、光山、罗山和豫南的信阳县等 8 个县工作。青年军团实习队到各县后，其中的中共党员在豫东南特委的统一领导和指挥下，有的同当地的党员一起，一面协助建立和发展党的地方组织，一面在人民群众中进行抗战的政治动员和宣传鼓动活动；有的组建党的领导机构，独立进行发展党组织的工作及抗日救亡宣传。各实习队在进行思想宣传发动的同时，还在当地中共党组织的领导下，组织群众性的抗日救亡团体。

2020 年 10 月 14 日，寻访组一行在湖北省红安县史志研究中心主任辛向阳的引导下，来到鄂豫边区另一个敌后抗日游击战争的重要战略支点——七里坪，探访抗日干部训练班旧址。远处，一座青砖黛瓦、檐脊飞翘的古老祠堂呈现在眼前。这就是抗日干部训练班旧址——秦氏宗祠。

▶ 七里坪抗日干部训练班培训了哪些方面的抗日干部？

辛向阳：1937 年 10 月到 1938 年 1 月，中共鄂豫皖特委在这里举办了游击队干部训练班和青年干部训练班，学员共约二三百人。随后，受湖北省委之托，又举办了党员训练班，学员共约 300 人。郑位三、方毅、彭康、聂鹤亭、孙毅等都在这里授过课。董必武、叶剑英也曾亲自前往七里坪训练班作报告。学员学习内容主要有抗日民族统一战线、抗日游击战争的战略战术等。学员结业后，有的分到鄂豫皖各县，发动和组织民众，领导抗日救亡运动；有的直接奔赴抗日前线，开展敌后抗日游击战争。

◎ 湖北省红安县七里坪镇抗日干部训练班旧址

▶ 七里坪新四军第四支队留守处起到了什么作用？

辛向阳：1938 年 3 月上旬，新四军第四支队东进抗日，走之前，在七里坪成立了留守处。留守处的任务除负责照顾四支队留下来的伤员和家属外，更重要的任务就是掩护中共在鄂东的领导机关——中共鄂东特委。因此，留守处实际上就是鄂东特委机关。留守处组建了警卫排，共 30 余人，由罗厚福任排长，张体学任政治指导员。鄂东特委以留守处的名义，一方面积极深入群众当中宣传中共的抗日主张和统一战线方针、政策，同时进行社会调查，寻找、慰问失散的红军家属，组织发动群众开展抗日救亡运动。另一方面运用董必武的影响，积极在地方士绅中开展统战工作，同黄安、经扶县政府以及七里坪、箭厂河地区的国民党区署、联保及保甲长联系沟通，对其晓以民族大义，说服、团结他们积极抗战，争取其对留守处工作的支持，从而使留守处工作人员的安全得到保障，抗日将士们的家属得到妥善照顾。七里坪留守处卓有成效的工作，为党领导的人民武装的建立、敌后游击战争的开展和敌后抗日根据地的开辟提供了重要的组织准备和干部准备，使七里坪成为中共组织在鄂豫边区的抗日战略支点之一。1938 年 12 月，鄂东特委和留守处转移到经扶白马山。1939 年 1 月，鄂东特委和留守处正式撤销，完成了在特定时期的历史使命。

▶ 中共鄂东组织是怎样发动群众，开展抗日救亡运动，建立人民抗日武装，进行敌后抗日游击战争准备的？

辛向阳：1937 年 10 月，中共长江沿岸委员会负责人秦邦宪、董必武、叶剑英研究决定，在红二十八军活动区域建立以郑位三为书记的中共鄂豫皖特委。1938 年 3 月 8 日，长江局决定撤销鄂豫皖特委，分别建立鄂东北特委和皖西工委。郑位三任鄂东北特委书记。6 月，鄂东北特委改组为鄂东特委。特委组建以后，鄂东北地区党组织的恢复、整顿工作迅速展开。至 1938 年 8 月，整个鄂东地区的共产党员已发展到 1528 人。到 1938 年 10 月武汉沦陷前，由于战争中党员的流动，鄂东仍有党员 1300 人，是武汉外围党员最多的一个区域，占当时湖北省党员总数的 40%以上。在鄂东特委的领导和推动下，鄂东地区掀起了波澜壮阔的群众性抗日救亡运动。战时乡村抗日工作促进会、抗敌后援会、抗日工作团、青年救国团、妇女工作团等抗日救亡团体如雨后春笋，在鄂东地区的许多城镇建立和发展。鄂东地方的中共党组织因势利导，积极组织或参与这类群众团体，并通过这些群众团体以各种形式宣传中共中央关于国共合作、团结抗日的方针政策，广泛动员团结各阶层人民共同抗日。

1938 年 6 月，中共鄂东特委决定，提前结束七里坪党员训练班，把现有干部和党员训练班学员一起分到各地去恢复和建立党的组织，发动群众，建立抗日武装，开展抗日游击战争。根据郑位三的提议，方毅、张体学等到黄冈，任士舜、魏天一等到黄陂，贺建华等到豫南，杨业珍、潘天成到黄安、麻城边界，杨子明、汪立波到（黄）陂孝（感）北，杨宏先、钱运华等到（黄）安礼（山）边。黄冈县是鄂东地区党的工作重点，早在1938年1月，中共湖北临时省委就派七里坪青年训练班毕业的刘西尧、陈景文（女）等到黄冈工作。他们经过董必武的介绍，首先与黄冈中心小学校长建立了统战关系，并以抗敌后援委员会和巡逻宣传队的合法名义掩护建党工作。2月，中共黄冈县委扩大为黄冈中心县委，刘西尧任书记。6月，方毅、张体学等到黄冈后，立即和刘西尧等一起，在黄州和其周围的沿江城镇，大力开展抗日救亡宣传，恢复建立党的组织，发展抗日武装。武汉沦陷前夕，郑位三又派熊作芳携带中共湖北省委和中共鄂东特委给黄冈中心县委的信件到黄冈，交代开展敌后抗日游击战争的任务，要求黄冈中心县委抓住一切有利时机，迅速扩大我党领导下的人民抗日武装。10月24日，即黄州城沦陷的第二天，方毅、刘西尧和张体学等建立鄂东抗日游击挺进队，后改名编为国民革命军陆军第二十一集团军独立游击第五大队，张体学任大队长，全大队共700余人枪。1939年1月，郑位三根据郭述申传达的精神，在白马山以留守处独立排50余人枪为基础，组建独立游击第六大队，罗厚福任大队长，熊作芳任政治委员。全大队共有100多人，90多条枪。1939年5月、7月，独立第七游击大队、独立第八游击大队相继成立。这些抗日武装后来也编入新四军第五师。

2020年10月15日，在中共六安市委党史和地方志研究室同志的陪同下，寻访组来到安徽省民众总动员委员会旧址。旧址位于六安市城关，原为六安文庙，有三进大殿和廊房上百间，现存中、后大殿，东、西廊房。

▶ 安徽省民众总动员委员会是怎样建立起来的？

蒋二明：安徽省六安人朱蕴山，早年加入同盟会，1926年加入了中国

◎ 安徽省民众总动员委员会成立旧址

共产党，1931 年因张国焘在鄂豫皖苏区搞肃反扩大化而脱党。八一三淞沪抗战中，朱蕴山到上海前线慰问两广军队，后又辗转到南京，到中共中央驻南京代表团会见董必武、叶剑英，听取他们对时局的意见，共商安徽抗日救国问题。董必武、叶剑英要求朱蕴山赶快回安徽发动抗日工作。朱蕴山根据自己曾四次到太原，推动阎锡山成立统战组织——山西牺牲救国同盟会的经验，提出在安徽组建民众总动员委员会的设想，得到董必武、叶剑英的赞同。全民族抗战爆发后，蒋介石集团为了让桂系军队出兵抗日，划出苏、皖、豫、鄂、鲁各一部为第五战区，任命李宗仁为第五战区司令长官，国民政府又任命李宗仁兼任安徽省政府主席。朱蕴山向李宗仁建议：以组建抗日民众总动员委员会的形式，团结各方面力量，实行全面抗战。李宗仁采纳了朱蕴山的建议。第五战区安徽民众总动员委员会（后改称安徽省民众总动员委员会，简称动委会）于 1938 年 2 月 23 日在六安正式成立，3 月 5 日开始办公。

▶ 当时民众把动委会当作共产党的领导机构和新四军的机关，这是为什么呢？

蒋二明：1937年底，中共中央为了迅速恢复皖西老革命根据地的各级党组织，以适应抗日形势的需要，把在延安学习的中共皖西北特委委员曹云露、张如屏等提前派回安徽省工作。他们于1938年1月在寿县杨公庙成立中共安徽工作委员会，曹云露任书记。1938年4月，根据中共中央关于开辟大别山区工作的指示，中共中央长江局派一批干部到安徽省六安县，撤销中共安徽工作委员会，成立中共安徽省工作委员会，由彭康任书记。在大别山皖西地区，党领导抗日救亡运动主要以安徽省动委会名义进行。安徽省动委会中，安徽籍爱国进步人士朱蕴山、沈子修、光明甫、常恒芳分别担任动委会总务部、组织部、宣传部、后勤部的部长。身为上海抗日救国会七君子之一的章乃器应邀任动委会秘书长，主持省动委会的实际工作。中共中央和中共安徽省工委及时选派了周新民、童汉璋、张劲夫、狄超白等一大批共产党员到省动委会工作，担任各个部的重要职务。张劲夫以省动委会组织部主任干事的公开合法身份为掩护，代表中共安徽省工委负责动委会的地下党工作。省动委会中成立中共地下支部及各部党小组、各工作团党支部、各区县动委会的中共组织和党员，均与张劲夫联系。章乃器因受过周恩来的嘱托，与周新民又是救国会的老朋友，因而能放手让周新民开展动委会的各项工作。周新民是1926年由高语罕、朱蕴山介绍加入中国共产党的大学教授，一直是秘密的共产党员，他的组织关系由长江局董必武直接掌握，当时张劲夫也不知道他的共产党员身份。省动委会委派各县动委会指导工作团团长，组建了40多个直属工作团、30多个委托工作团和妇战团、少宣团分赴各地。各县指导员和各工作团团长大多数是共产党员，各工作团团员都是爱国青年知识分子；共产党员大部在其中工作，以团为单位建立了中共支部。县、区、镇动委会成员与省动委会一样，主任委员由行政长官兼任，负责实际工作的副主任由省动委会派去的指导员担任，绝大多数是共产党员或爱国进步人士。皖西党的活动基本上是利用动委会的名义及组织进行的，动委会的各项工作都是根据党的指示和意图开展的。各级党组织机关绝大多数驻在动委会内或其附近，县区委书记往往就是县区动委会指导员。所以，一个时期，群众把动委会和工作团当作共产党的领导机构和新四军的机关。

▶ 安徽省动委会开展了哪些活动？

蒋二明：安徽省动委会在中国共产党的组织和推动下，广泛开展抗日救亡运动，动员民众抗日，团结进步力量，打击国民党顽固派，培养大批青年干部。省动委会专门编印宣传手册，并以墙报、画刊、救亡书店、演戏、歌咏等多种形式，广泛宣传抗日救国的道理与中国共产党的抗日主张。省动委会在六安麻埠举办了四期干部训练班，共产党员周新民、狄超白任班主任。干训班的几百名青年陆续都成为安徽抗日的骨干力量。1938 年春，在共产党的推动和省动委会的促进下，国民党安徽省政府决定组建安徽抗日自卫军，共组成五路军、10 多万人。在皖西地区组建第一、第二路军，把共产党员直接领导的一些抗日游击队编入其序列。1938 年夏，中共霍邱县委在霍邱、六安、立煌三县交界处组建抗日游击队，有 80 多人，又以青抗、农抗、工抗、商抗（均为各社会群体抗日救国会的简称）为基础，组建 1 万多人的群众自卫武装。

专家点评：

郭晓平：中共河南省委党史研究室原副主任、河南省中共党史学会原副会长、郑州大学教授

时　间：2021 年 3 月 19 日

地　点：河南省郑州市

寻访组：请谈谈抗战初期党在大别山领导发动抗日救亡运动的意义。

郭晓平：中共中央洛川会议通过的《中央关于目前形势和党的任务的决定》中指出：共产党及其领导的民众和武装力量，应该站在斗争的最前线，使自己成为全国抗战的核心。大别山地区抗战的三个重要战略支点七里坪、汤池、竹沟先后举办各类抗日训练班，培育了大批抗日骨干，其中中共鄂豫皖特委在七里坪举办游击队干部培训班、青年干部训练班、党员训练班，学员约600人；陶铸等在应城县汤池创办的“湖北省农村合作事业指导员训练班”（即汤池训练班），学员600余人；中共河南省委在竹沟开办教导大队、新兵队等训练班，学员5000余人。这些抗日骨干成为大别山地区抗日救亡运动和抗日武装的重要领导力量。

全国抗战一开始，中国共产党就号召全国人民总动员，广泛发动群众，武装群众，实行全体人民参加抗战、支援抗战的全面抗战路线。鄂豫皖三省的党组织通过不同途径和方式宣传发动群众，建立各级各类群众抗日团体，点燃各阶层人民抗日的激情。大别山地区不断高涨的抗日救亡运动融入到全民族抗战的磅礴浪潮之中。在中国共产党的组织和推动下，安徽省民众总动员委员会团结进步力量，争取中间势力，打击国民党顽固派，起到了战时国民动员、政治动员、经济动员和军事动员的作用。据安徽省民众总动员委员会1939年10月统计，全省江北地区所组织的各级各类民众抗敌协会总计有2884个，会员人数总计为40.6万人。民众动员范围之广，人数之多，影响之大，在全国首屈一指。抗战初期，江淮大地出现了民众总动员、团结一致抗日的大好政治局面。

全民族抗战初期大别山地区的抗日救亡运动，为迅速发动大规模敌后抗日游击战争、创建广大的敌后抗日根据地奠定了坚实的基础。

新四军第四支队的建立与东进抗日

寻访地点：安徽省舒城县韦家大屋新四军第四支队驻舒旧址

采访对象：蒋二明　中共安徽省六安市委党史和地方志研究室副主任

采访人员：贡少辉　向　炜　叶希武　郭薪璞

2020年10月16日，寻访组来到安徽省舒城县高峰乡东港村韦家大屋新四军第四支队驻舒旧址，第一眼看到的是旧址牌坊门楼上的对联：战旗辉日月驰骋江淮三千里；铁血铸军魂威镇大别十万峰。这是对新四军四支队这支抗日劲旅在大别山创造辉煌战绩的生动写照。

韦家大屋，始建于清末，原有房屋10多间，坐西朝东，为青砖小瓦，二层阁楼；前后皆有院子，以围墙与别的农家隔开。

中共安徽省六安市委党史和地方志研究室副主任蒋二明介绍说："1938年5月，高敬亭率领第四支队从安徽省舒城县乌沙转到东西港冲。东西港冲四面环山，中央平坦，东抵一望无垠的皖中平原，西入巍峨连绵的大别山，南临安庆，北接合肥，横扼安合公路，是块打游击、抗击日寇的理想根据地。高敬亭决定将司令部以及警通连、情报、侦察等分队转移到东港冲的一个大庄子上，司令部设在韦家大屋。后来，高敬亭把韦家大屋让给政治部，司令部搬到与东港冲仅一山之隔的西港冲一个大庙里。很快，高敬亭率领第四支队创建了以舒城为中心的皖中抗日游击根据地。"

◎ 安徽省舒城县韦家大屋新四军第四支队驻舒旧址

▶ 毛泽东派郑位三等到大别山向高敬亭传达怎样的指示？

蒋二明：1937 年 7 月 2 日，毛泽东在其延安的住处接见了郑位三、肖望东、张体学、程启文一行四人。毛泽东说："这次请你们四位来，就是派你们到鄂豫皖去找红二十八军政委高敬亭。你们四人先去，中央随后再派一些干部去红二十八军工作。"毛泽东指着郑位三、肖望东说："你们两位为党中央的代表，由你们向他们传达党中央有关抗日的主张和指示。"毛泽东又望了望张体学和程启文说："你们两位必须先一步找到高敬亭，联络好以后，再回程接位三、望东去与敬亭同志会合。"郑位三、肖望东、程启文、张体学从延安出发，抵达南京八路军办事处，再转道进入大别山，直到 9 月才在黄安县七里坪见到高敬亭。郑位三、肖望东代表党中央向高敬亭传达了党中央关于抗日的主张和指示：我们誓死保卫每一寸神圣领土的决心是下定了的，中华民族同日本侵略者进行一场殊死决战是不可避免的。我们的党、我们的军队，必须有一个较大的发展，我们同国民党既联合又斗争。谁抗日我们就同他们联合，就支持他们；谁不抗日、准备投降日本侵略者，我们就和全国抗日人民一起，揭露他们的阴谋诡计。

▶ 新四军第四支队是怎么建立的?

蒋二明：1937 年 8 月 13 日，淞沪战役爆发之后，国民党统治中心区域宁沪杭等地压力剧增。此时，我党基于民族大义考虑，提出整编南方各地红军游击队，开赴华中抗日前线的建议。按照国共两党双方协议，红二十八军改编为新四军是顺理成章的事了，但在实施过程中，却有许多暗礁险阻。红二十八军与国民党鄂豫皖边区督办公署达成停止内战、一致抗日的协定后不久，国民党方面即趁红二十八军长期与中共中央音讯断绝，高敬亭等人对于中共中央的许多具体方针、政策尚不清楚之机，由南京国民政府革命军事委员会单方面命令红二十八军改编为工农抗日联军挺进司令部，委任高敬亭为司令官，企图将红二十八军排除在新四军序列之外。高敬亭由于不了解中共中央的有关精神，接受了国民党的改编与任命。9 月 9 日，高敬亭将红二十八军已接受国民党改编的情况报告中共中央。毛泽东于 9 月 15 日给高敬亭发了份急电，经林伯渠转交，严肃指出谈判时一切重大问题必须听候两党中央谈判解决，不要上国民党的当。同日，毛泽东又给林伯渠发电报，再次强调要向高敬亭等人说明坚持独立性，严防暗袭等原则。这时，郑位三等人来到七里坪，在他们的帮助下，高敬亭等人明确了党中央在与国民党谈判问题上的统一部署及红军改编时应坚持的原则，退还了国民政府的任命状，挫败了国民党方面借谈判、改编以求控制、吞并红二十八军的阴谋。中共中央又派周恩来等与国民党最高当局交涉，将已改编为豫南人民抗日独立团并准备纳入国民党军队张钫部编制的鄂豫边游击武装周骏鸣部，重新改编为即将成立的新四军第四支队第八团。10 月 2 日，国共两党就南方八省红军游击队整编达成协议，决定将其统一整编为国民革命军陆军新编第四军（简称新四军），叶挺任军长。1938 年 2 月中旬，新四军第四支队正式建立，下辖七、八、九团和手枪团四个团，一个直属队，共3100余人。3月8日，第四支队在七里坪召开东进誓师大会。会后，七团、九团从七里坪，八团从信阳县邢集出发，在高敬亭司令员率领下东进抗日前线。

▶ 第四支队发起的蒋家河口战斗打响新四军敌后抗战第一枪，其具体经过是怎样的？

蒋二明：1938年5月，侵占巢县的日军经常派出少数日伪军下乡“扫荡”。位于县城东南10余里紧靠运漕河边的蒋家河口一带是敌人经常抢掠的地方。5月11日下午3时，九团二营营长黄仁廷率部翻山越涧，像一把利剑直插蒋家河口。12日拂晓前，进入阵地。上午8时，巢县县城方向的河面隐约传来了汽艇的引擎声，不一会儿敌两艘汽艇渐渐驶近，艇上的鬼子趾高气扬地下艇上岸，从未想到有伏击部队向他们开火。激战20分钟，歼敌20余人，新四军无一伤亡。这是新四军华中抗日的第一仗，它拉开了华中敌后抗日游击战的序幕。蒋家河口战斗胜利的消息传遍全国，各地纷纷向新四军致电祝贺。蒋介石也致电叶挺、项英，“殊堪甚慰”。国民党二十七集团军的军官们说：我们在这里这么长时间都没敢和鬼子碰，你们人没有我们多，枪没有我们好，一来就敢和鬼子拼，真了不起。

▶ 武汉会战期间，高敬亭率第四支队频频出击，有力地配合正面战场作战。能介绍一下具体作战情况吗？

蒋二明：发生于1938年6月至10月的武汉会战，是中国军队在武汉地区同日本侵略军进行的一场大规模战役。驻合肥地区的日军为配合进攻武汉，分别沿安（庆）合（肥）、六（安）合（肥）公路运送物资和人员。第四支队除破坏公路、桥梁、电线外，还沿路伏击日军运输部队。如安合路桐城段的棋盘岭三次伏击战、舒城至六安公路段的三次椿树岗伏击战、安庆西北公路段的铁铺岭袭击战等。1938年10月9日晚，第四支队七团一营行军途中，在舒（城）六（安）公路椿树岗段利用地形伏击日军汽车队，经过两个多小时激战，歼灭日军 140 余人，击毁汽车 65 辆。武汉会战期间，第四支队毙、伤、俘日军千余名，击毁日军汽车 150 余辆，有力地支援了正面战场作战。

▶ 新四军第四支队是如何创建皖中敌后抗日根据地的？

蒋二明：高敬亭率领新四军第四支队到达皖中后，积极开展敌后抗日游击战争，得到各阶层民众的大力支持，很快建立起皖中敌后抗日根据地。

1938 年 4 月中旬，新四军第四支队东进皖中以后，展开于舒城、庐江、无为、巢县之间，发动群众，组织抗日游击队，建立抗日根据地。舒城县西南地区是革命老根据地，群众基础好。群众听说新四军第四支队就是当年的红二十八军的队伍，奔走相告：红军回来了，红军回来了！

新四军第四支队战地服务团在团长程启文、副团长汪道涵的率领下，进入六安东河口等地进行抗日动员，发展抗日武装。战地服务团的动员和宣传鼓动工作非常成功，群众参军热情很高，很快就组建了一支 1000 余人的队伍，命名为第四支队抗日游击先遣队。程启文任司令，汪道涵任副司令。先遣队建立不久，改为正规游击团，程启文、汪道涵等都返回战地服务团工作。

新四军第四支队手枪团深入到东、西港冲一带，在地方党组织的配合下，宣传党的抗日民族统一战线政策，号召有枪的出枪，有钱的出钱，有力的出力，凡是愿意抗日的，一律欢迎。在西港冲华家湾，有个叫华俊程的士绅，年龄 30 多岁，在这一带颇有威望。他主动邀请手枪团住在他的家里，还要求参加抗日队伍。他说："抗日保家，人人有责。与其坐家等死，不如起来抗战，我们要拿起枪杆子出去打鬼子！"他毅然甩掉长衫，翻山越岭走村串户，到处宣传抗日，动员青年参加新四军，常常忙到深夜才回来。在他的带动下，东、西港冲一带一次有五六十人报名参加新四军。经过一个多月的工作，舒城和周边地区报名参加新四军的达 400 多人。

第四支队加强对地方武装的领导，先后将桐城学兵连、庐江白石山游击队、巢南游击队、舒城东沙埂游击队等地方武装整编为新四军第四支队直属游击大队、淮南抗日游击纵队。1938年8月上旬，第四支队将皖中各县中共游击队统一编为第四支队游击第二纵队。

1938年10月23日和11月2日，第四支队参谋长林维先率领第七团、手枪团和特务营，在游击第二纵队配合下，讨伐不事抗日、行为反动的无为、庐江县县长，先后攻克无为、庐江县城，共歼反动武装2800多人。

1939年5月，高敬亭率领第四支队司令部离开舒城，前往皖东敌后创建抗日根据地。

到1939年6月，第四支队先后进行了90余次战斗，共毙伤敌2300余人，消灭反动武装和土匪3700余人，创建了以大别山为依托的皖中敌后抗日根据地。

▶ 新四军第四支队后来发展如何？

蒋二明：1939年6月，高敬亭被错杀后，新四军江北指挥部将第四支队扩编为第四、第五支队。新的第四支队由江北指挥部副总指挥徐海东兼任司令员（后张云逸兼），戴季英任政治委员（后郑位三）。同时，以原第四支队第八团为基础，组建第五支队，罗炳辉任司令员，郭述申任政治委员。皖南事变后，第四、第五支队分别改编为新四军第二师第四旅、第五旅。抗战胜利时，新四军第二师发展成为3.5万人的武装力量，创建和保卫了拥有330万人口、2.1万平方公里的淮南抗日根据地。此外，高敬亭率第四支队东进抗日时，留下部分便衣队和一批共产党员，保存了大别山区的革命力量。第四支队留驻七里坪、竹沟以及鄂东、豫东南部队经发展，分别由李先念、朱理治、陈少敏以及彭雪枫、张震、肖望东率领，成为新四军第五师、第四师基干部队的来源。第四支队七里坪留守处警卫队队长罗厚福后来担任第五师第十四旅旅长，警卫队指导员张体学后来担任第五师第十四旅政治委员。

专家点评：

程中才：中共安徽省委党史研究院院长

时　间：2021 年 4 月 25 日

地　点：安徽省合肥市

寻访组：请谈谈新四军第四支队的伟大功绩。

程中才：全民族抗战爆发初期，党中央和毛泽东在大别山地区部署建立中国人民反日抗战的战略支点。1938 年 2 月，毛泽东就力争建立长期抗战的主要战略支点致电朱德、彭德怀等，指出："长期抗战的重要战略支点有山西区、鄂豫皖区、苏浙皖赣边区、陕甘区、鄂豫陕边区、湘鄂赣边区等六处。"1938 年 5 月，中共中央发出《关于徐州失守后华中工作的指示》，指出："立即成立鄂豫皖省委，领导津浦路以西、平汉路以东、浦信公路以南广大地区的工作……使高敬亭支队成为这一地区主力。"党中央和毛泽东先后派郑位三、肖望东、戴季英、郭述申、方毅等 30 多人到新四军第四支队工作。中共六届六中全会闭幕后，毛泽东曾安排李先念去新四军第四支队当参谋长。这些说明大别山地区和新四军第四支队在华中抗战中具有十分突出的战略地位和作用。

1938 年春，日寇在占领上海、南京后，长驱直入，继续西犯；国民党军且战且退，向皖、赣山区撤离，"悲观论""亡国论"一时甚嚣尘上。新四军第四支队毅然东进抗日前线，打响新四军抗日的第一枪。在一年多的时间里，部队活动于皖西、皖中、皖东地区，给予日寇和伪军以沉重打击，创建了皖中抗日根据地，极大地鼓舞了华中军民坚持抗战的必胜信心和勇气。

以第四支队为主体改编的新四军第二师成为华中抗日的一支劲旅。

在全民族抗战中，第四支队及第二师共进行大小战斗3400余次，歼日、伪、顽军6.1万人，创建了拥有人口330万人、面积2.1万平方公里的淮南抗日根据地，书写了江淮敌后抗战的精彩篇章，为争取抗战最后胜利立下了不朽功勋。

战略棋子布局豫鄂

——李先念率部南下华中敌后

寻访地点：湖北省大悟县白果树湾新四军第五师司令部旧址

采访对象：朱少明　湖北省大悟县新四军第五师纪念馆馆长

采访人员：贡少辉　向　炜　叶希武　郭薪璞

车在大悟山峡谷中蜿蜒行驶，奇峰险景扑面而来，天然隘口险关随时可见。2020年10月12日下午，披着落日的余晖，寻访组赶到湖北省大悟县白果树湾。白果树湾为新四军第五师司令部和豫鄂边区党委及行政公署驻地。旧址修复保存完好，旁边建有新四军第五师纪念馆。新四军第五师司令部旧址位于村庄南头，砖木结构，大小5间，面积约300平方米。

1942年5月，新四军第五师司令部迁驻白果树湾。在这里，李先念、郑位三、陈少敏等豫鄂边区党委和新四军第五师领导人运筹帷幄，指挥五师全体将士在孤悬敌后的情况下，与敌、伪、顽军顽强战斗，出色完成中共中央赋予的大力发展抗日武装、创建敌后抗日根据地的战略任务，使新四军第五师及其创建的豫鄂边区抗日根据地成为一个重要的独立战略单位。

▶ 李先念在什么背景下从延安来到豫鄂边区的？

朱少明：毛泽东是伟大的战略家，也是顶级的棋手，在中国革命的棋

◎ 湖北省大悟县白果树湾新四军第五师司令部旧址

局上，几乎总是抢先一招落下关键棋子，给对手布下“生死劫”。李先念率部重返豫鄂边区，进驻华中，就是毛泽东布下的极其重要的棋子。

1938 年 8 月，李先念在延安马列学院学习期间，驻湖北武汉八路军办事处的周恩来等致电毛泽东：鄂豫皖游击运动有发展为在我党领导下大规模游击战的前途，但至今没有一个军事干部派来，坐失良机，令人焦急。

1938 年 9 月 29 日至 11 月 6 日，在延安召开的扩大的第六届中央委员会第六次会议提出了“巩固华北，发展华中”的战略方针。此后，党中央和毛泽东多次强调发展华中的重要性。1939 年 4 月 21 日，中共中央书记处发出《关于发展华中武装力量的指示》，指出华中是我党发展武装力量的主要地域，在战略上为联系华北、华南的枢纽，关系到整个抗战前途。为了保证发展华中战略任务的实现，中共中央决定撤销长江局，成立中共中央中原局，任命刘少奇为书记，并要求刘少奇迅速进入华中，领导华中敌后抗日游击战争，创建抗日根据地。

中共六届六中全会闭幕后，李先念盼望早点奔赴抗日疆场。总政治部副主任谭政找李先念谈话，安排李先念到八路军一二九师当营长。李先念表示坚决服从组织的安排。不久，毛泽东把李先念找去，问：听说要你到一二九师去当个营长，有这个事吗？李先念作了肯定的回答。毛泽东说：这太不公平了。李先念听从毛泽东的安排，准备去鄂豫皖新四军第四支队当参谋长。这不仅仅是职位的改变，更重要的是去向的改变，重返鄂豫皖，这对红军时期就在此率部鏖战的李先念来说更有用武之地。

中共中央中原局成立后，刘少奇两次到竹沟，多次主持中原局会议，对豫鄂边区发展敌后抗日武装、创建敌后抗日根据地进行部署。1938 年 12 月，中共豫鄂边区党委在竹沟成立，朱理治任书记。在朱理治的建议下，报请党中央和中原局同意，李先念任中共豫鄂边区党委军事部长。1939 年 1 月，新四军豫鄂独立游击大队成立，李先念任司令员，周志坚任参谋长。独立游击大队由竹沟留守处的两个中队和从延安来的 60 余名红军干部组成，共 160 余人。李先念化名李威，对外联络时以国民党少将或上校的身份出面，率领独立游击大队自竹沟南下，进入豫鄂边区。为了充实豫鄂边区的骨干力量，刘少奇将自己身边的工作人员，如秘书、译电员、机要员和警卫员都派到豫鄂边区。

▶ 豫鄂边区抗日根据地是怎么发展起来的？

朱少明：早在延安时，新任命的中原局书记刘少奇召集李先念等人谈话，强调指出：你们到了敌后，第一要抓武装，第二也是要抓武装，第三还是要抓武装。李先念率领新四军独立游击大队挺进武汉外围敌后过程中，会合和聚集中共领导的零散武装力量：信阳地区共产党员自动组织的武装，罗厚福以 28 条枪为基础扩大起来的武装，张体学率领的武装，平汉线上许金彪以一条枪为本钱创立起来的武装，以及鄂中陶铸、杨学诚等人以 8 条枪发展起来的几支武装，等等。豫鄂边区抗日武装就是这样滚雪球似的发展壮大起来。所有这些，成为以后发展、坚持豫鄂边区抗日游击战争的基本武装力量。

1939 年 6 月 6 日，陈少敏奉中原局之命率部队和干部 200 余人从四望山南下，来到赵家棚与李先念会合。6 月中旬，中共鄂中区党委在京山县养马畈召开会议。李先念、陈少敏等决定打出新四军的旗帜，统一整编豫南、鄂中党所领导的武装力量，成立新四军豫鄂独立游击支队，李先念任司令员。李先念指挥部队同日伪军进行朱堂店、新街等多次战斗，使支队迅速发展。

1939 年 11 月中旬，朱理治、李先念等在四望山召开会议。会议根据中原局和刘少奇的指示，决定将豫南、鄂东、鄂中的抗日武装力量统一整编为新四军豫鄂挺进纵队。1940 年 1 月，新四军豫鄂挺进纵队正式建立，下辖五个团队和三个游击总队，共 9000 余人，李先念任司令员，朱理治任政治委员。挺进纵队的建立，标志着豫鄂边区形成了具有重要意义的独立战略单位。对此，党中央给予了高度评价：挺进纵队的创造，是一个伟大的成绩，并证明在一切敌后地区的党均可建立武装，而且可以存在和发展。李先念和纵队领导在日伪军和国民党顽固派两大力量夹击下，运用灵活机动的战略战术，粉碎了日伪军的“扫荡”，打退了国民党顽固派在边区发动的反共高潮，并牵制了桂军向新四军第四、五支队的进攻。从 1 月至 4 月，李先念率纵队主力三次越过平汉铁路东进，发起大小悟山战役，连续打击顽军程汝怀部。5 月，毛泽东在代表中共中央写给东南局的指示中，曾给予高度评价：李先念纵队反对顽固派向鄂中和鄂东进攻的自卫战争，和其他地区兄弟部队一样，不但是绝对必要和绝对正确的，而且使顾祝同不敢轻易地在皖南、苏南向新四军军部进攻。

1940 年 6 月，李先念率纵队主力从鄂东返回平汉路西作战略展开，进军白兆山，控制战略枢纽平坝；继而渡过襄河，开辟襄西根据地，有力牵制了日军，支援了国民党军。8 月初，李先念在白兆山主持军政干部大会，从总结部队作战的经验教训中，说明反对分散主义，加强统一指挥，严格纪律的重要意义，使来自五湖四海的干部从思想上、政治上达到了统一，保证了党的政治路线和军事路线的贯彻执行。李先念回忆说，这是一个大统一，处在敌顽夹击中，只有统一才有生存和发展的可能。

1941 年 1 月，蒋介石掀起第二次反共高潮，制造了震惊中外的皖南事变。针对蒋介石取消新四军番号的反动命令，中共中央革命军事委员会发布重建新四军军部的命令，任命陈毅为代理军长，刘少奇为政治委员，并统一整编华中部队为七个师和二个独立旅。其中，转战于武汉外围敌后战场的新四军豫鄂挺进纵队整编为新四军第五师，李先念任师长兼政治委员。4 月 5 日，新四军第五师组建完毕，全师共 1.5 万余人。李先念等在白兆山发出了《率新四军第五师全体将领就职通电》，通电宣告："职统率万众，誓在陈代军长、刘政治委员领导下，坚持抗日民族统一战线方针，为讨伐日寇、汉奸、亲日派而奋战到底，并亟望全国抗战党派、抗战将士、各界同胞与本师团结一起，为解放中华民族而共同奋斗到底。"李先念指挥部队跳跃回旋，多次挫败日伪军的"扫荡""蚕食"和国民党顽军的进攻。12 月初，李先念抓住战机，指挥主力一部发起侏儒山战役，历时两个半月，歼灭日伪军 5200 余人，扩大了边区抗日根据地，有力配合了国民党军队保卫长沙的作战。此战役的胜利，标志着新四军第五师已由分散的、多地区的、灵活机动的游击战术，发展到集中兵力，实施向心攻击的运动战。

1942 年，面对敌顽夹击空前紧张的形势，李先念和边区党委提出了"咬紧牙关，熬过困难，沉着应战，坚决自卫"的方针，实行主力军、地方军和民兵"三结合"的军事体制，边区党政军民总动员，经过 8 个月的艰苦作战，打退了反共最坚决的蒋介石嫡系部队的进攻，创建了鄂南游击根据地。新四军第五师充分利用敌、伪、顽的矛盾，一方面坚持我党的独立自主原则，积极做愿意合作抗日的友军工作；另一方面，坚持以抗日为己任，不断地以分散的游击战争打击日寇。与此同时，面对国民党顽固派制造的反共摩擦，本着“人不犯我，我不犯人；人若犯我，我必犯人”的原则，予以坚决还击。12 月，日伪军万余人围攻五师领导机关所在地大悟山，李先念率领师部突围，转入外线作战，挫败了日伪军的“铁壁合围”。中共中央华中局鉴于独立坚持武汉外围敌后抗日阵地的新四军第五师是一个重要战略单位，并且与新四军军部联系困难，于是向中共中央建议：五师由中央军委直接指挥。1942 年 7 月，中共中央复电同意华中局意见。从此，五师主要在中央军委直接指挥下转战武汉外围，直到抗日战争胜利。

1943 年 2 月，鄂豫边区党委扩大会议在大悟县蒋家楼子召开。会上，李先念正式就任鄂豫边区党委书记，仍兼任新四军第五师师长和政治委员。李先念与任质斌、陈少敏一起主持了会议，正确解决了军队与地方、军力与民力、短期斗争与长期斗争的关系问题，作出了符合时局发展的决策，通过了 1943 年军事建设计划，进一步推动了边区的武装斗争和政权建设。在胜利开展反“扫荡”、反“进剿”作战的同时，李先念积极决策与实施向根据地四周发展，指挥五师部队、地方武装和广大民兵，发展襄南，恢复襄西，开辟赣北，挺进洞庭湖滨，沟通鄂南襄南。对于这个时期的军事斗争，华中局嘉奖五师“发展工作第一，独立作战第一”。赞扬他们“背敌以对顽，背顽以对敌”，灵活地执行了攻守策略，充分利用敌顽矛盾求得生存和发展。12 月，李先念从对日军 224 次作战中，系统地剖析了日伪军战术的新特点和“扫荡”的新规律；从 200 多次反顽作战中，分析了围攻五师的蒋介石嫡系部队、桂军、川军和土顽的特点，全面论述了反“扫荡”和反顽作战的战略战术。

1944 年，李先念、任质斌等在实际工作中，坚持“以发展为中心”的方针，指挥五师及边区地方武装，向南、向北进行攻势作战，分兵组成豫南游击兵团，向河南发展；稍后，又三次派兵北上，创建了以孤山冲为中心的淮北抗日根据地和以嵖岈山为中心的豫中抗日根据地。10月，李先念任鄂豫皖湘赣军区司令员兼政治委员。

抗日战争时期，李先念率领新四军第五师在党中央和毛泽东的领导下，依靠边区和五师党委的集体领导，依靠广大人民群众的力量，创建了一块地处要冲、孤悬敌后、横跨鄂豫皖湘赣边区的抗日根据地。根据地拥有5万余人的正规军和30余万人的民兵武装力量，9万多平方公里的土地，人口达1300多万人，建立了8个专区和66个党政军组织齐全的县级抗日民主政权。

在华中地区，第五师占新四军主力的近四分之一，豫鄂边区抗日根据地面积、人口分别占华中抗日根据地总面积、总人口的三分之一以上。先后抗击15万侵华日军和8万多伪军，对日伪军的主要战斗1260余次，共歼灭日伪军4.3万余人；对顽军的自卫作战878次，毙、伤、俘顽军和顽军起义投诚的共3.2万余人。这足以证明新四军第五师是华中抗日的中流砥柱。

▶ 新四军第五师所创建的豫鄂边区敌后抗日根据地起到了一个什么样的战略作用？

朱少明：新四军第五师所创建的豫鄂边区敌后抗日根据地作为一个独立的战略单位起到了重要的战略作用：第一，极大地威胁了战争相持阶段日军屯兵最密集的战略基地。五师在武汉外围建立广大根据地，迫使日军始终不能将其第三、第四、第十三等3个师团及第十八独立旅团调往他处作战。同时，破坏了日军“以战养战”的经济侵略政策。武汉及其外围地区土地宽阔，物产丰富，盛产粮、棉、油及鱼、藕等，是著名的鱼米之乡。同时，交通便利，商业发达。根据地的军民破坏敌人的交通，伏击敌人的运输队，捣毁敌人的洋行，最大限度地切断敌人的人力、物力、财力来源。第二，对国民党正面战场起了重要的战略配合和直接的战役及战斗配合作用。日军在正面战场共发动了67次较大的战役，其中有25次直接发生在豫鄂边区及其邻近地区。在每一次战役中，新四军第五师都采取了积极有力的军事行动，配合了国民党军队粉碎日伪的进攻。就常德会战（又称湘西会战）来说，在日军结集兵力前，日军疯狂“扫荡”“清乡”和“蚕食”，五师在反“扫荡”中，共动员了1万余名自卫队员，花工3.25万多个，破毁敌人必经的公路、桥梁计长200余里，破毁大小据点寨墙57个。当常德会战打响后，五师立即抽调兵力，组成“江南挺进支队”向敌后游击，牵制了向湘西常德等地进攻的日军，使得日伪在会战中遭到失败。第三，有力配合了中共中央关于以华中的发展巩固华北，以巩固的华北支持华中的发展的战略意图，声援了华北、华东解放区战场。1941年9月，桂军及地方顽军大举向在皖东活动的新四军第二师进攻，李先念遵照军委命令，派十四旅一部进到鄂皖边，配合第二师作战。11月，桂军一方面驱使鄂东顽军悍然发动了严重的反共摩擦，另一方面向皖西新四军第七师部队进行残酷“清剿”，割断了五师、七师的联系。李先念又指挥十四旅奋起自卫，配合七师作战。先后在浠水、广济、蕲春漕河镇等地反击顽军，使鄂东顽固派所发动的这次反共摩擦于1942年4月下旬以失败告终。第四，豫鄂边区抗日根据地是联系华北、华南的重要区域，是华北抗日根据地的重要屏障，也是敌我争夺华南、进军华南、发展华南的后方基地。八路军南下支队开辟湘鄂赣抗日根据地，是以豫鄂边战略区作为前进基地和出发点的。南下支队指战员到达豫鄂边区后，受到军民的热烈欢迎和盛情款待，然后与第五师十四旅张体学部一起南渡长江，深入鄂南，创建了鄂南抗日根据地。之后，南下支队主力部队又继续南进，创建湘鄂赣边抗日根据地，使江北、江南抗日根据地连接起来。

▶ 新四军第五师迅速发展壮大对我们夺取全国胜利是不是也有着重大战略作用？

朱少明：抗日战争胜利后，以新四军第五师为基础建立起中原军区，这颗党中央和毛泽东在豫鄂边区布局的棋子壮大为具有6万精兵的部队，雄踞中原解放区，在解放战争时期愈显其重大战略作用。就全国战略布局言，它成为向北发展、向南防御体系的战略前哨，是党在中原腹地的一支强有力的反内战的战略力量。对于国民党统治集团来说，由于武汉已成为它发动内战，进军华东、华北、东北的战略枢纽，中原解放区不仅剑指武汉、对其形成包围态势，而且北窥郑州、东挟南京，直接威胁它的统治根基。中原军区部队扼守中原大门，牵制了国民党大军，为华北、华东、东北、西北等各解放区战场准备迎击全面内战赢得了时间，为夺取解放战争的胜利奠定了基础。

专家点评：

范晓春：国防大学教授

时　间：2021 年 5 月 20 日

地　点：北京市

寻访组：请谈谈在华中敌后立足并发展抗日武装的原因和意义。

范晓春：中共六届六中全会分析了国际国内形势，总结了抗战以来的经验教训，强调抗日战争相持阶段即将到来，敌后游击战争将要变成抗战的主要形式。全会确定了大力巩固华北、发展华中的战略方针，指出华中是我党发展武装力量的主要地域，并在战略上华中亦为联系华北、华南之枢纽，关系整个抗战前途甚大。“发展华中”不仅是新四军的战斗任务，而且成为全党、全军共同的战略任务。为此，中共中央作出了一系列重大部署：派周恩来视察皖南，批准叶挺过长江整理江北部队，派刘少奇重新进入华中，派黄克诚率八路军主力一部南下华中，令新四军江南部队主力北渡，并陆续从延安、中共中央北方局、八路军总部抽调大批干部支援华中等。这些重要决策，对于新四军的发展壮大起了巨大作用。李先念等人就是在这样的背景下南下华中的。

李先念率领的豫鄂游击大队发展成为新四军第五师，创建了豫鄂边区抗日根据地。到抗日战争后期，豫鄂边区发展到地跨河南、湖北、安徽、湖南、江西5省许多地区，成为党在中原敌后的独立战略区。据1943年8月24日延安《解放日报》发表的《国共两党抗战成绩的比较》中统计，新四军第五师抗击日军分别占侵华日军总兵力的10%，占全国解放区战场抗击日军总数的17%，占日军在华中兵力的25%，占武汉地区日军的48%。新四军第五师先后抗击了15万日军和8万多伪军，解放9万多平方公里的土地和1300多万人民，有力地从战略上配合了八路军、新四军兄弟部队在敌后的抗战，支援了国民党抗日部队正面战场的作战。新四军第五师和豫鄂边区抗日根据地在中华民族的全民族抗战中，具有举足轻重的战略地位和作用。

抗战胜利后的中原坚持

寻访地点： 河南省南阳市桐柏县叶家大庄

湖北省大悟县宣化店镇中共中央中原局、中原军区司令部和中原行署旧址

采访对象： 黄金山　中共南阳市桐柏县委党史办主任

廖家宽　中共信阳市浉河区委党史研究室主任

（现任中共信阳市浉河区委党史和地方史志研究室四级调研员）

王炳文　湖北省大悟县宣化店镇中原突围纪念馆馆长

采访人员： 叶希武　梅　寒　周思源

2020年11月13日早晨7点钟，寻访组从大别山干部学院出发，前往河南省南阳市桐柏县叶家大庄，寻访中共中央中原局、中原军区和中原行署旧址。

初冬的早晨，颇有几分凉意，但天晴得很好。近10点，我们就到达桐柏县城。沐浴着初冬的暖阳，我们在中共桐柏县委党史办主任黄金山的陪同下，去参观桐柏革命纪念馆。

出桐柏县城往南，不多时，远远望见依山而建的一大片灰墙蓝瓦的四合院建筑，布局严整。院前广场上庄严肃穆，四周林木环绕。拾

◎ 河南省桐柏革命纪念馆（中共中央中原局旧址——叶家大庄）

级而上，一组高大的花岗岩雕塑映入眼帘。黄金山主任介绍说，雕塑所在位置，就是当年李先念率领的新四军第五师与王树声的河南军区、王震的三五九旅胜利会师的地方。雕塑人物，就是当年中原局等机构的主要领导成员郑位三、李先念、王树声、王震、王首道、任质斌、陈少敏。

叶家大庄是明末清初当地民居青砖灰瓦四合院风格，整个建筑群依山就势，层层抬高，衔接有序，错落有致，总占地约 70 亩，其中主体建筑占地约 7500 平方米，共有大小院落 11 座、房屋 194 间、花园 1 座，是地方开明绅士叶逢雨在清嘉庆年间扩建的住宅。叶家大庄历经数百年，长期为政府机关使用，建筑格局、房屋结构基本未变。

“解放战争时期，这里曾是中共中央中原局、中原军区、中原行署所在地，现在是桐柏革命纪念馆的一部分。”伴着黄主任的介绍，我们进入展厅。

▶ 当年中共中央中原局、中原军区、中原行署是在什么情况下成立的呢？

黄金山：抗日战争胜利后，中国共产党的方针是明确的，力争实现全国性的和平建设。这不是简单的宣传口号，因为它是人民的普遍愿望。抗日战争打了那么多年，人民遭受的苦难太深重。抗日战争胜利后，许多人都兴奋地说“天亮了”，期待的是过太平的日子。国内如果再大打起来，怎么得了？这是相当普遍的社会心理。1945 年 8 月 25 日，中共中央发表《对目前时局宣言》，指出我全民族面前的重大任务是：巩固国内团结，保证国内和平，实现民主，改善民生，以便在和平民主团结的基础上，实现全国的统一，建设独立自由与富强的新中国。提出实现这个目标需要采取的六项措施：承认解放区的民选政府和抗日军队，立即实现和平，避免内战；划定八路军、新四军及接受日军投降的地区；严惩汉奸，解散伪军；公平合理地整编军队，办理复员；承认各党派合法地位，取消特务机关，释放爱国政治犯；立即召开各党派和无党派代表人物的会议，成立举国一致的民主的联合政府。

可是蒋介石集团为了抢夺抗战胜利果实，向我中原解放区疯狂进逼。国民党军调集 20 多个师和 8 个游击纵队，在中原地区抢占城市和交通要道，包围和蚕食中原解放区。

为了粉碎国民党军队向中原进攻的图谋，1945 年 9 月 22 日，郑位三、李先念致电中共中央，建议早日会合王树声、戴季英以及王震、王首道主力，在桐柏地区合力一战，以确立中原大局。9 月 24 日，中共中央复电指出：为着长期坚持中原的局面，配合华北、华东斗争，同意郑、李意见。

根据中央指令，河南军区部队和八路军三五九旅南下支队开始向在桐柏山区一带活动的新四军第五师靠拢。王树声、戴季英率河南军区第一支队，由登封县出发，于 10 月初到达桐柏山区；河南军区第六支队在刘昌毅等率领下由豫西郏县出发，于 10 月中下旬到达桐柏山区。活动在豫西的河南军区一、四支队分别在皮定均、徐子荣和张才千的率领下，于10月到达桐柏山区。活动在黄泛区的冀鲁豫军区第八团在团长王定烈带领下到达桐柏东部固县镇待命。王震、王首道率领的八路军三五九旅南下支队根据中央命令北返，急行军20余天到达豫鄂边区，并于10月中旬在湖北黄陂县重新恢复三五九旅番号。

遵照中共中央“向北发展，向南防御”的战略方针，为稳定中原局势，策应华北部队和进军东北的部队实施战略展开，新四军第五师师长兼政治委员李先念决定集中野战纵队主力，采取分割包围战术，向强占河南省桐柏县及其附近地区的国民党军发起自卫还击战。自10月17日起先后攻克桐柏县城、湖北新城、枣阳县城、新野县城。与此同时，河南军区部队南下解放唐河县城。此战控制了桐柏山区主要地段，歼灭国民党军2000余人。

1945年10月24日，新四军第五师与八路军南下支队三五九旅主力、河南军区部队在桐柏县境内会师。10月下旬，中共中央决定将鄂豫皖中央局改为中共中央中原局，成立中原军区。10月30日，中共中央中原局、中原军区和中原行署在桐柏县城郊叶家大庄宣告成立。书记徐向前因病未到，郑位三任中原局代理书记，李先念、陈少敏任副书记。中原军区由李先念任司令员，郑位三兼政治委员，王树声任副司令员，王震任副司令员兼参谋长，王首道任副政委兼政治部主任。许子威任中原行署主任。中原局在叶家大庄召开第一次全体会议，讨论了三支主力部队会师后中原地区的政治、军事形势，对进一步粉碎国民党军队的进攻作了部署。同时，决定对三支部队进行整编和整训，下辖第一、第二纵队和三个独立旅。下辖桐柏（1946年2月改为河南）、江汉、鄂东三个军区。此时，中原地区已拥有3万余人的主力野战军和将近3万人的地方部队。中原军区组建后，成为当时中国共产党领导的七个大的战略区之一，是镇守解放区大门的一支战略“铁拳”。

▶ 中原军区成立后是怎样迎击国民党军进攻的？为什么要向大别山区转移呢？

黄金山：11 月中旬，国民党军 6 个军 14 个师对桐柏山地区实施南北夹击，企图消灭在该地的中原军区部队。中原军区乘敌部署尚未就绪时，即以主力主动出击。第二纵队展开于唐河以南祁仪、湖阳、丁爬山一线，迎击国民党军的进攻，歼灭国民党军第四十七军第一二七师第三八一团大部、第四游击纵队 2000 余人、第十军第二十师主力 1000 余人。

1945 年 11 月 28 日，中央致电中原局："你们最近在豫南、鄂北的行动已取得重要的胜利，因而吸引了刘峙五六个军对着你们。这就大大帮助了刘伯承在平汉北段的作战，使他们在打破蒋军第一次进攻后，得有休整机会。至今顽军不能组织二次进攻。可以说，只要你们在现地区坚持，蒋军就不能集中兵力北上。虽然最近你们自己的胜利不大，但在整个战略配合作用上是极大的。"

12 月 14 日，国民党军第四十一、第四十七、第六十九军等部向湖阳、平氏一线迫近。中原军区以第一纵队和第二纵队各一部集结于祁仪地区，布成口袋形阵势，待机围歼国民党军孤军深入的第六十九军第一八一师。该师先头部队第五二四团进入中原军区部队伏击地域后，师主力停滞不前。中原军区改变计划，先攻击其先头部队，歼其 1000 余人。这时，国民党军在中原地区的兵力已增至 11 个军 24 个师和 8 个游击纵队，并以主力向桐柏山区压迫。中原军区为争取主动，遂结束战役，将主力向大别山区转移。

参观了桐柏革命纪念馆，寻访组驱车前往湖北省大悟县宣化店中原军区司令部旧址。

▶ 中共中央中原局、中原军区司令部为什么会移至湖北省大悟县宣化店呢？

廖家宽：1945 年 10 月，毛泽东在重庆同国民党谈判时，准备让出的八个解放区就有湖北和河南的区域。中原军区让王震回延安向党中央汇报

◎ 湖北省大悟县宣化店镇中共中央中原局、中原军区司令部、中原军区旧址

情况，请示行动方针。毛泽东指出，国民党反动派对待我们的原则是，能消灭的则坚决消灭，现在不能消灭的则准备条件将来消灭。我们要以其人之道，还治其人之身。党中央和毛泽东的指示使中原军区在错综复杂的形势下，保持了清醒的头脑。

1946 年 1 月 10 日，国共两党签订了《国共双方关于停止冲突、恢复交通的命令和声明》。中共中央于 1 月 11 日专电命令中原军区部队停止一切军事行动，谨守防地。李先念接到命令后，传令各部队停止军事行动。行进在豫南、鄂东北的中原军区主力部队，立即沿着罗山、光山以南一线停下。中原部队是在摆脱国民党合围企图、向东转移的情形下停止行动的，3 万多主力部队被围困到方圆不到 100 公里、人口仅 40 万的狭长地区。江汉、鄂东和河南三个下属军区的部队，也在各自驻地成“品”字形被分割开来。这样，中原军民陷入异常危险和困难的境地。1 月 16 日，李先念、郑位三等率领中原局、中原军区和中原行政公署机关，从光山县南移至礼山（今大悟县）宣化店，中原局、中原军区就这样来到宣化店，这是原来没有预计到的。数万部队聚集到这里，到了无米为炊的程度。

在这种情况下，2 月 18 日，党中央指示中原军区争取合法北移。3 月 18 日，又指示争取移兵到皖东五河地区解决吃饭问题。为此，中原局和中原军区曾派出代表多次与国民党谈判，要求允许我中原部队和平转移到五河地区。我以让出整个中原解放区为代价来换取中原解放军完整无损地转移到皖东，并保持全国的和平局面。但是，蒋介石不仅要占领中原解放区，而且还要消灭中原解放军，所以始终没有答应我和平转移的要求。

▶ 党中央是如何支持中原部队战略坚持的？

廖家宽：在中原部队处于艰难困苦时刻，毛泽东同志派董必武到宣化店看望和慰问中原军民。3 月 30 日，董必武到达宣化店，带来了华北、华东解放区军民节衣缩食所换来的 3 亿元法币赠款，以及大批金子、银圆和药物，又通过在国民党湖北省担任救济总署署长的杨显东，运来了大批救济物资。在 31 日晚的欢迎大会上，董必武说，你们在八年抗战和几个月的反内战中，为国家民族、为人民出了很大的力量。然而今天，不仅未得到褒奖，反而被反动派围困着，受苦受饿，我怎么能不来看一看呢？我虽然是代表党中央来慰问你们，也可以说是代表全国各地区的同志来慰问你们。我这次来，虽然不能完全解决你们的困难，但我相信经过八年艰苦磨炼的同志，我们是可以克服这困难的。董必武此行，带来了党中央、毛泽东同志及全国各解放区对中原军民的亲切慰问和关怀，使中原军民受到极大鼓舞。

1946 年四五月间，国民党蓄谋发动全面内战的部署已基本就绪。在中原解放区周围，已调集了 11 个军 26 个师 30 万人以上的兵力，挖通战壕 10 万多条，构筑碉堡 6000 余座，将中原部队重重包围在以宣化店为中心，东西不过 200 华里，南北仅 50 华里的狭小地区，并实行严密的军事封锁和经济禁运。当时，中原军区部队的生活相当艰苦，伙食由三餐改为

◎ 湖北省大悟县宣化店谈判旧址

两餐，甚至吃稀饭、野菜等。

为了粉碎国民党“围歼”中原军区的阴谋，完成牵制敌人的战略任务，中原局提出了“坚持自卫，临危不乱”的战斗口号。除对国民党的破坏活动给予有力还击外，还在部队中加紧进行政治教育和军事训练，克服了烦躁不安情绪，坚定了胜利信心，提高了战斗力。在党中央关怀和兄弟军区援助下，中原军区部队克服困难，自力更生，渡过了财政难关，坚持了 5 个多月的艰苦斗争。在此期间，国民党军队向中原部队发动大小进攻达 700 余次。

危急关头，中共中央军委副主席周恩来偕美蒋代表同赴宣化店视察，在湖北会馆与美蒋代表谈判，挫败了国民党军的阴谋，制止内战爆发。

边说边走，不多时寻访组就到了湖北会馆旧址。

▶ 宣化店谈判起到了什么作用？

王炳文：湖北会馆是当年周恩来与美蒋代表谈判的地方。1946 年 5 月 1 日，中共驻重庆代表周恩来副主席在重庆公开揭露了反动派围攻中原解放区的罪恶阴谋。4 日，周恩来奉中共中央之命由重庆飞抵南京，当晚，周恩来在梅园新村举行首次中外记者招待会，指出中原局势甚为严重，全国内战可能爆发。5 日，由南京飞汉口。6 日，即偕同北平军调处执行部美方代表白鲁德与国民党代表徐永昌（王天鸣代行）以及随员、随行中外记者共 40 余人，由汉口启程来大别山区视察。8 日，抵达中原局和中原军区司令部所在地宣化店。

在当晚召开的军区首长、军区机关欢迎会上，周恩来说：同志们在宣化店坚持斗争，拖住了几十万蒋军，有你们在这里，蒋介石就吃不下饭，睡不着觉。你们支援了东北战场，也配合了华北战场。在这场斗争中，你们取得了很大的胜利，你们都立了大功。

8 日下午，在会馆的上屋正厅举行了三方代表出席的军事调处会议。李先念作为中原军区司令员，率先发言。周恩来站起身来，手里挥动着中原军区出版的《七七日报》及前线的报告，向中外记者和所有在场的人员严正指出：中原战争如果爆发，必将宣告和谈结束，成为全国内战的起点。

之后，周恩来与美蒋代表一起回到汉口，于 5 月 10 日在汉口的杨森花园与国民党签订了《汉口协议》。其中规定，双方指挥官必须制止一切冲突，停止一切违反停战命令的部队调动和碉堡工事的建筑。这就使国民党当局不得不放弃了原定 5 月 5 日至 9 日“围歼”中原部队的计划，推迟了中原和全国内战爆发的时间。

从 1945 年 8 月抗战胜利到 1946 年 6 月全面内战爆发，中原军区部队为迟滞国民党军向解放区进军的步伐，在中原战略要地顽强坚持斗争达 10 个月之久，牢牢拖住国民党军 30 余万兵力，为我军取得华中、华北、华东抗战胜利果实赢得极其宝贵的战略机遇，为整个解放战争赢得了时间，争取了主动。

专家点评：

范晓春：国防大学教授

时　间：2021 年 5 月 20 日
地　点：北京市
寻访组：请谈谈中原坚持的意义。

范晓春：1945 年 8 月，抗日战争胜利后，中国进入了两种命运、两种前途的决战时期。国民党反动派秘密开始内战部署，妄图抢占胜利果实。为在和平建国斗争中取得主动权，中共中央在 1945 年 9 月制定了“向北发展，向南防御”的战略方针。1945 年 10 月，遵照党中央、毛泽东电令，李先念率新四军第五师、王震率八路军南下支队、王树声率河南军区部队会师桐柏。中原局、中原军区、中原行署的成立，把这几支革命力量组合成了一只铁拳，极大地鼓舞了中原地区军民的斗争意志，增强了反对内战、粉碎国民党反动派进攻的信心。中原军区成立后，在江河淮汉之间对平汉铁路和武汉三镇构成直接威胁，极大牵制了国民党军队大举北上、发动全面内战的步伐，构筑了“向北发展，向南防御”的南线前沿阵地，支援了东北战场，配合了华北、华东战场，为后来中原突围等战役的胜利奠定了坚实的基础，为整个解放战争的展开赢得了宝贵时间。

陈毅于 1947 年 11 月在会见中原军区部队连以上干部时说：“为了牵制敌人，保障全局胜利，中央决定把你们留下来……在武汉外围形成一支强大战略力量，像一把钢刀似的插入敌人的心脏，牵制蒋介石主力。你们牵制了三十万敌军达 10 个月之久，这就为华北的上党战役、邯郸战役和华东七战七捷的胜利创造了条件。”

中原军区部队胜利突围

寻访地点：湖北省大悟县宣化店镇中原突围纪念馆

采访对象：徐　维　湖北省大悟县委办公室副主任、县档案馆（史志研究中心）主任

采访人员：孙　伟　叶希武　梅　寒　周思源

从湖北省大悟县宣化店镇的湖北会馆出来，寻访组邀请到湖北省大悟县档案馆（史志研究中心）主任徐维一同前往参观中原突围纪念馆。

纪念馆的大门宏伟壮观，大门上方“中原突围纪念馆”几个红色大字雄浑有力，由曾担任中共中央政治局常委、中共中央组织部部长的宋平题写；两边门柱上是一副大气磅礴的对联：一声枪响四路兵分解放战争开序幕，铁军雄风中原浩气文明华夏谱新章。

进入大门，来到园内，看到很多石刻，其中有毛泽东、周恩来、刘少奇、邓小平、陈毅等人对中原突围重大意义的评价。园内最大的石碑约有4米高，两面分别刻着“胜利的中原突围”“解放战争第一枪从这里打响”字样。

▶ 中原突围是在什么样的情况下发生的呢？

徐维：1946年6月，蒋介石认为其内战部署就绪，在南京召开军事会议，全面部署“剿共”，扬言“6个月内在军事上整个解决中共”。6月下旬，密令郑州绥靖公署主任刘峙统一指挥郑州、武汉绥靖公署部队30

◎ 湖北省大悟县宣化店镇中原突围纪念馆

余万部队，计划于6月22日起展开行动，7月1日发动总攻，“严密封锁，分进合击”，48小时内将中原军区部队“一举包围歼灭之”。

6月1日，毛泽东致电中原解放区：美蒋对我极为恶劣，全面内战不可避免，必须准备对付敌人袭击及突围作战。

21日，李先念、郑位三等请示中央：现在我区局势确已发展到必须迅速主动突围的地步。

22日，毛泽东亲自拟发《中共中央关于全局破裂后的作战计划致刘邓薄，陈舒电》：这一计划的精神着重向南，与蒋的精神着重向北相反，可将很大一部蒋军抛在北面，处于被动地位。这一计划可保障五师不致被消灭或吃大亏。

23日，毛泽东以党中央名义复电中原局：所见甚是，同意立即突围，愈快愈好，不要有任何顾虑，生存第一，胜利第一。今后行动，一切由你们自己决定，不要请示，免延误战机，并保机密。

面对强敌，中原局、中原军区领导人沉着镇静，运筹帷幄，作出了主力分南、北两路向西，其他部队在东、西、北线配合行动的战役部署。

6 月 26 日，国民党军兵分四路，以大举围攻中原解放区为起点，悍然发动全面内战。中原军区部队根据中央批准的作战计划，奋起展开震惊中外的中原突围战役，由此拉开全国解放战争的帷幕。

为了出奇制胜，中原军区首长令皮定均等率领第一纵队第一旅在宣化店以东泼陂河、白雀园一带阻击敌人，同时穿梭佯动，造成中原军区主力向东突围的假象；张体学等率鄂东独立第二旅在宣化店以南佛塔山、河口一线阻击敌人，同时以精悍部队秘密进入宣化店，上演"空城计"，迷惑在宣化店的美蒋谈判代表。

▶ 这个"空城计"到底是怎么唱的呢？

徐维：6 月 24 日，中原局、中原军区给正在军区开会的鄂东独立第二旅政治委员张体学布置了演出"空城计"的任务。会后，张体学挑选一批精干人员，于 26 日拂晓前秘密赶到宣化店，接替中原军区警卫部队的警备任务，掩护中原局、中原军区机关和主力部队转移。已得到蒋介石进攻中原军区情报的军调部第三十二小组国民党方面的代表，从清晨开始一直到晚上，一会儿转到中原军区司令部对面街上左瞧右望，一会儿又逛到中原军区首长宿舍门前溜达。当他们看到情况一如往常，就溜到军区礼堂看戏去了。原来，中原军区部队突围的当晚，即 6 月 26 日晚，张体学以新任警备司令的身份和三十二小组我方代表任士舜在宣化举行一场文艺招待会，邀请三十二小组美蒋代表"光临"看戏。

入夜时分，中原军区礼堂灯火通明。张体学、任士舜等陪同美蒋代表坐在礼堂前排的最佳位置，还不时地与美方代表怀特及国民党方的代表陈谦交谈。见到此景，怀特和陈谦也暗自高兴：国军的大举进攻已经开始了，可中原共军首脑们至今还被蒙在鼓里。可怀特和陈谦哪里知道，早已做好一切准备的中原军区主力部队分东西两个方向，已于当晚神不知鬼不觉地撤出了宣化店，正在向平汉铁路纵横驰骋。

6 月 27 日，宣化店依然平静如初。6 月 28 日，为不使宣化店显得空虚，进一步消除美蒋代表的怀疑，张体学又令独立第二旅六团一营营长马启春率领该营于夜间悄无声息地赶驻宣化店，增加了宣化店的驻防人员。当美蒋代表看到宣化店执勤的“哨兵”“巡逻队”和大批“出操”的部队时，完全打消了中原军区领导机关已转移的怀疑。

6 月 29 日下午，张体学接到突围部队的告捷电报，便来到美蒋代表住处，向他们宣布：先生们，我很遗憾地告诉你们，国民党撕毁《停战协议》，向我们展开大举进攻，我军被迫转移。现在，我中原主力突破了国民党军的封锁线……为了先生们的安全，请立即上车，我派兵护送你们返回武汉。张体学说完转身离去。美蒋代表听得个个瞠目结舌，过了好一阵子才觉察出中了“空城计”。

▶ 各路部队具体突围情况怎样呢？

徐维：在一纵一旅、鄂东独立第二旅的成功掩护和江汉军区、河南军区部队的有力策应下，中原局、中原军区首脑机关及主力部队于 6 月 26 日夜“金蝉脱壳”，隐蔽撤离宣化店和各自驻地，踏上中原突围的漫漫征程。

李先念、郑位三、王震等率领由中原局、中原军区首脑机关和第二纵队主力组成北路军，精确选择突破地点，抢在 7 月 1 日国民党军发动总攻之前，从柳林至李家寨一线强越平汉铁路封锁线，一举突破敌之内层包围圈。随后，以神速、机动的行动，横穿桐柏、大洪山地，跨越豫西平原，在淅川等地强渡丹江天险，进入豫鄂陕交界地区。7 月中下旬，经郧县南化塘、鲍鱼岭，商南东赵川、梁家坟等地生死鏖战，数度冲破国民党军围追堵截，进入陕南商山腹地。

王树声、刘昌毅、张才千等率领由第一纵队第二旅、第三旅、第十五旅主力组成南路军，在孝感王家店、卫家店一线血战竟日，冲破国民党军的“立体封锁网”，继而从钟祥、宜城流水沟、雅口等地强渡襄河，并在谷城石花街痛击阻截之敌，于7月下旬挺进武当山区。

罗厚福、文敏生、李人林等率领江汉军区部队，从安陆桑树店等地先行向西突围，连克国民党军占据的宜城、南漳、保康、竹山4座县城，直指川东北地区，后根据中央指示，进入武当山区，与中原军区南路军会合。

黄林等率领河南军区部队，在随北地区积极行动，从北面策应主力西进，而后奉命随北路军侧翼向西突围。该部在泌阳羊册巧夺敌粮仓，奇袭敌辎重车队，经豫西二郎庙、九条岭、桑坪等地激战，冲破国民党军的堵截，进到伏牛山地区，后汇入北路军战斗序列。

鄂东独立第二旅在完成上演“空城计”、掩护主力撤离驻地的艰巨任务之后，分路在大别山腹地穿插突围，于7月中旬胜利到达岳西县冶溪河地区。该部后根据中央电令，继续在大别山地区坚持敌后游击斗争。

担负掩护任务的第一纵队第一旅，在完成“声东击西”的佯动任务后，胜利地入苏皖解放区，加入华东野战军序列。

▶ 据说1955年授衔时，毛泽东特别为皮定均作了一个批示，是真的吗？

徐维：从6月27日至7月20日，皮定均率领的第一纵队第一旅孤军转战24昼夜，先是藏兵刘家山，而后飞跨潢麻公路，强越大牛山，突破青风岭，抢渡磨子潭，横穿皖中平原，冲破国民党军在津浦路上的阻击，横跨鄂豫皖三省，历经23次大小战斗，克服艰难险阻，冒着酷暑，忍饥挨饿，行程1000余公里，除掉队、失散、伤亡2000余人外，以3个团5000人的完整建制，胜利到达苏皖解放区，创造了震惊中外的中原突围的成功战例！

1955年中国人民解放军授衔时，皮定均按资历，原报少将衔，毛泽东得知情况，有感于皮定均在中原突围中的突出贡献，亲自批示：皮有功，少晋中。

1967 年元月的一天晚上，周恩来总理在人民大会堂接见来自各地的党政军主要负责人。周总理很亲切地向皮定均问好说：你过去带领的那个皮旅打仗真行啊！虽然只是一个旅，中央是把它当作一个方面军使用哩！皮定均回答说：那是党中央、中央军委的正确领导和全体指战员英勇战斗的结果。

1969 年，党的九大期间，毛泽东同皮定均谈话，特别强调说：如果怕苦怕死，革命是搞不出什么名堂来的，就要有像你们中原突围那样冲锋陷阵的拼命精神。

▶ 那突围之后的情况怎样呢？

徐维：中原突围战役后，1946 年 7 月 23 日，中共中央中原局在陕西省商南县白鲁础乡下白鲁础关帝庙召开会议，讨论中共中央、中央军委关于依靠巩（德芳）部及广大民众在陕南 10 余县建立根据地的电报指示。中原局常委李先念、郑位三、陈少敏，委员戴季英、任质斌和第二纵队司令员文建武出席了会议。会议遵照中共中央、中央军委指示，决定将中原北路突围部队分散为 7 支，以商洛为中心，在鄂、豫、皖、川、陕广大地境内开展游击战争，继续在解放区外线牵制敌人。

白鲁础会议后，李先念等先后与西北局商洛工委书记王力、陕南游击队领袖巩德芳会合，成立了豫鄂陕区党委、豫鄂陕边区行政公署、豫鄂陕军区。不到两个月的时间，全边区建立了 5 个分区、24 个县、59 个区、100 多个乡。

从 1946 年 7 月下旬开始，中原军区部队开始以陕南、鄂西北为中心，创建了豫鄂陕、鄂西北两个革命根据地，并在大别山、大洪山、桐柏山等地燃起敌后游击战争的熊熊烽火。

1946 年 10 月，毛泽东在《三个月总结》中指出："过去三个月内，我中原解放军以无比毅力克服艰难困苦，除一部已转入老解放区外，主力在陕南、鄂西两区，创造了两个游击根据地。此外，在鄂东和鄂中均有部队坚持游击战争。这些都极大地援助了和正在继续援助着老解放区的作战，并将对今后长期战争起更大的作用。”

以中原突围为起点，截至1947年2月，中原解放军又突围转战了8个月。而此期间，处于解放战争的开始阶段，是蒋介石发动全面进攻、我军粉碎其“全面进攻”的关键时刻。正是在这8个月里，中原突围部队又继续牵制了国民党24个以上的正规师和大量保安团队，既为保卫陕甘宁边区、保卫延安作出了贡献，又紧密配合了各兄弟部队的胜利作战。

当中原解放军突破敌人的重围后，华东解放军苏北部队在苏中地区集中优势兵力迎击蒋军，七战七捷，歼敌5.6万余人。当陕南和鄂西北这两个游击根据地正在创建时，晋冀鲁豫解放军向陇海路东段出击，歼灭刘峙所部3万余人，活捉了被中原部队拖得疲惫不堪的蒋军第十军军长赵锡田。当时的《解放日报》社论，在评述中原突围、苏中大捷和陇海线捷报时指出：这三个胜利，对于整个解放区的南方战线，起了扭转局面的重要作用。

1947年5月28日，党中央致中原部队的慰问电说：我中原各部“在极端困难条件之下，执行中央战略意图，坚持游击战争，曾经钳制了蒋介石正规军三十个旅以上，使我华北华中主力渡过蒋介石进攻的最困难时期，起了极大的战略作用。所有参加这一英勇斗争的指战员，均为全国人民所敬佩。”

1947年夏，当全国解放战争进入到战略反攻阶段后，参加中原突围的各路各支部队又纷纷汇入战略反攻的洪流中。当年从中原突围出去的英雄部队，又成为解放大别山、解放全中国的一支支劲旅，为新中国的诞生再建新功。

专家点评：

范晓春：国防大学教授

时　间：2021 年 5 月 20 日

地　点：北京市

寻访组：请谈谈中原突围的伟大意义。

范晓春：中原突围就是在抗战胜利后国共两党由合作到分裂，终以兵戎相见的转折标志，对于共产党和人民军队来说，就是全国解放战争的胜利起点，埋葬蒋家王朝的光辉开端。正因如此，李先念后来总结说："中原突围是中国革命战争史上的一个重要转折"。

中原突围在人民军队发展史上和在中国共产党历史发展上都具有重要地位，它是解放战争初期党中央高度重视的一枚战略棋子，为中国革命，尤其是全国解放战争的胜利，作出了重要的历史贡献。这主要表现为：在政治上，充分揭露了国民党蒋介石"假和谈、真内战"的虚伪本质；在军事上，充分彰显了人民解放战争正义战争、人民解放军正义之师的强大力量；在战略上，有力牵制了国民党军有生力量，极大地支援了兄弟解放区军民的反内战斗争。此外，中原突围和各路部队开展的游击战争以及创建的根据地，也为刘邓大军挺进大别山、实现解放战争由战略防御转变为战略进攻奠定了基础，为解放江汉荆楚、建设新中国培养了一大批领导干部。

地方党组织和武装
继续坚守大别山

寻访地点：安徽省安庆市岳西县冶溪镇冶溪河会议旧址

河南省新县郭家河乡乱石窝红军洞

采访对象：周东岳　安徽省岳西县新四军研究会副会长

晏慎钧　河南省新县党史地方志研究室副研究员

采访人员：孙　伟　叶希武　梅　寒　周思源

2021 年 1 月 11 日清晨，寻访组从大别山干部学院出发前往安徽省安庆市岳西县冶溪镇。经过近 3 个多小时的高速行驶，即将到达目的地。

我们的目光不自觉地被村头巷尾、河堤沟坝的一棵棵古老的大树牢牢抓住。原来眼前的就是岳西冶溪河“绿色古董”。

冶溪镇被誉为大别山区的小江南，在这里百步之内必有古树，千步之内必有名木。冶溪镇有 2000 多棵百年乃至千年的绿色古董，被林业专家称为大别山区的生态奇迹。

在周东岳副会长的陪同下，寻访组来到冶溪河会议旧址。

▶ 中原军区鄂东独立第二旅政委张体学老家是河南新县的，中原突围主力是向西突围的，那么，鄂东独立第二旅为何向东突围？又是怎么来到岳西冶溪镇的呢？

周东岳：中原突围中，为了牵制敌人，掩护主力西进，中原军区鄂东独立第二旅决定分路向东突围。目的是要将国民党部队 6 个正规旅、2 个独立团、4 个地方保安团共计 5 万人的兵力，吸引到独立第二旅这边。当时，独立第二旅有 6000 余人，兵分三路，吴诚忠旅长和副旅长何耀榜、副政委熊作芳率旅部和四团向麻城方向突围，五团向罗田方向突围，六团向麻城以北方向突围。

岳西冶溪河是独立第二旅突围预先确定的会师地点。7 月 17 日，经过 20 天连续行军作战、愈战愈勇的独立第二旅各部，在预定目的地冶溪河胜利会师。当日上午，张体学、吴诚忠、熊作芳、何耀榜、余潜等人拜访了闲居在冶溪镇石嘴村老家的胡汉三将军，并把独立第二旅的指挥部设

◎ 安徽省岳西县冶溪河会议旧址

在胡家。这位胡汉三曾任南京国民政府参谋总部少将参谋。

由于连日行军作战，指战员极度疲劳，还有少数部队没有到达，因此计划休整一两天，继续东进，并电告中共中央和中原局、华中局。7月18日上午，独立第二旅的指挥部收到华中局复电：祝贺你们胜利突围，苏中打了个胜仗，欢迎你们早日来会合。

7月18日下午，独立第二旅党委在胡汉三家召开各团团长、政委参加的扩大会议，也称“冶溪河会议”，研究布置继续东进事宜。张体学正在讲话时，忽然接到中共中央电示：停止东进，留在大别山区就地分散坚持游击战争。这对刚刚跳出敌人重围、准备继续东进到解放区的独立第二旅来说，又是一次严峻的考验。因为留下来坚持斗争，就意味着准备付出更大的牺牲。在重敌面前，独立第二旅指战员坚决服从党中央的决定，继续坚持大别山斗争。

当天晚上，旅党委开会研究确定：在蕲春、太湖、岳西边境地区争取短暂的休整，整理部队，精简干部，布置鄂皖边界地区的游击战争，并将这一决定立即电报中原局转中共中央。张体学在电文中表示：决心坚持大别山斗争，不论情况如何复杂严重，不会全部失败，总可以保存小部力量，作未来发展。

7月19日，中央致电吴、张、熊：你们决定在太湖、岳西边境休息，整理精简部队，布置鄂豫皖边地区的游击战争，均很正确。望紧紧依靠群众，必要时将部队以团、营、连分散，以能打民团及打一连一营之顽军为标准，巧妙地对付敌人，注意部队纪律，到处帮助人民，在鄂豫皖建立根据地。当晚，独立第二旅又召开团以上干部会议，张体学传达了中共中央的指示和旅党委的决定，要求各团在天明前必须离开冶溪河。7月20日拂晓，独立第二旅旅部和第四、第五、第六支队各部按照旅党委冶溪河会议精神，开始分头行动，分散开展游击战争。

从1946年7月下旬至1947年春的半年时间里，鄂东独立第二旅孤悬敌后，渡过了极其艰苦的日日夜夜。他们在大别山英勇奋战，继续牵制5万敌人，极大地支援了其他解放区的作战，从战略上辅助了中原军区主力在豫鄂陕、鄂西北创建根据地的斗争。在分散坚持游击战争中，独立第二旅主力虽然作出了重大牺牲，最后只剩下几百人，然而却把大批敌军拴在大别山区达半年之久，这是非常了不起的贡献。

▶ 除了独立第二旅，还有哪些我们党领导的武装力量在大别山坚持游击战争呢？他们是依靠什么坚持下来的呢？

周东岳：先说皖西人民自卫军的情况吧。1945年10月上旬，新四军第七师和地方党政干部大部分北撤后，10月中旬，建立以桂林栖为书记的中共皖西工作委员会、以钟大湖为大队长的皖西大队，共400余人，活动于舒城、桐城、潜山三县边区，发展党的组织，扩大游击武装，积极打击敌人。

1947年5月9日，鄂西北军区副司令员刘昌毅率领从鄂西北突围出来的军区独立旅800多人，转战到鄂豫皖边区，在潜山县大佛寺与桂林栖、钟大湖会合，成立皖西人民自卫军，刘昌毅任司令员，桂林栖任政治委员。人民自卫军主动出击，进一步扩大皖西游击根据地。

8月，中共皖西工委通过电台得到河北省邯郸前线指挥部的指示：刘邓大军现已南下东至六安，西抵麻城。三纵司令员即派侦察员与你联系。得此喜讯，全体指战员欣喜万分，立即投入配合刘邓大军进军大别山区的工作。中共皖西工委书记桂林栖、人民自卫军司令员刘昌毅携电台和部队，向六安方向运动，迎接刘邓大军的到来。

9月3日，第三纵一部解放霍山县城后，与桂林栖、刘昌毅部胜利会师。桐城县城解放后，皖西人民自卫军副司令钟大湖和中共皖西工委副书记张伟群率部进桐城县县城，和第三纵队第八旅旅长马忠全会合。

1946年底，张体学、赵辛初等奉命到延安汇报工作后，留下来坚持斗争的有易鹏、黄宏伸领导的鄂皖边中心县委，何耀榜、刘名榜领导的罗礼经光中心县委，漆少川、程鹤鸣领导的黄冈中心县委和地方武装，还有陂孝礼游击队、鄂南工作团等零星武装，总人数约千人。他们是经过血与火严峻考验的革命种子，是保留下来的革命精英。在敌人疯狂“清剿”、处境极端困难的环境中，他们紧紧依靠大别山的革命群众，克服种种艰难险阻，不屈不挠地坚持敌后游击战争，使革命红旗始终飘扬在大别山。

要说靠什么坚持下来的，这个问题，历史早已经给出了答案。1947 年 9 月 10 日，刘伯承、邓小平率领晋冀鲁豫野战军跃进大别山后，在光山县南向店亲切接见了坚持大别山革命斗争的刘名榜。邓小平问刘名榜：你们使大别山火种不灭，红旗不倒，在数以万计的敌人包围下，是怎样活下来的？刘名榜把在大别山坚持斗争的情况向邓小平作了汇报。邓小平赞扬道：对，我们离了党的领导，活不成！离开了人民，离开了枪杆子，更活不成！

说到刘名榜，这位受到毛泽东同志肯定的大别山红旗不倒的标志性人物，我们并不陌生。但对他当年领导罗礼经光中心县委及大别山游击队坚持打游击的情况倒是知之甚少。

为了进一步了解相关情况，2021 年 1 月 13 日，寻访组请到河南新县党史地方志研究室副研究员晏慎钧老师，一同来到新县郭家河乡湾店村潘湾，探访西大山乱石窝红军洞，追寻刘名榜等革命先辈的战斗足迹。

在郭家河乡政府工作人员的引导下，寻访组来到潘湾张爱华家中。张爱华老人 1941 年出生，2019 年 8 月入选“中国好人榜”。她遵照刘名榜的嘱咐，从 1964 年开始义务守护乱石窝红军洞群和晏春山烈士纪念碑，到现在长达半个多世纪。张爱华老人今年 80 岁了，她一边给我们当向导，一边为我们讲述当年罗礼经光中心县委和游击队在这里坚持斗争的情况。据老人介绍，乱石窝山上能容下 3 个人以上的石洞有 43 个，最大的一个石洞叫大亮洞，能容 100 多人。还有燕子洞、吊洞、小亮洞等，

◎ 河南省新县郭家河乡乱石窝红军洞

是当年县委和游击队居住、开会、隐蔽伤员的地方。在半山腰有座"红军洞"纪念碑，从碑文中可以看到"中心县委机关就住在乱石窝这片红军洞里"。爬到大亮洞处，我们都钻进去一探究竟，高处完全可以直立，确实可容下百人以上。崇山峻岭上，天然石洞里，就是革命先辈长期坚持战斗的地方。

▶ 您是研究刘名榜的专家，出版过《信念的力量——大别山红旗不倒的标志性人物刘名榜》一书，请您谈谈刘名榜及其领导的大别山游击队的情况。

晏慎钧：1946 年 6 月下旬，中原突围前夕，中共中央中原局、中原军区在礼山县宣化店召开有地方党员干部参加的会议，传达中原突围命令，部署突围计划及地方党组织和游击队坚持原地斗争的任务。指令重组中共罗礼经光中心县委，作为鄂豫边界数县党的核心组织，领导当地游击队和人民群众，坚持大别山区斗争。

7月初，中共罗礼经光中心县委正式成立，刘名榜任书记，中心县委辖经扶、光山、罗山、礼山、黄安县委及一支70多人的游击队。

当时，大别山区敌情十分严重，国民党为扑灭革命根据地的火种，以数万兵力进行疯狂的军事“围剿”。一面用重金悬赏，捉拿中共罗礼经光中心县委和游击队负责人；一面在游击队经常活动的区域留下一封封劝降信，封官许愿，或通过部分人员的亲属前往劝降，妄图分化革命队伍。软硬兼施的花招破产后，国民党军队及地方政府就把中共罗礼经光中心县委和游击队负责人的家属抓起来，送进经扶县衙监狱，用酷刑折磨。游击队大队长邱进敏就给伪经扶县县长李建刚写了一封警告信：“李建刚：新四军抗日有功，你们发动内战，有种的硬刀硬枪地干。为什么拷打群众，拷打家属？警告你，你的家属我们也不是不能去。马上把游击队的家属放了！谁投降谁，走着瞧吧！”李建刚知道游击队的厉害，收到邱进敏的警告信后，很快找了一个借口，把关押的革命群众和游击队员家属全部释放了。

▶ 说到大别山游击战争，何耀榜、刘名榜都很有影响力，而且曾并肩战斗，他们是怎么会合到一起的呢？

晏慎钧：这个问题，还得说说张体学他们。独立第二旅在安徽省岳西县冶溪河开会决定，把部队的三个团分散游击。怎么分散的呢？旅直属队及第四团由张体学率领，坚持在罗田、麻城、黄安一带；第五团由副旅长何耀榜率领进入豫南，寻找中共罗礼经光中心县委和游击队，以联合起来共同对敌；第六团由旅副政治委员赵辛初、副旅长熊作芳率领，到蕲春、黄梅、广济一带恢复第六团在抗日战争时期建立的革命根据地。第五团在寻找中共罗礼经光中心县委的途中，多次与敌遭遇，全团被冲散，几经周折，后与何耀榜、第五团团长彭涛、第四团团长肖德明等80余人和中心县委会合。至9月底，聚集在天台山的革命干部共100多人。10月，中共罗礼经光中心县委在乱石窝召开会议，就是在这里，研究加强中心县委和各县县委组织问题，会议决定由何耀榜任中心县委书记，刘名榜任副书记。会议还分析了大别山区和全国的形势，一致认为：虽然大别山区环境险恶，但全国的形势在不断地发展着，因此必须保持革命必胜的信念。当前要做好各级地下党组织的恢复和重建工作，团结群众，扩大革命队伍，并决定以分散的方式活动，以适应斗争环境，扩大影响。

在分散活动中，游击队得到大别山区人民的大力帮助，游击队每到一地，总有群众为之做饭、放哨、报告敌情。经扶、光山、罗山、礼山、黄安、麻城游击队在群众掩护下，一次次化险为夷。有人民群众作坚强后盾，游击队不断出击，打击薄弱之敌，惩办祸害群众的反动分子，声威不断提高。一些士绅、保甲长对待游击队的态度开始有所转变。中共罗礼经光中心县委适时抓住机会大力开展统一战线工作，建立两面政权，争取部分保甲长为游击队办事，游击队的行动较以前更加灵活自如。由于中心县委采取正确的斗争策略，游击队渡过最艰难的斗争时期，终于打开天台山、老君山一带的革命局面。游击队以天台山为中心，不断扩大游击区域，组织群众斗争，扩大武装，筹粮筹款，机动歼敌，活跃敌后。中心县委领导下的游击队，迅速发展到七八支，队员 120 余人，活动范围北至光山县南向店，南抵黄安县的白岗庙，西迄今大悟县宣化店，东至光宇山，方圆有数十华里。

就在中共罗礼经光中心县委和游击队的革命力量初步壮大的同时，国民党军队加紧了对大别山区游击队的“清剿”。国民党地方保安团经常化装成游击队深夜敲群众的家门，只要开门的群众都被逮捕。当游击队再与群众联系时，群众心有余悸，一时难辨真伪，连真游击队也被拒之门外。失去了群众的帮助，游击队的粮食及药品等物资失去来源，坚持大别山区斗争更加困难。11 月底，中心县委紧急召开会议，决定铲除一批死心塌地为国民党反动派效忠的地方反动分子，重新接上与群众联系的纽带。

会后，各游击队分头开展行动，先后处决 20 多名反动分子、坐探、叛徒。游击队的这一有力行动，击中了敌人的要害，大灭了敌人的威风，鼓舞了士气民心，各地反动保甲长及帮助国民党反动派做过坏事的人无不胆战心惊。

▶ 据了解，有个叫杜定廉的反动分子，外号“杜五疯子”，处决他时影响挺大。当年毛泽东同志在延安就是得知铲除杜定廉这一消息，断定大别山有游击队在坚持，决定派人前来联系的。是这样吗？

晏慎钧：“杜五疯子”杜定廉这个人很反动，他当时是经扶县参议员，礼山、经扶、黄安三县联防指挥部副指挥。国民党军第七十二师叫嚣要消灭共产党的游击队，可半年时间过去了，收效甚微。为了蛊惑人心，他们向上邀宠：鄂东北的共产党和游击队基本上被消灭，要求召开反共胜利大会。杜定廉投其所好，想把头功抢在手里，决定在自家门前的广场上唱戏 3 天，以示祝贺。中共罗礼经光中心县委得此消息后认为：我们四处出击，惩处反动分子，而这个“杜五疯子”竟然公然挑衅。不打击他的嚣张气焰，其他民团会一一仿效，影响极坏。于是决定除掉这个坏家伙。经过一番精心筹划和安排，把他除掉了。

除掉了杜定廉，国民党控制的报纸和电台大呼“大别山共军势力不可低估”。黄安县参议长王楚材也接连呈请湖北省政府将黄安划为绥靖区，加派重兵“清剿”。他在文书中说：何耀榜、刘名榜率兵二百余众在天台山一带盘踞，愈演愈烈，如不重兵剿办，则民国十六年之覆辙又见于今日矣！

除掉了杜定廉，这消息也惊动了在延安的中共中央。原来，张体学、赵辛初等人陆续回到延安之后，向中央报告了鄂豫边根据地失守的情况，毛泽东感到十分惋惜。这次，毛泽东从国民党的广播里听到杜定廉被打死的消息，断定大别山的游击队还在顽强地坚持战斗，认为这是个了不起的成绩，要求在延安的中原局书记郑位三尽快派人联系，并要求一定要坚守住这一战略支点。

一个月后，郑位三的弟弟郑植惠到达天台山，向中心县委传达党中央和毛泽东的指示：大别山根据地一定要坚持，少则3个月，多则半年，中央就要派大部队挥军南下。于是决定成立大别山工委，迎接主力南下。这样一来，整个大别山都沸腾起来了。党中央和毛泽东的指示，使大家受到极大的鼓舞，更加有信心坚持到最后胜利。

5月中旬，大别山工作委员会宣告成立，何耀榜为书记，刘名榜为副书记。进入8月，八路军过黄河的消息像风一样传播开来。不几天，何耀榜收到刘邓大军六纵政委杜义德、副政委鲍先志和原新四军五师老战友任士舜的联名信：刘邓大军很快就到大别山了！大别山工委和领导的大别山游击队千方百计地争取与南下大军取得联系，刘邓大军也在积极主动地寻找当地的游击队。刘邓大军一跨过淮河进入大别山，即迅速展开。邓小平发出指示：大别山有游击队在坚持战斗，要特别注意与之联系。9月2日，大别山游击队与刘邓大军一部在七里坪会合。从此，各支游击队汇入刘邓大军的滚滚洪流之中，在重建大别山根据地的过程中，发挥着重要作用。

1947年11月，鄂豫皖前线司令部发言人谈大别山形势时说：的确，我们在大别山站稳了脚跟，应特别指出的是富有20年革命传统的鄂豫皖群众和两年来始终坚持大别山游击战争的同志们，是使我军能够迅速立稳脚跟并很快与人民结合的重要力量。

专家点评：

程中才：中共安徽省委党史研究院院长

时　间：2021年4月25日

地　点：安徽省合肥市

寻访组：请谈谈中原突围后地方党组织和武装继续坚守大别山的功绩和意义。

程中才：在中原突围中以及后来相当长的时间里，始终在大别山实施战略坚持的鄂东独立第二旅和地方党组织、地方武装，紧紧依靠基本群众，寻机打击反动顽固的保甲长，积极恢复党的基层组织，恢复和扩大许多小块的游击根据地。鄂东地方党组织提出的口号是“巩固红色山头，加强老区工作，向白区发展”，国民党地方当局极度不安，国民党的报刊还惊呼“大别山共军势力不可低估”。经过近一年的战斗，大别山的革命斗争形势逐步由被动变为主动，游击根据地得到巩固和发展，一直坚持到与千里跃进大别山的刘邓大军会合。

大别山地区的共产党人和革命群众，以其坚强党性、全局观念、大无畏的革命牺牲精神，完成了中共中央、中央军委及中原局、中原军区领导所赋予的战略重任，使大别山红旗不倒，为解放战争战略全局的胜利作出了不可磨灭的贡献。

刘邓大军千里跃进

寻访地点：河南省新县八里畈镇宋畈晋冀鲁豫野战军司令部旧址

采访对象：韩光生　河南省新县文物管理局局长

（现任河南省新县文物管理局四级调研员）

采访人员：孙　伟　瞿　萍　叶希武

1947年8月7日至27日，12万刘邓大军千里跃进大别山的20天。刘邓大军不要后方，中央突破，千里跃进，史无前例。这一伟大战略行动，把历史的车轮彻底扭转，中国革命发生了历史性转折。

为了探究刘邓大军千里跃进大别山这一伟大战略行动的前因后果、来龙去脉，2020年8月29日上午，寻访组从大别山干部学院出发，前往位于信阳市新县八里畈镇宋畈的晋冀鲁豫野战军司令部旧址。

司令部旧址原来是宋氏祠堂，坐北朝南，前后三排，房屋12间，占地面积700平方米。1947年8月27日，刘邓大军渡过淮河，胜利挺进大别山。29日，刘邓大军司令部进驻八里畈宋氏宗祠。就是在这里，刘伯承、邓小平要求大军坚决贯彻中共中央中原局刚刚发出的《关于创建巩固的大别山根据地的指示》，明确大别山目前的形势和任务，立即分遣部队，实施战略展开，迅速抢占大别山中心区的县城和农村，发动群众建立根据地。

◎ 河南省新县八里畈镇宋畈晋冀鲁豫野战军司令部旧址

▶ 党中央和毛泽东为什么要实施刘邓大军千里跃进大别山战略行动？这个伟大的战略决策又是如何形成的呢？

韩光生：伟大的战略决策源自伟大的战略思想。人民解放战争进入第二年，即 1947 年，蒋介石被迫由对解放区全面进攻转入对山东、陕北解放区的重点进攻，企图在解放区内与解放军主力决战，以达到大量消耗解放区人力、物力，使解放区不能持久并予以各个击破的目的。中共中央认为：如果继续内线作战，敌人吃我小米，烧我房子，人力物力不能持久。华北战争使解放区目前群众负担已达到最高点。彭德怀在向中央汇报陕甘宁情况时说：陕甘宁 90 万人养 9 万人，甚至不能维持 3 个月。粟裕在反映山东解放区时说：山东解放区受到严重摧残，大鲁南解放区受到严重摧残，山东的水几乎要喝干了。

为打乱国民党的战略部署，中共中央和中央军委针对蒋介石关于将战争引向解放区，进一步破坏和消耗解放区的战略意图，制定了人民解放军由战略防御转入战略进攻，由内线作战转入外线作战的战略方针。毛泽东在《解放战争第二年的战略方针》一文中指出：“我军第二年作战的基本任务是：举行全国性的反攻，即以主力打到外线去，将战争引向国民党区域，在外线大量歼敌，彻底破坏国民党将战争继续引向解放区、进一步破坏和消耗解放区的人力物力、使我不能持久的反革命战略方针。”

党中央、毛泽东精心筹划，最终形成了“三军配合、两翼牵制、中央突破”的战略决策，即以刘伯承、邓小平指挥的晋冀鲁豫野战军主力为中路，实施中央突破，挺进中原，直奔大别山；以陈毅、粟裕指挥的华东野战军主力即西线兵团为东路，挺进苏鲁豫皖地区；以陈赓、谢富治指挥的晋冀鲁豫野战军一部为西路，挺进豫西。三路大军，相互策应，机动歼敌。两翼牵制是：以彭德怀、习仲勋指挥的西北野战军出击榆林，吸引进攻陕北之敌胡宗南集团北调；以许世友、谭震林指挥的华东野战军东线兵团在胶东展开攻势，将进攻山东之敌范汉杰集团牵向海边。用毛泽东的形象说法就是抓住蒋介石的两只拳头，在他胸口插上三把刀子。这致命一击，一招要命！

▶ 党中央和毛泽东对刘邓大军千里跃进大别山是怎么预计的呢？

韩光生：毛泽东对刘邓大军千里跃进大别山后的前途作了三种估计：一是付出了代价站不住脚，准备回来；一是付出了代价站不稳脚，在周围坚持斗争；一是付出了代价，站稳了脚。由于国民党军队多次残酷的“清剿”，刘邓大军到达大别山时，这里只有共产党领导的多股游击队在活动。刘邓大军孤悬敌后，能不能站得住脚，实现毛泽东提出的三种前途中最好的前途，面临着严峻的考验。所以，毛泽东致电刘邓，要求他们对坚持大别山斗争的困难和长期性要有充分的思想准备，不要希望短期内就能在大别山建立巩固的根据地，我军要有很长时间在江河之间往来机动，宣传群众、发动群众，并在歼灭敌人几十个旅后，方能建立巩固的根据地。

▶ 当年刘邓大军刚到大别山时很困难，他们是怎样很快在大别山站稳脚跟的呢？

韩光生：到达大别山的当天，邓小平就以中共中央中原局的名义起草了《关于创建巩固的大别山根据地的指示》，向进入大别山的部队提出了“全心全意地义无反顾地创建巩固的大别山根据地”的光荣任务。刘邓大军能很快在大别山站稳脚跟，重要原因有这样几点：

第一，大别山有多个党组织及其领导的游击队一直坚持武装斗争。一到大别山，刘邓抓住国民党军尚未形成围攻的有利时机，制定了“北线牵制、南线展开”的战略方针。一纵、二纵在大别山北部牵制尾追之敌，三纵、六纵迅速向南部出击，抢占南线诸城。并想方设法和当地党组织、游击队取得联系，这样便于迅速开展工作。六纵在豫南、鄂东与何耀榜、刘名榜、邱进敏等领导的游击队会合。8 月 27 日，大别山游击队和六纵一部在经扶县陡山河南边的刚店胜利会师。9 月 2 日，中共罗礼经光中心县委主要负责人刘名榜在黄安县火连畈同李德生带领的六纵十七旅会师。接着，刘伯承、邓小平等野战军负责人，在光山县南向店附近的杨岗会见刘名榜、邱进敏，对坚持战斗的 99 名游击队战士表示亲切慰问和勉励。三纵在皖西与刘昌毅、桂林栖领导的皖西人民自卫军会合。9 月 3 日，第三纵一部解放霍山县城后，与桂林栖、刘昌毅部胜利会师。桐城县城解放后，皖西人民自卫军副司令钟大湖和中共皖西工委副书记张伟群率部进桐城县城，和第三纵队第八旅旅长马忠全会合。仅仅一个月，刘邓大军在鄂豫皖地区解放县城 23 座，在 17 个县建立了民主政权。

第二，多打胜仗，发动群众。邓小平强调：“严明纪律，联系群众，是我们在大别山站稳脚跟的保证。”刘邓大军之所以能取得千里跃进大别山的伟大胜利，实现党中央和毛泽东预想的最好前途，用刘伯承的话说，靠的是两个车轮一齐滚动：多打胜仗，发动群众。而推动和保证两个车轮向前滚动的，就是铁的纪律。

刘邓大军的老底子是红四方面军，出自大别山。刘邓大军来到大别山，本以为是人民子弟兵大回家，会受到乡亲们的热烈欢迎。没想到，老百姓都躲着他们。部队行军路过村庄的时候，狗一叫，全村子的人一会儿就没影儿了。老百姓怎么这么害怕呢？因为之前我们主力部队四出大别山：1932 年 10 月红四方面军向西转移；1934 年 11 月红二十五军长征；1938 年 2 月红二十八军改编东进抗日；1946 年 6 月中原突围。老百姓早被敌人的疯狂报复杀怕了。他们怕刘邓大军在这里待不住，走了，他们又要遭罪。

没有后方，又得不到当地群众的支持，北方战士水土不服，缺粮少药，战士们伤病无数，加上很多是从国民党军队解放过来的兵，千里跃进是一路急行军，还没来得及做充分的思想政治工作。于是，部队里产生了严重的右倾畏难情绪，没有斗志，还有人开了小差，开始出现违法乱纪的现象。部队刚到大别山，连续三次仗，商城两次、光山一次，打得都很不好：参战部队不能按时到达指定位置，把不该放跑的敌人放跑了。为了生存下去，有些部队打土豪时，看到这家房子不错就说肯定是土豪，于是就打了；看到老乡家里有猪，就说也是土豪，就把猪拉过来杀掉吃了。这样就损害了老百姓的利益，更严重的是一些部队竟然还出现打老乡、抓向导、抢东西的现象。

刘邓首长清楚，部队纪律坏了，战斗力就无从谈起，说垮就垮了。从 8 月底到 9 月底，在光山县北向店、经扶县小姜湾、光山县砖桥文氏祠（王大湾会议地址），甚至在行军途中的山坡上频繁开会，不停地开会。刘伯承说：“部队纪律这么坏，如不迅速纠正，我们肯定站不住脚。”邓小平说：“部队纪律这样坏，是我们政治危机的开始，这是给自己挖坟墓！要知道，群众并不是命里注定要跟我们走的。”这些会议，反复强调部队要坚决执行三大纪律八项注意，要牢固地树立起以大别山为家的思想，提出了“誓与鄂豫皖人民共存亡”的口号，还宣布了“三个枪毙、三个不准”：

枪打老百姓者枪毙，抢掠民财者枪毙，强奸妇女者枪毙；不准强迫老百姓当向导，不准向老百姓要东西，不准打骂群众。并成立检查组，严格监督执行。

有了纪律，关键在于执行。邓小平要求领导干部必须要带好头。一次，邓小平等首长检查工作路过金寨县关王庙。在这一带活动的工作队（队长江川）知道了，就派人送来了一些鸡、羊肉、米花糖等群众慰问品。邓小平知道后，叫马上把东西退还给群众。邓小平说：这里是新区，群众一方面生活很苦，同时对我军又不够了解。因此，我们当前最主要的是为群众多办好事，要尽一切办法去团结他们、发动他们，还不是接受慰问品的时候。并要求不仅把送到这里的要退，群众送的所有东西都要一一退还，干部还要登门道歉。

时任六纵十六旅旅长尤太忠和战士们一样，睡稻草。他对战士们讲：我们是为穷人打天下的。晚上谁也不准住在老乡家里，连桌椅都不能碰一下，只准在外面睡稻草。

五十团的宣传股长杨志，一天带领直属队行军，大家走了几十里，口干舌渴，部队坐在路边休息时，通信员跑过来，对杨志说："杨股长，甘蔗又甜又解渴，咱们吃一些吧，再走路也有劲。"杨志因为高度近视，不知道是坐在甘蔗地边上，听通信员一说，立即警觉起来："不能吃！"并马上站起来，向大家讲群众纪律的要求，结果没有一个人吃甘蔗。渴了，他和战士们就趴在稻田边咕咚咕咚地喝水。

从最高首长到一般干部，都能自觉遵守纪律，这样才能严格执行纪律。刘邓对群众纪律要求做到："三不四要五不走"，即不打人骂人，不调戏妇女，不拿群众财物；要做宣传工作，要帮助群众，要尊重当地风俗习惯，要保护工商业、买卖公平；地不扫净不走，水缸不满不走，门板不上不走，借物不还不走，损物不赔不走。部队每次出发前，都要派人检查落实。

这期间，司令部公审枪毙了私拿群众东西的战斗英雄、劳动模范、警卫连副连长赵桂良。面对众人的求情，刘伯承说：“我们已经三令五申，还要明知故犯。我们的纪律不是一纸空文，我们的纪律是铁！是钢！如果我们对身边的一个连长都不能执行纪律，那么对营长、团长、旅长，包括对我们自己，又如何约束呢？老乡们又怎么能相信我们就是当年的红军呢？”对赵桂良执行枪决这件事，影响很大。一是对老百姓震动很大，他们说：“这就是当年的红军啊，以后我们不要再跑了。”并开始信任、支持部队。二是让全体指战员知道，纪律面前，人人平等。不论职位高低，不论远近亲疏，也不管功劳多大，只要触犯了纪律，就必须严格执行。之后，就打了高山铺这样一次歼敌 12660 人的大胜仗。高山铺大捷，使在陕北的毛泽东悬着的心放下了。他对周恩来说：高山铺大捷的意义不仅在于消灭了 1 万多敌人，也不仅仅因为这次仗打得很漂亮，它的全部意义在于我军已经能够在大别山进行大兵团作战，刘邓已经在那里站住了脚。

到 1947 年 10 月底，刘邓大军歼敌 3 万多人，建立了 33 个县的人民民主政权；到 11 月中旬，发展到 44 个县，开辟了大别山解放区，完全恢复并扩大了中原解放区，在大别山站稳了脚跟，像一把利剑插入了敌人心脏。

第三，进行土地改革并及时纠正“左”倾急性病错误。刘邓大军来到大别山，迅速开展土改。解放军、地方干部及地方武装所到之处，除少数地方行动较为缓慢一些，绝大多数地方都是立即调查，立即动手，开仓赈济。这样，很快地把豪绅地主手里的粮食和财物分给了群众。为保证土地改革工作顺利进行，中共中央中原局、中原军区提出“一手拿枪，一手分田，打到哪里，分到哪里”和“武装保田”等口号，命令各部队在开展游击战争中和在战斗间隙里参加土地改革。提出只有彻底完成土地改革，才能生根、发展和壮大。一些地方提出“村村点火，处处冒烟，走一处，点一处”的口号，一个大规模地宣传和发动土地改革运动在解放区的中心区域普遍展开。到 11 月底，整个大别山区有数十万人口的地区进行了土地改革。

大别山解放区土地改革运动是在国民党军队实行重点“围剿”的情况下进行的。当时，由于“左”倾思想影响和刘邓大军初到新解放区种种客观条件的限制，以及一些干部特别是从老区来的干部，不适应新解放区工作环境，在政策和策略上发生一些失误等主观原因，使土地改革运动走了弯路，犯了“急性病”错误。主要是：有的地方在打击地主富农时，侵犯中农利益，分了中农的田，动了中农的财产；由于群众尚未充分发动起来，加之解放军在一些新区还立足未稳，有的地方分财物、分田地时，只有少数积极分子敢分敢要，多数基本群众则不敢分、不敢要，或只敢要弱小地主富农的财产和田地，而不敢要有势力的豪绅地主的财产和田地；有的地方甚至得干部给说好话、做一番解释工作，没办法只有表面上要了，干部一走，则又把分得的财产、田地送还给地主；有的地方白天勉强接收了，夜晚就送还，甚至还向地主富农赔礼道歉；有的地方明里分了，背地里却和地主富农达成协议，改为租佃关系；一些地方，地痞流氓利用外来干部不了解新解放区情况的弱点，冒充“积极分子”霸占斗争果实，在分浮财中贫农几乎没有分到什么东西，敢怒而不敢言。此外，一些地方还出现破坏城镇工商业和乱捉人、乱打人甚至乱杀人等问题。这种“急性土改”的错误做法，在各地造成程度不同的危害，其出现的时间也略有不同，大体上是从 1947 年 10 月底或 11 月初开始发展，12 月达到高潮，其后因环境不许可，许多地方实际已停止土改，为时 2 个多月。

中共中央中原局和野战军指挥部首长特别是邓小平，对此觉察较早，而且一经发现，便坚决及时地予以纠正，并从中总结出有益的教训，积累经验，给后来新解放区土地改革工作、全国土地改革以借鉴，使土地改革工作更加深入扎实。在大别山区，经过较详尽的调查研究之后，1948 年 1 月，邓小平给毛泽东写了一份综合报告，分析大别山区的特点和阶级状况，第一次正式提出划分巩固区、游击区并实行不同的政策和策略的观点。对于邓小平的报告，毛泽东高度重视，并亲自复电：小平所述大别山经验极可宝贵，望各地各军采纳应用。大别山新解放区的土地改革工作逐步走上健康发展的道路。过火行动纠正了，根据地形势开始好转。群众说，过去80%反对你们，今天80%赞成你们。邓小平电告毛泽东：不管情况如何严重，敌人是撵不走我们的。

第四，刘邓大军不是孤军奋战。表面上看刘邓大军千里跃进大别山好像是孤军深入，犯了兵家大忌，实际上，千里跃进大别山是党中央整体战略布局的重要组成部分。“三军配合、两翼牵制、中央突破”这个布局，是胸怀全局、全国一盘棋的整体布局；这个布局，是在科学预见、确立总体目标不变的前提下，随时根据战争发展态势进行调整，最终形成的最科学、最有效的战略布局。对于不要后方，轻装进军，千里跃进，尽管“兵马未动，粮草先行”是兵家常理，正如毛泽东所言千里跃进大别山，看似无后方作战，但对我军来说，凡我军所到之处，就是后方。这是由我军的性质决定的。

中央还派十纵、十二纵援助大别山。刘伯承、邓小平率领晋冀鲁豫野战军主力千里跃进大别山后，为排除孤军深入的危险，中央军委即令刚刚成立的晋冀鲁豫野战军第十二纵队一路跟进。刘邓大军进入大别山后，迅速在国民党反动统治的心腹地区南京、武汉之间插进了一把利刃。虽然连续取得胜利，但环境十分恶劣，后勤给养严重不足。为了援助大别山的解放军，中央军委派刚组建不久的晋冀鲁豫野战军第十纵队携带物资南下。第十二纵队、第十纵队于11月下旬先后进入大别山地区后，在刘邓的统一指挥下，南征北战，为重建大别山根据地作出了贡献。

▶ 为什么说“这是一个伟大的转折”？又为什么说它“大大加快了解放战争的历史进程”呢？

韩光生：这个问题，毛泽东给出了最好的答案。中共中央1947年12月25日至28日在陕北米脂县杨家沟召开会议，称为“十二月会议”。

毛泽东在会议上作了《目前形势和我们的任务》的报告。毛泽东指出，1947 年 7 月至 9 月间，人民解放军即已转入了全国规模的进攻，破坏了蒋介石将战争继续引向解放区、企图彻底破坏解放区的反革命计划。这是一个历史的转折点。这是蒋介石的二十年反革命统治由发展到消灭的转折点。这是一百多年以来帝国主义在中国的统治由发展到消灭的转折点。这是一个伟大的事变。这个事变一经发生，它就将必然地走向全国的胜利。

至于说“大大加快了解放战争的历史进程”，从毛泽东的几次讲话中能很清楚地看出来。

在 1946 年 11 月 21 日的中共中央会议上，毛泽东第一次明确地谈到解放战争的时间进程，预计大约用三到五年的时间打到长江以南，如果把事情估计得严重些，需十到十五年才能打倒蒋介石。他主张按照这个目标去做，但不急于提出打倒蒋介石的口号。

1947 年 7 月下旬，中共中央在陕北小河村召开了扩大会议。会上，毛泽东又提到了解放战争的进程问题。他说：对蒋介石的斗争，计划用五年来解决，从过去这一年的作战成绩来看，是有可能的。在政治上蒋介石也已更加孤立，更加众叛亲离。我们说五年，用不着公开宣布，还是要作长期准备，准备用五到十年甚至十五年。

1948 年 11 月 14 日，毛泽东为新华社写的评论《中国军事形势的重大变化》中评价道：“这样，就使我们原来预计的战争进程，大为缩短。原来预计，从一九四六年七月起，大约需要五年时间，便可能从根本上打倒国民党反动政府。现在看来，只需从现时起，再有一年左右的时间，就可能将国民党反动政府从根本上打倒了。至于在全国一切地方消灭反动势力，完成人民解放，则尚需较多的时间。”“敌人是正在迅速崩溃中，但尚需共产党人、人民解放军和全国各界人民团结一致，加紧努力，才能最后地完全地消灭反动势力，在全国范围内建立统一的民主的人民共和国。”

从以上可以看出，党中央、毛泽东对解放战争需要时间的预计由原先的“十到十五年”“五到十五年”“五年左右”到1948年11月时的“一年左右”，也就是自1946年6月起共三年多时间。而事实上，解放战争完全是按照党中央、毛泽东对解放战争需要时间的预计逐步实施的。

随着刘邓、陈粟、陈谢三路大军逐鹿中原，我军在敌人腹心地区建立起新的前进基地，粉碎了敌人对陕北和山东的“重点进攻”，迫使蒋介石由重点进攻改为全面防御，从根本上改变了战场的攻守态势，大大加快了解放战争的历史进程。

专家点评：

郭晓平：中共河南省委党史研究室原副主任、河南省中共党史学会原副会长、郑州大学教授

时　间：2021年3月19日

地　点：河南省郑州市

寻访组：请谈谈刘邓大军在大别山站稳脚跟的原因和意义。

郭晓平：邓小平进入大别山时说，大别山区有长期的革命传统，且保存有游击战争的基础，我们有许多本地干部，我们是鄂豫皖子弟兵大回家，胜利是有把握的，有困难也是能克服的。

刘邓大军进入大别山后，能够站稳脚跟的主要原因有：一是实行野战部队地方化。邓小平说，大别山这场斗争，主要是我们政策对头。军事政策就是坚决地拿出三分之一的野战部队地方化，搞军区、军分区。由于地方武装力量的加强，加大了对国民党地方武装、土顽武装的打击力度，一定程度上稳定了局势。二是实施正确的土改政策。刘邓大军在大别山地区掀起轰轰烈烈的土地改革运动。最初走了弯路，中原局及时进行了纠正。邓小平针对大别山区实际状况，提出划分巩固区、游击区

并实行不同的政策和策略的观点。毛泽东予以充分肯定，称之为“大别山经验”。三是紧紧依靠群众。中原局提出与“鄂豫皖人民共存亡”的口号。严明群众纪律，明令枪打老百姓者枪毙，抢掠民财者枪毙，强奸妇女者枪毙。邓小平说：“我们能不能在大别山站得住脚，会不会被敌人赶出去，决定的一环便是团结群众、发动群众工作。”

千里跃进大别山成为整个中国革命战争由战略防御转为战略进攻的伟大转折，对改变全国战争形势起了决定性的战略作用。刘邓大军在大别山站稳脚跟，使这一地区成为我军夺取全国胜利的前进基地。毛泽东评价这次战略行动的意义时指出：这是一个历史的转折点，即蒋介石和帝国主义在中国的反动统治由发展到消灭的转折点。它也预示着人民大革命的高潮已经到来，“这是一个伟大的事变”，“这个事变一经发生，它就将必然地走向全国的胜利”。

山上山下红烂漫

——大别山全境解放

寻访地点：河南省商城县鄂豫区党委、行署、军区司令部旧址

采访对象：王志昌　河南省商城县党史地方志研究室主任

采访人员：叶希武　梅　寒　郭薪璞

2020 年 11 月 27 日上午，寻访组从大别山干部学院出发前往商城县，探访鄂豫区党委、行署、军区司令部旧址。

大别山解放区下设鄂豫区、皖西区。鄂豫区党委、行署、军区司令部旧址在商城县城关三小，就是当年的雩娄中学教学办公楼的后面。当年的雩娄中学，南临扒子街，北到三元宫，东靠迎春台，西连南关街，占地面积约 17000 平方米，建筑面积 2480 平方米。正房 4 排 80 间，均为木料、青砖、灰瓦结构房。

鄂豫区党委、行署、军区司令部旧址，现存平房 5 间，砖瓦结构，被包围在学校田径运动场的跑道内侧。王志昌主任联系到管理员开了门，我们一边看里面简单的陈展，一边向王主任请教一些历史情况。

▶ 请介绍一下鄂豫区、皖西区党委、行署、军区成立的情况。

王志昌：鄂豫区党委、行署、军区于 1947 年 11 月中旬，在商城、麻城之间的双庙关正式成立，段君毅任区党委书记兼军区政委，刘子厚任行

◎ 河南省商城县鄂豫区党委、行署、军区司令部旧址

署主任，王树声任军区司令员，下辖鄂豫皖边区5个地委、分区20余县，辖区纵横鄂豫皖边界地区300公里，人口约750万。

1948年12月1日，商城解放后，鄂豫区党委、行署、军区首脑机关移驻商城县城雩娄中学。区党委、行署、军区在商城领导和指挥全区军民剿匪反霸，建立健全各级党政军组织，恢复生产，支援中国人民解放军南下渡江作战。鄂豫报社也随鄂豫区党政军首脑机关一同进驻雩娄中学，出版《鄂豫报》《鄂豫通讯》，及时传播党的方针、政策和军事捷报。同时，创办鄂豫公学和特科干部训练班，校长由军区司令员王树声兼任。公学学员有来自豫东南各县的知识青年约500余人，来自武汉和鄂东一带国统区及其他地方的知识青年100余人。

中共皖西区党委、皖西军区、皖西行署是1947年11月15日在岳西汤池畈正式宣布成立的。刘邓大军第三纵政治委员彭涛任皖西区党委书记，桂林栖、于一川任副书记，罗士高任行署主任，第三纵副司令员曾绍山任军区司令员，彭涛兼任政治委员，徐力行任参谋长，何柱成任政治部主任。

▶ 两个军区多位领导是随刘邓大军到大别山的，刘邓大军主力转出大别山后，他们留下继续坚持战斗。那刘邓大军主力为什么要转出大别山呢?

王志昌：刘邓大军主力是遵照中央军委的指示转出大别山的。1948年初，在大别山区军民取得内线反“清剿”斗争胜利的同时，出击外线的野战军主力部队胜利完成向桐柏、江汉、淮西地区的战略再展开，并与陈粟、陈谢兵团在外线协同作战，大量歼灭国民党军的有生力量，一个南抵长江，北至陇海铁路的广阔战场已逐步形成。中共中央军委针对蒋介石提出的“保卫长江，游击中原，围剿大别山”的反革命策略，做出“撤出主力，牵制敌人，立足大别山”的决策。2月20日，中共中央军委发出中原各军作战部署的指示：大别山前方指挥所应率野战军主力转出大别山地区。遵照中央军委的指示，1948年2月22日，邓小平签发中共中央中原局《关于开展大别山游击战争的指示》，对主力转出大别山区后的作战方针进行了周密的部署。指出在主力转出大别山区之后，军区部队与地方武装要独立自主地坚持大别山战略阵地，开展更广泛的群众性的游击战争；要求提高全区军民胜利的信心与顽强的斗志，健全和充实各级游击集团，改进游击战术，使游击战争与发动群众结合起来。

在内线部署基本完成以后，邓小平、李先念、李达率大别山前方指挥所北渡淮河，于2月24日在安徽省临泉县以南的韦寨，与中共中央中原局机关和刘伯承、张际春所率的大别山后方指挥所会合。25日，刘伯承、邓小平命令第三、第六纵队向淮河以北集结。28日，第二纵队主力自固始县出发，3月1日渡过淮河，首先与外线第一纵队会合，进入淮西地区。在皖西的第三纵队取道英山县、罗田县，向山北集结。在鄂东的第六纵队取道黄安县、新县，向山北集结。第三、第六纵队由于被东西对进的国民党军第五师、第十师、第二十师、第四十八师等部所切断，一时受阻于潢川县、固始县、商城县。根据中共中央军委3月1日电示，两部推迟北移时间，在完成牵制和打击敌人的任务之后，第六纵队主力及第三纵队第九旅于3月27日从息县以东渡河北返，进抵淮河北岸。28日至29日，第三纵队第七旅、第八旅分别自固始县以北的朱皋集、观音堂区域渡河北进。至此，刘邓大军主力全部转出大别山区。

刘邓大军在大别山的7个月里，作出了巨大牺牲，付出了巨大的代价。1947年8月挺进大别山，晋冀鲁豫野战军出征实力统计如下：一纵32357人，二纵31000人，三纵26468人，六纵26322人，野战军直属队6370人，总计南下122517余人。1948年2月末，刘邓大军主力撤出大别山区，留下一批军区部队和地方武装在内线坚持斗争。当时野战军的实力：一纵15363人，二纵11627人，三纵15384人，六纵14280人，野战军直属队3000人，共计59654人。加上留在大别山的部队不足7万人。刘邓大军的广大指战员用鲜血染红了中原大地，为全国战局由被动防御转入战略进攻作出了卓越贡献。

▶ 刘邓大军主力全部转出大别山区后，敌人一定会疯狂反扑，大别山的情况怎样？

王志昌：刘邓大军主力全部转出大别山后，从1948年3月开始，国民党军以数师兵力，首先“扫荡”大别山南部区域的鄂东、皖西，在占领大别山南部大部分地区后，又以第四十八师、第二十八师、第五十八师等部，对大别山北麓的豫南地区进行分区“合围”和重点“清剿”。

在国民党军的扶植下，反动乡保、土匪武装急剧扩充，最多时，鄂豫区境内就有4万余人。那些地主和乡保武装对当地情况熟悉，有长期的反共经验，充当国民党正规军的爪牙和耳目，经常配合国民党军，采用“纵横扫荡”“反复合击”“捕捉奇袭”等种种方法，打击革命区域的县、区武装，捕杀地方干部，破坏地方政权和各群众组织，残害干部家属及革命群众，搜索寻觅埋藏的粮食、物资，手段和活动方式凶残而狡猾。在敌人的血腥镇压下，鄂东罗田县、黄冈县等县农会组织几乎被摧垮，太湖县新建立的乡、村政权损失 90%以上，礼山县东部禹王城和新县浒湾、箭厂河一带十室九空；黄安县北部、麻城县东部等地很快成为无人区。革命力量遭到严重摧残。鄂豫四分区的武装力量损失一半，干部损失四分之一；五分区损失三分之一，鄂豫军区部队共损失 5000 余人。从 3 月以后，大别山腹地包括一些军政机关所在地相继陷落，鄂豫、皖西解放区又一次沦为游击区，内线斗争从此转入最艰苦的时期。

▶ 在这么艰苦的情况下，大别山军民是怎样坚持斗争的呢？

王志昌：面对严重局势，为了保存革命力量，尽快扭转陷入困境的局面，鄂豫、皖西两区党委迅速传达中共中央和毛泽东对大别山区斗争的指示，进一步贯彻中原局关于长期坚持大别山区战略基地的思想，在政治、军事等方面采取重大措施，充分调动党、政、军、民各方面的积极因素，进行了艰苦卓绝的斗争。

政治方面。纠正“左”的错误倾向，立即停止急性土改，大力贯彻新区政策。两区党委实事求是地解决遗留问题，积极做好统一战线工作，化消极因素为积极因素。遵照毛泽东给中原局的“把主要的打击对象限于政治上站在国民党方面坚决反对我党我军的重要反革命分子”的指示，转变有关政策，对土顽及国民党军被俘人员不杀不辱，愿留者收容，愿去者遣送，对敌乡保武装从单纯的军事打击转为与政治上分化瓦解结合起来，对一般成员只要放下武器，便既往不咎，对其首恶分子，允许将功折罪，可杀可不杀者尽量不杀。经过及时纠正土地改革中的“左”倾错误，积极发展农业生产，扩大统一战线，根据地的生产和社会秩序逐渐恢复正常。正如邓小平给毛泽东的报告中总结的那样：“大别山停止土改、乱肃人、捉人杀人、乱没收后，逃亡的地富和中农逐渐回家。今年大别山的田种上了，拿武器与我们斗的人也少了些。”这就为内线军民大量歼敌，保证反

“清剿”的胜利，巩固大别山根据地创造了一个有利的政治局面。

开展新式整军运动。刘邓大军主力转出大别山区之后，由于敌人的疯狂“扫荡”“清剿”，留在内线的武装力量不断受到损失，面对严峻的斗争形势，部队和地方干部思想上产生了右倾情绪，不愿坚持大别山区的内线斗争，特别是对坚持大别山信心不足。如当时留下来坚守在商城县斗争的第二纵队五旅十五团的干部战士认为野战军改为地方部队不光彩，要打仗有力无处使。此时，中共鄂豫、皖西区党委分别传达毛泽东对坚持大别山区斗争的指示精神，中共中央中原局作出在紧张的反“扫荡”中，进行以诉苦、三查和“三大民主”为内容的新式整军运动的决定。同时，为了肃清党内的不良现象，加强党的领导，开展了整党运动。在部队中查阶级、查斗志、查工作，整顿组织、整顿思想、整顿作风。当时第二纵队第五旅在敌人重重包围中召开旅党委扩大会，抽出团的主要领导干部约 30 人，用 3 天时间，所有人员对三查三整主要问题都要发言表态，开展批评与自我批评。这次三查三整对全体干部战士以教育为主，不搞人人过关。通过三查三整，仅在一周时间内，干部战士的精神面貌焕然一新。特别是军民关系更加密切，群众赞扬解放军说：“老红军真正回来了。”

军事方面。根据中共中央中原局《关于开展大别山游击战争的指示》和之后又作出的《坚持大别山武装斗争的紧急指示》，4 月以后，鄂豫、皖西两区相继在兵力部署和军事斗争策略方面进行比较大的调整。在兵力部署方面，两区撤销部分旧县制，新设十几个便于统一领导和利于对敌斗争的边界县，同时合并县以下的小区为大区，依照各县情况设 2 个到 3 个工委及指挥部，地方干部全部编入武工队，集武装斗争与地方工作于一身。5 月，两区又进一步以军分区为单位，组建三种不同类型的游击集团：一是由各县县大队和武工队组成的游击队（人枪 80 至 100），任务是坚持县内游击，保护群众利益。二是合并毗连县武装，组成新编团，活动于敌两县防区接合部。三是成立各军分区首长直接指挥的基干团，在区内或临界地区作较大范围的机动。在军事斗争策略方面，采取适合各自特点、宽大机动的游击战术。

鄂豫、皖西两区军民在中共中央、中共中央中原局的正确领导下，经过浴血奋战，度过最艰苦的岁月。3个月过后，鄂豫区仍保持着十五六块相对稳定的基本区，皖西恢复了桐城、潜山、太湖、岳西等老区的工作。虽然大别山区的斗争形势仍很紧张，但正如1948年5月9日邓小平给中央报告中所说的那样："我们确实已站住了脚，敌人把我们打不出来了，而4个野战纵队抽出后，减少了人民负担，拖出了敌人3个师，加上最近策略上的讲求，更便于大别山的坚持。"

1948年夏，中原解放军接连取得宛西、豫东、襄樊等战役的重大胜利，彻底粉碎了蒋介石的中原防御体系，迫使蒋介石将大别山的兵力外调。坚持内线斗争的大别山军民抓住时机，主动出击。1948年10月8日，鄂豫军区解放新县县城。新县的解放，是鄂豫区斗争形势发生重大转变的标志。豫东南军民从战略游击坚持阶段转向全面反攻阶段，由割据乡村转而夺取城镇，彻底推翻国民党豫南地方反动政府。从11月至次年2月，相继解放商城、固始、光山、潢川、罗山、息县县城。1949年4月初，信阳县城解放。

在皖西，集中一切力量截击南逃之敌，以政治攻势为主，结合有力的军事出击，分化瓦解、打击与消灭土顽，和平收编敌伪武装，扩大解放区。1948年10月至1949年1月，皖西军区及各分区部队和华东野战军先遣纵队先后解放岳西、霍山、寿县、六安、合肥、舒城、霍邱等7座县城和寿县正阳关、合肥三河、六安苏家埠等20个大镇。至1949年4月皖西（北）全境解放。

在鄂东，从1949年3月开始，鄂东党政军民在全国解放战争胜利进军的大好形势下，配合南下大军，主动出击，扫荡境内残敌，清除躲进深山密林妄图负隅顽抗的地方反动武装残余势力。在解放麻城、罗田、英山、黄梅、黄冈、浠水、蕲春、广济、孝感等县城后，至5月中旬，迅速解放鄂东全境。

至此，大别山全境解放。与此同时，行政区划调整和机构改组工作也顺利完成。

▶ 在解放大别山区的过程中，渡江战役已经打响了，作为南下大军新的前进基地和直接后方，大别山人民是怎样拥军支前的？

王志昌：1949年元旦，新华社发表了毛泽东主席的新年献词《将革命进行到底》，宣告中国人民解放军将渡江南进，彻底解放全中国。1月8日，中共中央政治局会议通过了《目前形势和党在一九四九年的任务》的决议。1月底，中共中央中原局在商丘召开高级干部会议，所属各大区党委（分局）、野战军各纵队及开封、郑州主要负责干部参加了会议。会议一致拥护中央决议，统一了对形势、任务和政策的认识，为渡江南下、解放全中国作了思想准备。同时，中原、华东野战军经过短期休整，改编为第二、第三野战军，开始向长江北岸挺进。大别山解放区即由刘邓大军开创的中原前锋战场，变为大军南下渡江作战的前进基地和直接后方。大别山区各级党组织在2月以后把支前当作压倒一切的中心任务，“全心全意全力全面地保证支前”。主要表现在以下几个方面：修桥补路，保障交通运输；提供船只和船工；供应粮草，转运物资。不论前方后方，无不全力以赴，“部队进到哪里，人民支持到哪里”，“要人有人，要船有船，要粮有粮”。可以说，渡江战役的胜利，解放军是“人民用双手托着渡过长江的”。

▶ 据了解，国民党军从大别山败退时，有计划留下了部分武装人员，妄图利用大别山重要的战略地位和特殊复杂的地理环境，开辟所谓“第二战场”，是这么个情况吗？

王志昌：是的，敌人很顽固。1949年上半年，大别山各县县委在开展以支前为中心的运动中，始终把稳定社会秩序和剿匪反霸斗争紧密地结合起来，不断取得剿匪反霸斗争的胜利。拿我们商城说吧，到夏末，县北部地区基本肃清了残匪，根除了匪患。但由于商城复杂的地形和反动地方土顽历来势力雄厚，加上剿匪力量相对薄弱等原因，仍有大批蒋军的散兵游勇和畏罪潜逃的地方反动武装骨干、恶霸地主潜入深山，继续与人民为敌。他们或集结成大股，多至数百人，或组成小帮，数十人一伙，昼伏夜出，行止不定，流窜在崇山峻岭、深草密林之中，不时偷袭基层人民政权，屠杀党员、干部，奸淫抢劫，杀人放火，制造谣言，胁迫群众，破坏支前，扰乱社会治安及人民正常的生产活动。

特别是1949年5月，白崇禧委派大别山“剿共”总司令汪宪等携带电台潜来大别山后，纠合鄂豫皖三省边境土顽，大肆进行反革命串联，对大小匪首封官加爵，共组织了14个支队，号称数万人，并动用飞机运来大批枪支弹药，为大别山土顽撑腰打气。商城的冯春波、吴砚田均被委为支队司令，从此，冯、吴两匪又大肆抓丁买枪、搜罗残匪、扩充势力。同年8月，冯、吴两匪部均由原来200余人扩充到700余人。伪商城县副县长陈金寿也率县自卫队残部，在鄂豫边界流窜活动，妄图东山再起。

1949年8月，大别山区剿匪进入高潮。为统一指挥鄂豫皖三省边境的剿匪，河南、湖北两省委在武昌召开会议，河南省委书记张玺和省军区司令员陈再道，湖北省委书记李先念分别到会作指示。根据会议精神，鄂豫皖边区剿匪总指挥部于8月中旬在湖北罗田滕家堡成立，总指挥王树声，副政委何柱成，副总指挥梁从学，下辖东南北三线指挥部。皖境为东线，由三野一个师和皖西军区负责；鄂境为南线，由湖北省军区独立师和黄冈军分区负责；豫境为北线，由一二六师、河南省独立团和潢川军分区负责。指挥这次剿匪的主要领导干部，多为出身于大别山区、土地革命时期参加红军、经过长期革命战争锻炼的名将，首先对国民党残匪有着极大的心理威慑。

根据7、8两个月的剿匪情况，针对土匪活动特点，各剿匪部队认真总结了经验教训，研究了新的对策，决定首先集中优势兵力，统一行动，突袭敌顽盘踞活动的重点区，以其有生力量打乱其指挥系统，摧毁敌伪基层政权，破坏其情报机构，然后再配以政治攻势，发动群众，分化瓦解匪众，逐渐孤立极少数顽固分子，最后再予以彻底肃清。

剿匪部队采取分区分片反复清剿、围剿的办法，不断追击、伏击、堵截，一旦发现匪踪，即穷追不舍，不让其有喘息之机，辅之摧毁乡、保、甲组织，以分散对分散、以集中对集中。在重点清剿区内，以排为单位，坚守要道、制高点或山垭口，白天看烟，夜间看火光，使匪难有藏身之地。强大的军事攻势，使匪营内部进一步分化，有的率部投诚，有的回家。张继武支队余部150余人、吴砚田支队余部200余人携枪向人民政府投诚；伪商城县副县长陈金寿在一山洞内被解放军生俘，并迫使他下令县自卫队200人集中交枪，向人民政府投诚登记。9月底，鄂豫皖边各路剿匪部队直捣设在金寨县境的匪巢，在狮子洞活捉匪总司令汪宪、匪首袁成英、樊迅等，彻底摧毁了土匪在大别山区的指挥中心。汪宪当初被委任为大别山“剿共”总司令时曾叫嚣：“学习刘名榜，坚持二十年。”刘名榜知道后，对战士们说：“他学不了，国民党没有群众基础！”果然，短短3个月后，汪宪的部队就被全部消灭。

此后，各地部队实行重点寻歼和分散驻剿相结合，大力开展政治攻心，放手发动群众，组织民防，布下罗网，又在冯店螺丝畈一带大山活捉顽匪冯春波、陈赞明等。

在后期剿匪斗争中，对俘虏投诚的各级头目及匪特，继续执行党的镇压与宽大相结合的政策，首先将他们集中在新建坳编队集训，让他们一边学习，一边坦白交代过去罪恶，促其觉悟，根据罪恶和认罪态度，逐个进行处理。愿意回家的发给路费，愿意参军的也给以安排，对少数怙恶不悛、顽固不化、罪大恶极的匪首则在其危害区召开群众大会，进行公审判决。顽匪冯春波被俘后，商城县委会同一二六师在冯店河湾召开万人大会，号召受害群众上台控诉冯匪罪行，会后当众将其枪决。对这些顽固匪首的处决，使残匪受到极大震慑，加上政策上的攻心作用，在逃残匪迅速冰消雪解。

剿匪反霸斗争的深入开展，进一步稳定了大别山各县的社会秩序，区域内很快呈现昼不关门、夜不闭户的安定局面，大别山人民扬眉吐气、欢天喜地，开始过上安居乐业的生活。

专家点评：

程中才：中共安徽省委党史研究院院长

时　间：2021 年 4 月 25 日

地　点：安徽省合肥市

寻访组：请谈谈大别山是解放江南的桥梁和后勤保障基地。

程中才：大别山地区全境解放，这是人民的伟大胜利，是中国共产党领导的新民主主义革命在大别山的伟大胜利。

1949 年元旦，新华社发表毛泽东的新年献词《将革命进行到底》，宣告中国人民解放军将渡江南进，彻底解放全中国。大别山解放区由刘邓大军开创的中原前锋战场，变为大军南下渡江作战的前进基地和直接后方。大别山人民响应“打过长江去，解放全中国”的伟大号召，踊跃支前，参军参战，为渡江战役的胜利作出了巨大贡献。豫南地区，从 1949 年 2 月至 5 月，全区共筹粮 3657 万斤、柴草 5927 万斤，修筑公路（不包括罗山县在内）1245 里，修建大中型桥梁 222 座。皖西地区，2 月至 5 月，舒城、六安、霍邱 3 县和六安、三河 2 市筹粮 5559 万斤，筹款 1007.6 万元。鄂东地区，从 3 月中旬至 7 月中旬的 4 个月时间，人民解放军在此集结的有 35 万人，供应粮食 12000 多万斤、柴草 7000 多万斤、食盐 1000 多万斤。

长期坚持大别山斗争的群众领袖

寻访地点：湖北省团风县黄冈革命烈士陵园

湖北省武汉市新洲区道观河风景管理区刘天元墓

湖北省孝感市大悟县中原突围纪念馆

河南省信阳市新县刘名榜故居

安徽省潜山市中共皖西工委旧址

采访对象：颜宏启　湖北省黄冈市史志研究中心主任

（现任湖北省黄冈市史志研究中心一级调研员）

王腊波　湖北省武汉市新洲区党史办原主任

徐　维　湖北省大悟县委办公室副主任、县档案馆（史志研究中心）主任

刘小妹　大别山干部学院特聘教师

夏春林　中共潜山市委党史和地方志研究室主任

采访人员：孙　伟　石和安　叶希武　刘万鹏

在大别山地区革命斗争中涌现出一批土生土长的革命领导人，他们与人民群众血肉相连，始终坚守在大别山上。即使在革命低潮时期，也能绝地求生，站稳脚跟，不断把革命引向高潮。他们团结广大群众浴血奋战、不屈不挠，他们是一枚枚血红的勋章，是一尊尊血性的雕像，是当之

无愧的人民英雄、群众领袖。

鄂东农民领袖——漆大爷

2020 年 6 月 18 日，大别山迎来了夏日首次大范围降雨。雨水滋润着这里的山山水水，满眼是绿，空气中弥漫着泥土被浸透散发出的芳香。寻访组怀着对革命先辈的敬仰之情，首先探访位于湖北黄冈市团风县杜皮乡的漆大爷洞，了解鄂东群众领袖、人称“漆大爷”的漆先庭的英雄足迹，探寻中国共产党人是怎样怀揣初心启航出发的。陪同我们的是黄冈市史志研究中心主任颜宏启。

我们来到“漆大爷洞”。这个洞位置很隐秘，它位于团风县杜皮乡林家山冷水沟的一处峭壁之上，四周植被茂密，悬崖之下有一条小溪，沿着崎岖的山道我们找到了“漆大爷洞”。洞口稍窄，只容一人躬身缓步而入，里面约十七八平方米，走进洞内，一股潮湿阴凉的空气扑面而来。抗战胜

◎ 湖北省黄冈革命烈士陵园

利后国民党挑起内战，疯狂“清剿”共产党，并强迫百姓搬家并村，漆先庭同其他党员一起隐入深山老林之中，在数十倍于己之敌的“梳篦战术”中顽强坚持，住在这个山洞达103天，只有到深夜才能去洞外找野果充饥，仅吃过80余顿野菜饭，处于极端危险与艰难之中。如今，当地群众称这个洞为“漆大爷洞”。

沿着蜿蜒的羊肠小道下山，驱车数十公里，寻访组来到黄冈革命烈士陵园，陵园绿树成荫，环境幽静。雄伟庄严的革命烈士纪念碑正面、背面分别镌刻的是李先念、方毅的题词。走进展厅，看到了展厅展示着一件珍贵的革命文物——全华山汉留凭证。讲解员介绍说：“这件珍贵的文物是共产党员、全华山汉留帮会龙头大爷漆先庭生前捐赠给纪念馆的。”这块25厘米见方的黄色绸布上面写着：

全华山上把香烧，仁义堂前聚英豪。

统一抗日齐努力，得到解放自然高。

▶ 共产党员漆先庭怎么会成为汉留帮会龙头大爷呢？

颜宏启：汉留帮会起始于清朝初年，主要组成人员是社会底层民众，他们相互抱团，扶贫救难，有着严格的帮规。一直到民国初年，成为鄂东一带很有影响力的民间力量。抗战爆发后，基于民族大义，这些组织纷纷举起抗日大旗。中共鄂东军政委员会当即决定拿汉留这“旧瓶子”装上发展中共五大队的“新酒”。于是，就派遣在社会交往广、名气大、具有影响力、时任黄冈中心县委委员的漆先庭以个人名义，在大崎山组织领导了抗日汉留——“全华山”组织。

1939年5月11日，漆先庭以全华山寨主双龙头大爷的身份，在大崎山铁冶东山寺首次“开张收堂”，正式打出“全华山”旗号，以“发宝”方式，向会众募集会费，扩招会众。刚才我们看到的黄色绸布就是“宝”，即汉留成员的“会员证”。据统计，全华山共发“宝”3万多份。从此，漆先庭成为鄂东家喻户晓、妇孺皆知的“漆大爷”。

▶ 漆先庭是如何巧妙地利用自己江湖身份领导和发动组织群众，圆满完成党交给的各项任务呢?

颜宏启：漆先庭在大革命时期参加过黄冈起义，起义受挫后，很快在黄冈北部恢复和发展6个党支部。后来，漆先庭卖掉家中仅有的一亩半田，与人合伙开店铺，以卖豆腐为名，走村串户，联络贫苦农民。1936年3月，红二十八军来到贾庙，漆先庭担任中共贾庙区委书记，根据党的指示，发动青年农民参加红军。先后组建两个“战斗营”补充到红二十八军，并带领地方便衣队为部队筹集大批银圆。

全华山抗日组织在漆先庭领导下，以各种形式进行抗日救亡宣传活动。同时，将许多年轻力壮的会员输送到共产党领导的抗日队伍当中。还以发“宝”来收缴会费，为中共领导的五大队筹集了大量的军需经费、武器弹药，成为五大队给养供给的主要来源。另外还举办了多期医护培训班，为五大队培训了一批医护工作人员。全华山抗日帮会是鄂东党组织与民间组织结成的特殊形式的抗日统一战线，它壮大了中共领导下的抗日武装，巩固扩大了鄂东抗日民主根据地。后来，李先念称漆先庭是“鄂东的农民领袖”。

由于漆先庭在黄冈地区革命斗争中影响很大，所以也是敌人重点抓捕对象。中原突围后，国民党对黄冈地区实行重兵“清剿”，以“捉住漆先庭，人有多重钱有多重”的口号进行通缉，漆先庭化装潜往浠水，转入地下，坚持与敌斗争。

中华人民共和国成立后，年届60的漆先庭作为黄冈老红军代表进京，在全国政协礼堂宴会上，董必武将他介绍给毛泽东。毛泽东握着漆先庭的手说：“大别山的斗争很艰苦，你们坚持20多年红旗不倒，不简单呀！你们是新中国的有功之臣。”

红色龙头大爷——刘天元

6月18日下午，寻访组一行人又驱车来到湖北省武汉市新洲区道观河风景管理区汉子山村刘家湾，探寻另一位群众领袖刘天元的事迹。在新洲区党史办同志引导下，穿过一条简易的山间公路，来到位于半山腰的刘天元烈士纪念碑前。纪念碑后是刘天元烈士的衣冠冢。烈士墓位于群山环抱中，庄严而肃穆。这块墓碑是由新洲区人民政府2013年6月所立。

刘天元又名刘永德，徐古镇柳河刘家湾（现道观河汉子山村）人。出身于雇农家庭，自幼父母双亡，7岁随叔父以放牧砍柴为生。12岁学理发，14岁改学打榨，15岁又学唱皮影戏，整个童年过着艰辛困苦的流浪生活。1928年8月，经中共黄冈县第一区区委书记漆先庭介绍加入中国共产党，担任党小组组长。翌年任中共横坡坳支部书记。先后在漆

◎ 湖北省武汉市新洲区刘天元烈士墓

家畈、土门、长岗山、刘家湾、野马冲、赵家冲和谢十甲湾发展党员 56 人，建立了 19 个党支部和党小组，广泛开展农民运动，成立了农民协会，组建了自卫队。红四方面军主力西征转移后，白色恐怖笼罩着鄂豫皖边区。刘天元白天借钓鳝鱼为名观察敌情，夜间以唱皮影戏作掩护宣传群众、组织群众，坚定了群众的革命信心和斗争意志。经过秘密串联，发展党员 100 余人。汉子山刘家湾有一个组织叫“复兴景宝山”，即汉留组织。这个组织后来聚集了 10 多万会众，表面上它带有江湖性质，实质上是具有抗日民族统一战线性质的群众组织，为首的龙头大爷就是闻名遐迩的刘天元。1941 年，刘天元担任黄冈中心县委敌工部部长。江湖中都知道刘天元是一位专杀日寇、汉奸的红脸大汉，能双手使枪，左右开弓，百发百中。由于他身材高大，声如洪钟，又有一副红色脸皮，胡子浓密，加上为人豪气大方，喜接八方英雄，人称“红脸美髯公”，深受农民群众信赖与敬仰。

▶ 这样一位身经百战的龙头大爷，后来的革命经历是怎样的？

王腊波：1948 年的暮春时节，刘天元不再是汉留组织笑傲江湖的隐形侠士，而是威震敌胆的共产党新洲县县长。一天，刘天元接到黄冈县委派人送来的一封信，要他赶到汉子山一个叫何家凹的地方参加一个紧急会议。会议即将结束时，敌人突然包围过来，危难之时，他们立即组织撤退，途中，他突然想到还有一个机密文件箱落下了，便与通讯员转到山上楠竹园中隐蔽，想等到敌军走了之后再去找回文件箱，殊不知文件箱早已被其他同志转移。就在他们正准备下山的时候，再次遭遇了敌人，刘天元落入敌手。敌军如获至宝，随即将其押送到麻城宋埠，数次派人劝降，但都被他严词拒绝。最后，敌人凶残地将刘天元杀害了。

雨后晴朗，日色嫣然。人们在他牺牲之地栽种了一大片桃林，桃花年年盛开，桃林枝繁叶茂。一腔热血，映红山峦，永载史册。

大别山地区的群众领袖——何耀榜

6 月 19 日，寻访组一行驱车前往湖北大悟县宣化店王家庄，寻访何耀榜当年的革命足迹。这里群山连绵，林木葱茏，溪流环绕，是一处“玉茏青纱人未识”的胜地。大悟县委办公室副主任、县档案馆主任徐维与我们一同寻访，我们迫不及待地想知道何耀榜早年的一些故事。

徐维介绍说，何耀榜同志可以说是经历了大别山革命斗争各个历史时期的人。1909 年 3 月，何耀榜出生于一个贫苦农民家庭，吃不饱、穿不暖，还受压迫，他是家里的壮劳力，全家人都指望着他，但在这种情况下，他还是毅然决然地抛家舍业参加了革命。何耀榜有一个显著特点，就是善于号召、组织、发动、领导群众，做群众工作。

何耀榜在参加革命期间主要是从事地方工作。何耀榜曾任武装执行委员，负责全乡武装工作。他很快把全乡 18 岁至 45 岁的农民组织起来，

◎ 湖北省大悟县宣化店镇王家庄村

众所周知的鄂豫皖红军的第一架飞机“列宁号”，就是他率领赤卫队缴获的。1930 年春，一架国民党军用飞机在武汉飞往开封执行任务返航途中，由于油料燃尽而迫降在大别山南部宣化店附近的陈家河河滩上，于是何耀榜率领赤卫队缴获了这架飞机，后来被命名为“列宁号”，成为鄂豫皖革命根据地红军的第一架飞机。这也是他领导群众取得的第一个重大胜利。

1934 年 6 月，为加强地方党组织建设，省委决定在鄂东北成立罗陂孝（罗山、陂孝北、河口三县）特委，何耀榜从正规部队调到地方工作，任特委副书记兼军事部长。他组织了一支由红军战士和革命群众组成的便衣队。他们采取机动灵活的斗争策略，相继处决了几个民愤极大的反动民团团总，以至于这一带的反动民团一听说便衣队就谈“何”色变。徐维继续介绍说。

红二十五军长征后，何耀榜先后任光麻特委书记、皖西特委书记兼红军师长坚持艰苦卓绝的三年游击战争。1935 年 5 月，红二十八军与鄂东北道委会合。高敬亭随即把鄂东北独立团战士挑选了一部分交给何耀榜。高敬亭走后，何耀榜把道委和特委的警卫队和一部分轻伤员再次组织起来，第三次重建鄂东北独立团。之后，这支队伍一直在大别山坚持斗争。

▶ 何耀榜在“岳西谈判”中突出展现了他作为一名群众领袖的素质，您怎么看？

徐维：西安事变后，蒋介石虽然被迫答应国共合作，但骨子里一心想消灭红军、消灭共产党。回到南京后，任命在西安事变中和他一同被扣的卫立煌为鄂豫皖边区督办公署主任，统一指挥大别山区的国民党部队。他们四处张贴悬赏布告：活捉何耀榜赏洋 1 万元；报告何耀榜行踪者赏洋 8000 元；哪个部队捉到何耀榜，一律官升一级。在这种情况下，1937 年 7 月，何耀榜以红二十八军名义给卫立煌写了份公函，提出双方进行谈判。

7 月 20 日上午 8 点，他受高敬亭指派，前往岳西县与国民党卫立煌的代表开始面对面的交谈。经过几天的讨价还价、角逐争锋，双方终于达成一致共识。岳西停战谈判，是南方 8 省 13 支红军游击队最早与国民党地方当局达成的局部停战谈判。谈判中，何耀榜既体现出坚定的原则性，又表现了必要的灵活性，有理、有利、有节，始终掌握着谈判的主动权，后来受到了党中央和毛泽东的高度评价。毛泽东对中原局书记郑位三说，何耀榜是大别山游击战的一面旗帜。

▶ 中原突围之后，何耀榜一直坚持大别山游击战争，直到刘邓大军千里跃进大别山后才与六纵一部会合。当时是什么情况呢？

徐维：武汉沦陷后，中共中央决定大力发展华中敌后抗日游击战争。何耀榜提前结束在延安的学习生活，重返鄂豫皖边区再次走上前线，组织领导革命群众。1939 年 5 月，鄂东地委宣告成立，何耀榜任军事部长兼鄂东抗日游击总队司令员。中原部队突围后，何耀榜继续留在大别山坚持游击战争。在这艰难时刻，何耀榜说道：“中央有明确指示，我看没什么好商量的。大别山是兵家必争之地，也是共产党人的老根据地。只要对中国革命大局有利，即使全部牺牲，也是值得的。”当天晚上，他就向中央报告：坚决执行在大别山坚持游击战争的指示。

从留下来那一刻开始，何耀榜便抱着必死的决心，率领游击队同敌人顽强地坚持斗争，毛泽东得知大别山还有武装力量活动时，要求在延安的中原局书记郑位三尽快派人与他联系，并提出一定要坚守住这一战略支点，少则三个月，多则一年，主力部队就要挥兵南下。刘邓大军进入大别山，邓小平政委立即给各纵队发出指示：大别山有游击队在坚持战斗，要特别注意与之联系。当何耀榜他们与六纵先遣四十九团会合后，便跟着六纵野战医院转战大别山。其间，在一次突围中他腿部受伤，由于长期隐匿于阴冷潮湿的山洞，无医无药无食物，以致全身感染腐烂，腿骨暴露在外，导致膝盖以下部位截肢。即便是这样，他仍坚持战斗。中原地区的形势开始好转后，华东野战军司令员陈毅还特地看望了何耀榜，称赞他是“大别山的传奇英雄”。

新中国成立后，党组织没有忘记这位为新中国成立作出重要贡献的有功之臣，时任中共湖北省委书记的李先念，特地征求他的意见，并提供岗位供其选择，他谦逊地说：“我文化水平不高，身体状况也不太好，把主要岗位留给年富力强的同志，让他们更好地为军队现代化建设多作贡献。”1955 年 2 月，何耀榜当选第一届政协湖北省委员会副主席，这是新中国成立后何耀榜担任的唯一职务。

1964 年 10 月何耀榜病逝。和平年代，一般人病逝是不能追认为革命烈士的。何耀榜在战争年代积劳成疾，对革命贡献大，党和政府破例授予他“革命烈士”称号。

英雄已逝，精神长存。何耀榜长期从事地方工作，与人民群众时刻站在一起。他以过人的胆识、顽强的毅力、卓越的领导力、强大的号召力领导和坚持大别山的游击战争，为大别山革命的胜利作出了不可磨灭的贡献。

坚持大别山斗争的一面旗——刘名榜

2020 年 6 月 20 日，寻访组一行来到河南省新县郭家河乡莲花村，这里是刘名榜的家乡。车子一进村口，一大片荷花映入眼帘，正可谓“接天莲叶无穷碧，映日荷花别样红”。花朵以胜利者的姿态向着太阳，笑迎八方来宾。在故居门前我们见到了大别山干部学院特聘教师刘名榜的孙女刘小妹。

▶ 为什么说刘名榜同志是坚持大别山红旗不倒的标志性人物呢？

刘小妹：爷爷从 1928 年参加革命到 1949 年全国解放，其间，只有半

◎ 河南省新县郭家河乡刘名榜故居

年受组织安排到延安学习，其他时间都一直在大别山坚持战斗。从第一个三年游击战争说起吧。红二十五军长征后，在鄂豫皖根据地继续“清剿”的国民党反动派有 10 万人以上。敌人“清剿”的主要手段：一是划区搜山、倒林；二是投毒、埋地雷；三是强化保甲制度；四是制造无人区。当时爷爷担任中共经扶（今新县）县委书记，挑起了大别山中心区坚持游击战争的重担。

爷爷他们在党组织的领导下，依靠群众同敌人周旋。面对敌人“梳篦式”战术，他将游击队化整为零，隐藏在群众中间。白天和群众一起干农活，晚上就进行革命活动。他们从群众的口中打探出哪个保长坏，哪个甲长出卖过共产党，夜里就神不知鬼不觉地出现在那些保长、甲长面前。他们还将标语贴在墙上、路旁，甚至贴进了经扶县城，落款为“中共经扶县委”“红二十五军便衣队”“红二十八军便衣队”。

▶ 解放战争时期，中原军区主力部队撤离了大别山，刘名榜他们则继续留在大别山坚持斗争，也就是第二个更加艰难的三年游击战争时期。能给我们讲讲那段历史吗？

刘小妹：中原突围之后，国民党正规部队和地方反动武装对大别山根据地发起了猛烈进攻。仅新县这一个地方，国民党就驻有一个新编正规旅，加上保安团、还乡团共有几万人。爷爷他们在中原局指示下，重建并领导罗礼经光中心县委，坚持地方游击战争。他们白天偎山洞、钻树林，与搜山的敌人周旋；夜间再小心地避开敌人的路卡、暗哨，下山去找群众接头，进行革命活动。敌人见一时难以剿灭游击队，就将游击队员的家属都抓了起来。爷爷的老母亲和女儿，甚至连他未满周岁的小外孙都被关进了监狱，并被押着到山上去喊话，企图引出爷爷他们。

▶ 斗争形势这么严峻，条件又这么艰苦，如果没有群众的支持，斗争也是很难持续吧？

刘小妹：爷爷出生在一个贫苦农民之家，农民的疾苦他一清二楚，而共产党是老百姓的队伍，从一开始就带领农民打土豪，分田地，让穷人过上好日子，所以深得老百姓的支持拥护。当时爷爷带领的游击队条件非常艰苦，几天几夜吃不上饭是经常的事，如果没有乡亲们的支持和帮助，那是没法坚持下去的。后来爷爷多次深情地说："没有人民群众的支持，就没有我刘名榜的今天啊！"

正是因为有着千千万万个普通群众的支持，我们的革命事业才能取得胜利。1955 年国庆节，爷爷被河南省选定为河南国庆观礼团团长，到北京参加国庆庆祝活动，毛泽东、周恩来等党和国家领导人亲切接见了他，当周恩来把他介绍给毛泽东时，毛泽东说："刘名榜，我知道，坚持大别山红旗不倒嘛！很不容易，功劳很大呀！"

中共皖西工委书记——桂林栖

2021 年国庆节前夕，在中共潜山市委党史和地方志研究室主任夏春林的陪同下，寻访组来到潜山市官庄镇日光村中共皖西工委旧址。夏春林主任介绍说："旧址为华氏宗祠。宗祠为宫殿式建筑，外三进，里七进，东西为厢房，内有古楼、古塔、青石桥、参天古树等。大门高大气派，门前石鼓似斗。整个建筑气势恢宏，富丽堂皇。'文化大革命'期间被毁，2011 年重新修复。宗祠门楣旁有'皖西工委'牌匾。1945 年 9 月，根据中共中央华中局指示，皖江区党委和新四军第七师决定，新四军第七师撤出皖中根据地，成立中共皖西工委，统一领导皖西敌后斗争，桂林栖担任书记。1945 年 10 月，桂林栖、张伟群、钟大湖等率新四军第七师沿江支队部分指战员和桐潜边区游击队在潜山后冲会合，随即在大虎叉召开连以上干部会议，正式成立中共皖西工委。会议还决定将两支部队 400 余人合并成立新的皖西大队，桂林栖任政治委员，钟大湖任大队长。1945 年 10

◎ 华氏宗祠

月至 1947 年 11 月，中共皖西工委机关就设在这里。”

▶ 桂林栖是一个怎样的革命者？

夏春林：桂林栖是湖北省黄梅县人。1927 年大革命失败后，参与黄梅秋收起义。1930 年参加红军，后加入中国共产党。1931 年，前往武汉从事革命活动。全民族抗战爆发后，桂林栖在武汉找到董必武接上组织关系。董必武写了一封信让他到黄冈找方毅。后被任命为黄梅县委书记，在黄梅组织开展抗日活动，并组建新四军第八大队，任政治委员。国民党政府不承认新四军第八大队，第八大队被国民党顽固派围剿打散。桂林栖率领部分人员到皖中抗日。历任新四军第七师独立营政治委员、中共巢无庐中心县委书记、皖中地委副书记、皖西工委书记和皖西区党委副书记等职。桂林栖是抗日战争胜利后领导皖西人民坚持大别山革命斗争的杰出领导人。新中国成立后，历任中共安庆地委书记、安徽省政府副省长、省委书记处书记、唐山铁道学院副院长等职。从 1939 年到安徽工作到 1965 年离开，历经 26 个春秋。桂林栖在推行责任田和发展黄梅戏艺术方面作出了巨大贡献。在“文化大革命”期间受迫害致死。桂林栖曾写下一首明志诗：“本来文弱一书生，效命工农几十春，九死一生酬壮志，千锤百炼见丹心。”这是他一生的生动写照。

▶ 请介绍一下桂林栖领导皖西人民坚持大别山革命斗争的具体情形。

夏春林：在新四军主力撤出皖西后，国民党反动政府在皖西驻扎了一个旅的正规部队，加上地方保安三团、四团、七团、八团及各县国民党民团共 1 万人，敌我力量悬殊。当时，敌人在大别山区实行大规模拆屋并村、联保连坐、烧光杀光抢光、制造无人区等反动政策，修筑大量碉堡，妄图困死、饿死、消灭游击队，大别山地区的一些恶霸、特务也纷纷助纣为虐，斗争形势十分险恶。

1945 年 10 月，桂林栖等率部进入大别山区。从这时起到 1946 年 3 月，是解放战争时期皖西三年游击战争的第一阶段，即扎住脚跟时期。桂林栖等率领部队在山区内开展了一次较大规模的锄奸除害工作，处决了一批罪大恶极、血债累累的叛徒和特务分子，打击了敌人的气焰，鼓舞了群众的斗志。桂林栖等率领部队时分时合，分兵以发动群众，集中以应付敌人，迫使敌人不得不承认"三个月消灭共军"的计划破产。

1946 年 3 月，桂林栖到苏北淮安向华中局汇报工作。在去华中局期间，国民党反动军队疯狂地向苏北解放区进攻。华中局考虑到他返回大别山有一定困难，加上他的爱人和孩子已在山东，打算让他留下来，在军部担任巡视员。但桂林栖向组织表示自己对大别山区熟悉，回到那儿对革命斗争有益，坚决要求重返大别山。经组织批准之后，1947 年 2 月，他带领 20 多名干部日夜兼程赶到目的地。当时，天寒地冻，在过运河时，毛驴被冻死。桂林栖带头跳进齐腰深的水中，扑向对岸。上岸后，水淋淋的棉衣经风一吹，冻成冰块，走路哗哗作响。路途上还常常与敌人遭遇，他机智地指挥大家摆脱敌人的纠缠，继续赶路。有时，两天吃不上饭，连喝水也是用一个茶缸传来传去，边走边喝。急行军一个多月，才返回大别山。从此时起到 1947 年 8 月，是坚持大别山斗争的第二阶段，即发展壮大时期。在此期间，皖西工委成立岳北、潜（山）太（湖）、舒（城）六（安）、桐（城）庐（江）四个县委，皖西大队扩编为皖西支队，隶四个大队，两个直属连。不久，与先后转战到达这里的新四军第二师、第五师及中原人民解放军的几支部队会合，成立皖西人民自卫军，刘昌毅任司令，桂林栖任政治委员，皖西革命根据地迅速出现新局面。部队迅速发展到 3000 人左右，斗争局面大为改观，从而为刘邓大军千里跃进大别山创建解放区创造了有利条件。

1947 年 8 月，刘邓大军进入大别山，第三纵队及大批干部南下与皖西人民自卫军胜利会师。从那时起到 1948 年底，是坚持大别山斗争的第三阶段，即走向胜利的时期。1947 年 11 月成立皖西区党委，彭涛任书记，于一川、桂林栖等任副书记。国民党军进行疯狂“扫荡”，大别山地区革命斗争异常残酷。桂林栖和大家一样，在食不果腹、衣不蔽体的困境中顽强地坚持着。1949年春，刘伯承经过六安时，曾对马芳庭和曾庆梅说：“和其他根据地相比，你们皖西根据地是坚持得最好的”。这虽然归功于中共中央中原局的正确领导以及全体干部、军民的团结一致和英勇斗争，但桂林栖也为此作出了很多贡献。

桂林栖是如何密切同人民群众的关系的？

夏春林：在坚持大别山的斗争年代里，桂林栖始终保持和发扬艰苦奋斗、密切联系群众的优良传统和作风。

敌人封锁围困的时候，粮食、衣被、药物都十分缺乏，桂林栖和战士们常常几天吃不上一顿饭，晚上只能露宿山岭、田野。有一次，在岳西、舒城交界处板仓，被敌人包围了七天七夜。因为没有粮食，就买老乡的腌菜充饥。后来，弄到了一点粮食，没有锅，就用敌人钢盔煮饭，还没吃进嘴，战斗就打响了。就在那样紧张、艰苦的战斗生活中，桂林栖严格要求自己，同广大干部战士做到衣、食、住、行四个一样，从来不搞特殊。有时还同警卫员分吃一碗饭，合盖一条被，把牲口让给战士骑。有一段时间，他身体很弱，痔疮发作，每天脓血淋漓，冬天则血湿棉裤，冻成冰块。

桂林栖时时刻刻维护人民群众的利益，帮助群众克服困难。对于军烈家属，尤其是家庭困难的，每当战斗有所缴获时，桂林栖都会尽量予以救济；对于遭到敌人迫害的群众，他也会千方百计予以掩护，给以安慰。针对国民党反动军队在大别山地区抓丁派粮、烧杀抢掠等残害行为，他一方面积极组织或者参与军事斗争，一方面则是采取强化宣传工作来调动群众的积极性，“拆房拆屋，百姓痛苦”“穷人好可怜，没柴又没盐，国民党收税少不了半文钱”，以及“抓丁又派粮，穷人泪汪汪”等宣传标语，深得群众拥护和欢迎。1947年下半年，大别山地区工作曾一度出现偏差，在急性土改中侵犯了一部分中农和工商业者的利益，在打击敌特时，有扩大化倾向，曾在分水岭祠堂关了一些不应该关押的人。桂林栖在知道这个情况后，经过与其他同志一起调查研究，不仅将这些人释放出来，而且公开地向群众承认错误，从而得到了群众的谅解。依靠群众的支持，桂林栖率领的游击队度过许多艰难时刻。大别山地区群众亲切地称呼桂林栖为“老桂”或者“赵先生”。

专家点评：

郭晓平： 中共河南省委党史研究室原副主任、河南省中共党史学会原副会长、郑州大学教授

时　间： 2021 年 3 月 19 日

地　点： 河南省郑州市

寻访组： 请谈谈大别山地区群众领袖的伟大历史功绩。

郭晓平： 毛泽东曾指出：“我们党的组织要向全国发展，要自觉地造就成万数的干部，要有几百个最好的群众领袖。这些干部和领袖懂得马克思列宁主义，有政治远见，有工作能力，富于牺牲精神，能独立解决问题，在困难中不动摇，忠心耿耿地为民族、为阶级、为党而工作。”在大别山革命根据地，有一批这样的群众领袖领导人民坚持斗争。这些群众领袖都是土生土长的，具有坚定的革命信念，与人民群众生死相依，始终坚守在大别山上。漆先庭、刘天元、何耀榜、刘名榜、桂林栖等就是这群杰出人物中的典型代表。他们在主力部队转移、革命处于低潮的时期，依靠坚实的群众基础，凭着自己的声望与号召力，努力恢复整顿发展党的组织，建立秘密工作机构，深入群众，宣传群众，发动群众，武装群众。他们利用敌人之间的矛盾，实行区别对待政策，扩大团

结面。他们积极改造枪会与民团，甚至是宗教帮会，组织群众武装，使领导权逐渐转移到党的手中。这些群众领袖起到了领头雁的作用，为中国革命留住了火种，保存了实力，成为大别山党组织领导根据地军民坚持到最后胜利的一个重要因素。这些群众领袖与广大穷苦百姓生死与共，鱼水相依，密切了群众联系，壮大了共产党的队伍，保存巩固了革命根据地，奠定了革命胜利的坚实基础。

黄埔骁将显神威

寻访地点：湖北省武汉市黄陂区甘棠镇潘忠汝烈士墓

湖北省武汉市黄陂区王家河镇吴光浩烈士陵园及旧居

河南省新县箭厂河乡红一军成立纪念地

河南省新县中共中央鄂豫皖分局旧址及红四方面军总部旧址

采访对象：颜宏启　湖北省黄冈市史志研究中心主任

（现任湖北省黄冈市史志研究中心一级调研员）

韩光生　河南省新县文物管理局局长

（现任河南省新县文物管理局四级调研员）

采访人员：孙　伟　石和安　叶希武　刘万鹏

四时俱可喜，最好新秋时。金秋时节，寻访组一行专程来到湖北省武汉市黄陂区，探访黄麻起义主要领导人、鄂豫皖根据地初创时期的开拓者、黄埔军校出身的共产党员潘忠汝、吴光浩两位烈士的故乡。

黄麻起义著名领导人——潘忠汝、吴光浩

一路上，清澈湛蓝的天空下，群山起伏，丛林苍翠，溪流潺潺，革命先辈打下的江山是如此宁静祥和。

我们径直来到潘忠汝烈士家乡武汉市黄陂区甘棠镇潘家堰湾。一进

◎ 湖北省武汉市黄陂区潘忠汝烈士墓

村头，就看见潘忠汝烈士衣冠冢及纪念碑，周围是一亩见方的广场，四周苍松翠柏，绿荫如冠，只见一潘姓村民正在广场挥锹培草。他介绍说，村里原有潘忠汝烈士事迹陈列展，展品中有他的遗像及他读书时的书籍等，还有一块银圆。1927 年党组织指示潘忠汝去黄安担任农民自卫军大队长。当他路过家乡时，病倒不能起床。父母与妻子再三挽留，潘忠汝对他们作了耐心说服。临别时，他从衣服口袋里掏出仅有的一块银圆交给送行的妻子说：“我有紧急任务，不能在家侍奉二老，家中的一切，全靠你了。”说罢，拖着尚未痊愈的身躯，往黄安走去。潘忠汝的妻子一直舍不得花掉这块银圆，于 20 世纪 70 年代末将其捐给纪念馆。如今，这块银圆已成为珍贵的革命文物。

▶ 潘忠汝是怎样领导黄麻起义的？又是如何牺牲的？

颜宏启：潘忠汝自幼喜习武术，1924 年考入武汉中学，开始接触马克思主义。1926 年潘忠汝进入武汉中央军事政治学校（黄埔军校武汉分校）

学习，同年加入中国共产党。1927 年被派到湖北黄安任县公安局军事教练，从事秘密革命活动。大革命失败后，他带领部分人员加入黄安县农民自卫军，任大队长，率部活动于七里坪、紫云等地，与反动民团作斗争。

1927 年 11 月 13 日，年仅 21 岁的潘忠汝领导了黄麻起义，担任起义总指挥。起义军出发前，潘忠汝挑选了 70 余名年轻力壮的小伙子组成攻城突击队，身藏短枪，由吴光浩率领，化装绕小道先行打入城内，进行里应外合。14 时凌晨 4 时，吴光浩在城内的突击队发出了攻击信号。潘忠汝手举盒子枪，指挥攻城。顿时，起义部队有的架云梯，有的烧城门，有的放土炮……从四面八方冲进城内，胜利的红旗插上了黄安城头。农民武装攻占了黄安县城，成立了黄安县农民政府，组建了工农革命军鄂东军，潘忠汝担任总指挥兼第一路军司令。他在检阅时发表演说："我们不仅要打下一个黄安城，我们还要打遍大别山，打遍全中国，打出我们的大路，打出我们的江山。"12 月 5 日，黄安县城的起义部队被敌军包围。为了保存这支新生的革命武装，潘忠汝让副总指挥吴光浩带领部队突围，自己则带领少部分人断后，先后六次进出城门。当他第七次护送战士们突围时不幸腹部中弹，他不顾剧痛，一手捂住冒出的肠子，一手挥舞着刀枪继续战斗，因失血过多，身体摇晃了一下，一头栽倒在地。几个战士快步上前，将他背起冲出城门。行至七里谭畈河时，戴克敏的八叔戴叔先闻讯赶来抢救。因其伤势严重，医术高明的戴叔先也无力回天。他在牺牲前使尽全身的力气，颤动着干裂的嘴唇，对身边的同志说："你们把队伍带到七里坪集合，一定要保存、发展这支革命队伍……革命一定能胜利。"在场的同志无不为之动容。

一路唏嘘，一路感慨。一小时后，寻访组一行驱车来到了黄陂区王家河镇青云村蔡吴湾的吴光浩烈士陵园。纪念碑黑色的大理石基座上矗立着四块巨石，上面镌刻着"吴光浩烈士墓"及烈士的生平简介，碑高 2.3 米，喻示着吴光浩烈士 23 年短暂而辉煌的人生。

◎ 湖北省武汉市黄陂区吴光浩烈士旧居

我们来到吴光浩烈士旧居。门前视野开阔，旧居古朴沧桑，油漆斑驳的大门上贴着门牌号：王家河镇青云村蔡吴湾 89 号。

▶ 吴光浩是怎样成为黄麻起义领导人的？

颜宏启：1906 年 6 月，吴光浩出生于一个富裕家庭，他曾对村里的穷人子弟说："马克思虽说是个洋人，但他给劳苦大众指出了一条光明大道，按他的话去做，穷人才能翻身解放。"

吴光浩 1925 年由党组织介绍，考入黄埔军校第三期，加入中国共产党。后参加北伐战争担任营长。北伐军占领武汉后，吴光浩请假回家看望父母，父母不愿意让儿子在外东征西战，想用逼其完婚的方式把他的心拴住。吴光浩说："革命何时成功，我便何时结婚！"父母没办法，便把他关在屋里，不准其外出。眼看假期已满，吴光浩急得团团转。他摸着自己长长的头发，心生一计，对父母说："要当新郎官，剃个头才像样子！"父母信以为真，高兴地说："好！快去快回！"父母哪里知道，儿子是以此计逃婚，自此一去不返。大革命失败后，中共湖北省委指定他为黄麻区特委委员，并担任麻城县自卫军大队长。后担任黄麻起义副总指挥。

▶ 黄安城被敌军攻陷后，吴光浩是如何领导突出重围的起义队伍坚持斗争的？

颜宏启：黄麻起义遭到敌人镇压后，吴光浩率领突出重重封锁的72名鄂东军战士，转战至黄陂县木兰山一带，开展游击战。黄麻起义的星星之火再次燃烧起来。根据中共湖北省委指示，他将部队改编为工农革命军第七军，他任军长，以方圆百里的木兰山为中心，以山中群众为依靠，顽强开展革命斗争，创造出了“昼伏夜动，远袭近止，声东击西，绕南进北”的聚散无常、机动灵活的游击战术。这些战术，成为日后鄂豫皖红军和游击队在敌众我寡、兵力悬殊情况下安身立命、由弱变强的制胜法宝。

就在这时，吴光浩家里一位亲戚带着他父母的亲笔信和100块大洋来到木兰山，劝他离开队伍，出国留洋。吴光浩对亲戚说：“钱我收下，因为它对革命有用，要我脱离共产党回家当少爷或者出国留学，是根本不可能的！”随后不久，他率领第七军重返黄麻老区，实行武装割据，在鄂豫边开辟了方圆百里、以柴山保为中心的鄂豫边根据地，第七军改编为中国工农红军第十一军三十一师，吴光浩任军长兼师长。

一天，红军接到麻城县委报告，说西张店民团势力很大，拥有几十支快枪，不好对付。问明情况后，吴光浩要县委的同志给他准备几个大秤砣。当天深夜，吴光浩带领一个小分队来到西张店，对着夜空打了几枪，然后让战士拖着四个大秤砣在街上来回跑动，并大声喊道：“红军大队人马到了，民团跑不了啦！”秤砣在石板上发出“嘚、嘚、嘚”的马蹄声，民团信以为真，一个个吓得提着裤子跑，枪也不敢拿。吴光浩带人冲进空无一人的民团驻地，没费多少力气便得到了20多支快枪。一时间，吴光浩“秤砣换枪”的故事在群众中广为流传。三十一师越战越勇、越战越强，威名大振，成为红四方面军源头中成立时间最早、战斗力最强最凶猛的一支。吴光浩治军有方，身先士卒，作战勇猛，深受根据地人民及广大战士的爱戴，成为鄂豫边人民心中的传奇英雄。

“出师未捷身先死，长使英雄泪满襟。”1929 年 5 月初，吴光浩主动请缨，率 10 名队员前往商城南部地区参与领导武装暴动。时近立夏，天气渐暖。他们一行挑着桐油走到了湖北罗田滕家堡（今胜利镇）时，有位战士不小心露出了插在腰后的短枪，被当地反动民团坐探饭店老板瞥见告密。当他们吃过午饭，走到出村的峡谷口时，突然听到尖厉的呼哨声，顿时，从峡谷两边飞出倾盆般的弹雨。为掩护战友突围，吴光浩坚持殿后，身负重伤落入敌手。在滕家堡街头河坪，遭敌残忍杀害，年仅 23 岁。

吴光浩的牺牲，是红十一军和鄂豫边根据地的重大损失。为稳定军心民心，鄂东北特委一直没有对外公布他牺牲的消息，仍然是以吴光浩为军长兼师长的名义对外行文，一直到徐向前来鄂东北接替吴光浩负责红三十一师军事指挥工作之后，还继续执行了一段时间。

潘忠汝与吴光浩两位烈士，宛如一柄青铜之剑，刚出鞘即铮然而断；像一颗明亮的星星，刚刚绽放出耀眼的光芒就陨落天际。一代名将的遗骸，与众多的黄麻起义将士一起，湮没在连绵起伏的大别山中。但他们高举义旗创立的丰功伟业，一直激励着大别山地区数以万计的革命者继续奋斗，毅然前行。

鄂豫皖红军的重要奠基人——徐向前、许继慎

随后，寻访组与新县文物管理局局长韩光生一行来到鄂豫交界的河南省新县南部的箭厂河，寻访在鄂豫皖革命根据地发展壮大过程中作出重大贡献的黄埔出身的共产党员徐向前、许继慎的革命足迹。

箭厂河是一座古镇。四周山寨林立，地势险峻。箭厂河乡党委书记胡冕介绍说："南宋时期，为了方便倒水河两岸的人们出行，当时就在河床上植上了99个树桩，因而这里也叫'百步桩'。当地有个武举人叫王学举，为抗击金兵抵御外侮在倒水河边设厂造箭，箭厂河地名由此而来。土地革命时期，这里曾是鄂豫皖边特委及苏维埃政府所在地，一度成为鄂豫皖革命根据地政治、经济、军事、文化中心。"

▶ 徐向前是在什么样的情况下来到大别山的？

韩光生：吴光浩牺牲之后，红十一军痛失栋梁。鄂东北党组织多次请求中央向鄂豫皖派军事指挥人才，并且直接让鄂东北特委宣传部部长何玉琳专程到上海找中央军委要军事干部。1929年6月11日，中央派遣的军事干部徐象谦（徐向前）、桂步蟾来到鄂东北。

徐向前，山西五台人，1901年出生，原名徐象谦，根据谐音他改名为徐向前，寓意是紧跟党走，永远向前。这个黄埔一期毕业生，几乎参加了我党早期领导的所有重大军事行动，是从战火纷飞中一步步成长起来的指挥员。徐向前在黄埔军校学习之时，蒋介石有一次找他到办公室谈话，徐向前生性腼腆，不喜说话，蒋介石问一句他答一句，也没有多余的话，再加上一口地道的山西口音，使蒋介石听起来十分费劲。于是，蒋介石没有说几句话就让他走了。随后，蒋介石对属下说："此人木讷，不可用也。"而后来，就是这位不被蒋介石看好的徐向前，在革命斗争中展示了自己的雄才大略，让昔日校长指挥的军队吃尽了苦头。

来到鄂豫边后，28岁的徐向前担任红三十一师副师长，实际是负责全师的军事领导工作。还没有等徐向前熟悉周边的环境，鄂豫边根据地迎来了敌人空前规模的三次"会剿"。红三十一师当时全师仅300余人，4个队，每队五六十个人、四五十条枪。徐向前脚踏实地，埋头苦干，指挥领导根据地军民主动迎战，粉碎了敌人对鄂豫边的三次"会剿"。

1929年底，敌人发动了对鄂豫边根据地的第一次"会剿"。敌军7000

◎ 河南省新县陈店乡红三十一师司令部旧址

多人由南向北向根据地进犯。当时，根据地只剩下红三十一师部两个队100多人，不能硬打，徐向前率领军民就在根据地内与敌人兜圈子。部队转到来家河打了第一仗。敌人机枪一响，红军队伍就跑散了，红军战士遇到战斗力强的国民党正规部队时有怯战心理，只有徐向前岿然不动。一个松散的红军队伍要聚拢人心，寻找决胜之路，是何等艰难。第二仗，选择弱敌打。北部是土匪队伍，外加红枪会等地主武装，战斗力较弱。7月初，红三十一师两个队在群众配合下，在白沙关连续五战，毙敌百余人，活捉红枪会头子，鼓舞了群众，巩固了根据地。敌人的第一次“会剿”宣告失败。接着，仍采用与敌周旋、避强击弱的方针，有利就打，没利不打，粉碎了敌人的第二、三次“会剿”。

不久，徐向前在鄂豫边区召开的胡子石会议上当选为特委委员，负责领导军事和兵运工作。在党的领导下，徐向前精心组织，严格训练，灵活运用游击战术，很快把这一支东奔西走、为生存而奔忙的农民游击队，锻造成了一支训练有素、敢打敢冲、擅长野战的正规部队。

▶ 时隔不久，中央又向鄂豫皖革命根据地派来了一位黄埔战将许继慎，徐、许联手，红军队伍迅速壮大，当时是怎么一个情况呢？

韩光生：还是在箭厂河这个地方，根据中央指示，成立了鄂豫皖边特委，在这里召开了特委会议，决定统一鄂豫皖根据地和红军领导，将分属鄂东北、豫东南、皖西三块根据地的红三十一师、三十二师、三十三师集中合编为红一军，军部设在箭厂河黄谷畈村，统一了对鄂豫皖红军的指挥。黄谷畈村依山就势而建，四周茂林修竹，倒水河由村庄门口蜿蜒而过。在这里徐向前见到了被誉为“文武全能、军政双才”的黄埔一期生许继慎。

许继慎，1901 年出生于安徽六安一个普通农民家庭，自幼聪慧过人，参加了五四运动，1924 年考入黄埔军校第一期，同年加入中国共产党，北伐时曾任叶挺独立团二营营长。1930 年，中共中央决定将鄂豫皖红军组建成红一军，周恩来力荐许继慎担任新组建的红一军军长。此时，由徐向前担任副军长。

徐许相逢，纵横驰骋大别山；赫赫战功，绽放惊世才华。

◎ 河南省新县箭厂河乡红一军司令部旧址

红一军成立后不久，鄂豫皖红军即兵分两路，军长许继慎率军部前往商南皖西，与红二师、三师展开行动，副军长徐向前率红一师由西向平汉路出击。徐向前率部三次出击平汉路，歼敌3000多人，部队人员猛增，装备焕然一新，已拥有强大的野战攻坚能力。有人把红一师辉煌战绩编成歌曲传唱：

平汉游击五十天，三战三捷三改编。

红军声势震武汉，革命烽火遍地燃。

与此同时，许继慎带领的二师、三师攻英山、克霍山、战罗田，连战告捷。

在许继慎、徐向前指挥下，红一军战斗力显著提升，战术有很大变化，能够在运动中捕获战机，每次战斗都能集中比较优势的兵力，歼灭整营整团的敌人。从6月到8月，红一军先后攻克皖西和京汉铁路南段许多城镇，红一军由组建时的2300多人很快发展到5000多人，相继取得英山、四姑墩、光山、金家寨、香火岭等战斗的胜利，巩固和扩大了鄂豫皖苏区。

许继慎、徐向前在鄂豫皖一东一西、纵横捭阖的重大战略行动中，完成了巩固统一鄂豫皖根据地的重任，实现了鄂豫皖红军的统一领导，红军战略战术发生质变，逐渐完成了从过去小规模的游击战向大规模运动战的转变。率领鄂豫皖红军步入新征程的徐向前、许继慎两位领军人物，在鄂豫皖地区家喻户晓，被视为胜利的化身，具有很高的威望。

红四方面军的卓越指挥员——曾中生、蔡申熙

接着，我们又驱车10多公里，来到了位于新县县城首府路的鄂豫皖军委及红四方面军总部旧址。走进总部旧址，只见古朴的建筑，对称的庭院，宽阔的廊檐，显得宁静而幽深，让人切实地感受到历史的沧桑。四合院石阶上的青苔依旧，蝉声连连的院子显得异常静谧，桂花树上的叶子不知道落过多少回。我们一行来到红四方面军政治部旧址展厅曾中生画像前。

曾中生，1900年6月出生于湖南资兴县一个地主家庭。1925年下考

◎ 河南省新县鄂豫皖军委及红四方面军总部旧址

入黄埔军校第四期，同年加入中国共产党。1930 年 11 月 28 日，曾中生奉党中央派遣，以中央特派员的名义来到鄂豫皖，担任鄂豫皖边特委书记和军事委员会主席。

▶ 曾中生来到鄂豫皖革命根据地担任领导工作时，形势十分严峻，根据地险遭灭顶之灾，当时是怎么样一个情形呢？

韩光生：曾中生进入鄂豫皖革命根据地，时值冬日，天气寒冷，而令根据地军民寒彻入骨的却是从四面八方涌入根据地的 10 万敌军。此时，国民党军发动第一次大规模“围剿”，第一步合围鄂豫边革命根据地黄安县城、七里坪等地。当时的红一军主力远离鄂豫边革命根据地，只有地方武装 1 万多人、300 余支枪，敌我兵力之比为 10∶1，敌强我弱，根据地暴露在敌人的兵锋之下。

曾中生临危不惧，挽大厦于将倾。他发动群众，组织群众，利用山高林密，声东击西，缠住敌人，采取飘忽战略，在运动战中各个歼灭敌人，使骄纵蛮横的敌军掉进了布满陷阱的泥潭之中。同时，迅速派人前往皖西地区联系红一军，紧急回援根据地。

在此危急关头，蔡申熙率领红十五军抵达鄂豫边革命根据地，曾中生喜出望外，连夜赶往红十五军军部，见到了军长蔡申熙。蔡申熙，1906年出生于湖南醴陵县一个佃农家庭。1926年进入黄埔军校第一期学习，同年加入中国共产党。

▶ 蔡申熙率领红十五军如何到达鄂豫边革命根据地的？

韩光生：1930年10月，鄂东南红八军第四、五纵队在湖北省黄冈市黄梅县吴祥村正式合编为中国工农红军第十五军，军长蔡申熙，政治委员陈奇，全军2000多人。红十五军在鄂东特委的领导下，以蕲春、黄梅、广济为根据地，转战大江南北，先后攻打占领了太湖、宿松等20多个重要城镇，建立了卓越的功勋。12月中旬，红十五军奉中共中央指示，在蔡申熙率领下北上鄂豫边区，壮大根据地主力红军力量。到达鄂豫边革命根据地后，红十五军立即加入反“围剿”斗争。对于蔡申熙，曾中生十分熟悉，他既是曾中生湖南老乡、黄埔校友，而且在中共中央军事部他们一起共过事。蔡申熙当时尽管只有24岁，但极具战略头脑，经历丰富，具有许多传奇。

▶ 在红十五军的配合下，鄂豫皖革命根据地军民是如何打破敌人第一次“围剿”的？曾中生、蔡申熙的结局如何？

韩光生：曾中生、蔡申熙指挥红十五军，采取“诱敌深入，各个击破”的战术，给“围剿”的敌人以沉重打击。一个深夜，一支披雪的队伍大摇大摆地靠近了麻城福田河，敌哨兵觉得事情不对，一边喊一边就“砰”地朝天放了一枪。“同志们，冲啊！”蔡申熙一声呐喊，全军发起了猛冲。红十五军雪夜冒险一冲，顺利攻占麻城福田河，缴获敌人大量枪弹，一举粉碎了敌人的“围剿”。曾中生、蔡申熙联手，首战告捷，逆势破局，在最坏的境况中，争取到了最好的结局。

1931 年 1 月，蔡申熙领导的红十五军和许继慎、徐向前领导的红一军，在河南商城长竹园胜利会师。根据中共中央指示，两军合编为红军第四军，蔡申熙任第十师师长，许继慎任第十一师师长。只用了半天时间，就完成了两军的混编。

红四军成立后，曾中生、徐向前、许继慎、蔡申熙等决定以主力回师黄麻恢复苏区中心，鄂豫皖临时特委决定红四军转入进攻作战。自此，强强联手，所向披靡，鄂豫皖红军的领导层中形成了黄埔出身的将星群。

从 1930 年 11 月到第二年 5 月，是曾中生领导鄂豫皖革命根据地及鄂豫皖红军时期，也是鄂豫皖苏区和鄂豫皖红军历史上发展迅速、捷报频传的时期。短短数月间，曾中生率领苏区军民在极其不利的形势下，连破敌人两次大规模“围剿”，红四军兵力猛增至 1.5 万余人。

但后来与张国焘发生“南下之争”后，张国焘宣布撤去曾中生红四军政治委员职务，将他调出主力部队。一代名将就这样被张国焘闲置一旁。曾中生随红四方面军主力转移川陕后，被张国焘秘密杀害。

1932 年 7 月，国民党军发动对鄂豫皖革命根据地的第四次“围剿”，蔡申熙临危受命，拖着病残之躯，担任红二十五军军长，率部顽强抗击敌人，不幸腹部中弹，他捂住腹部，咬紧牙关，躺在担架上指挥战斗，直至壮烈牺牲，年仅 26 岁，是 36 位军事家中牺牲时年龄最小的。徐向前元帅在《历史的回顾》一书中写道：“蔡申熙同志是红十五军的主要创始人，对鄂豫皖红军的建设和发展作出了重大贡献。他不仅具有战略家的胆识和气度，而且在历次战役战斗中机智果断，勇猛顽强，因而在红四方面军中有很高的威望。”

专家点评：

姚金果： 原中共中央党史研究室巡视员、享受国务院特殊津贴专家，中国中共党史学会共产国际与中国革命研究专业委员会副会长

时　间： 2021年4月5日

地　点： 北京市

寻访组： 请谈谈大别山地区黄埔军校毕业生在红军建设中的作用。

姚金果： 土地革命战争时期，黄埔军校出身的红军将领在大别山的崇山峻岭中浴血奋战、冲锋陷阵。他们以其敏锐的政治头脑，缜密严谨的思维，处变不惊的魄力，镇定自若的气度，完成了鄂豫皖红军战略战术上的质变，开始了由小规模的游击战向大规模的运动战的过渡。他们创造了鄂豫皖红军数量和质量上的飞跃奇迹，为人民军队的革命化、正规化立下了不朽功勋。

鄂豫皖红军中的黄埔将领，培育了和锻造了铁血雄师——红四方面军，造就了“智勇坚定，排难创新，团结奋斗，不胜不休”的鲜明特质。他们敢为天下先，敢于担当，不怕艰难，不惧牺牲，勇往直前，创造了骄人的功勋，他们为新中国所作的贡献永远不会被忘记。

大别山的红色交通员

寻访地点：河南省新县箭厂河乡石岗村石健民旧居

鄂豫皖苏区第一个消费合作社旧址

河南省信阳市浉河区柳林乡信南第一个党支部纪念馆

周性初旧居

采访对象：韩光生　河南省新县文物管理局局长

（现任河南省新县文物管理局四级调研员）

廖家宽　中共信阳市浉河区委党史研究室主任

（现任中共信阳市浉河区委党史和地方史志研究室四级调研员）

采访人员：孙　伟　石和安　叶希武　刘万鹏

为探寻鄂豫皖革命根据地红色交通线背后不为人知的故事，寻访组顶着烈日、冒着酷暑来到豫南历史名镇——新县箭厂河。“新县最新、箭厂河最红”，寻访组从这里走进那段红色历史，“重走”红色交通线。

▶ 鄂豫皖革命根据地红色交通线当时的情况是怎样的？

韩光生：1930 年 9 月下旬，周恩来在中共六届三中全会上强调，要按照苏联内战时期的办法，建立交通线和交通站，连接苏区和白区之间的来往关系。

1930年11月，中央设军委交通站直属中央政治局，又为交通局，主要任务是打通中央与各苏区的交通线，设置严密的全国交通网。交通局成立后，在周恩来领导下，从各地调来精兵强将，集中三个月时间，打通了通往苏区的交通线。于是，长江、北方、南方三条交通线正式建立。其中与鄂豫皖革命根据地联系较为密切的是北方线（上海—郑州—驻马店—鄂豫皖苏区；上海—河南—陕西省委）和长江线（上海—合肥—六安—鄂豫皖苏区）。

▶ *在血雨腥风的峥嵘岁月，当时挑选交通员的标准是什么呢？*

韩光生：周恩来曾指出，地下交通员的选定要遵守几条原则：首先，要党龄长，政治上坚定可靠；其次，有丰富的对敌斗争经验，机警灵活，枪法要准；第三，身体要健壮，能够胜任长途跋涉；最后，他还特别加上一条，要有一定文化，记忆力要强——为减少风险，当时许多文件、情报的传递为“无纸化”，往往要求交通员将传送的文件全部背记下来。

来往于党中央与根据地间的红色交通员——“石先生”

地下交通工作由于受工作性质的限制，他们的事迹大都随着岁月的流逝而消失，留下来的故事少之又少。寻访组首先来到了石健民的家乡——鄂豫交界的河南新县箭厂河乡石岗村。该村党支部书记石文涛介绍说，石岗村是一个石氏宗亲聚族而居的村庄，依山就势而建，背依羚羊山姑娘寨，村子旁边的河名叫倒水河。在村子的东头，一处四间土坯房就是石健民的老宅，1905年，地下交通员石健民便出生在这里。

韩光生介绍说，石健民是一位为党作出重大贡献的红色地下交通员。时至今日，中央档案馆内，在中共鄂豫皖省委、鄂豫陕省委与中共中央的文件往来中，依然可以看到“石健民”“石先生”“石同志”这样的名字。他原名叫石生瑞，参加革命之后，改名叫石健民。在那血雨腥风的岁月，他先后担任黄安县委、鄂豫皖省委、中共鄂豫皖中央分局、红二十五军、新四军交通员。

◎ 河南省新县箭厂河乡石健民烈士故居旧址

1926年，鄂豫边农民运动风起云涌。在七里坪一家药房当学徒的石健民毅然辞去药店差事，投身到大革命的洪流之中。这年秋季，他加入了中国共产党。参加革命初期，党组织为了多方了解敌情，便让他以磨剪子、戗菜刀做掩护，走村串户，收集敌人情报。不久，他参加了黄麻起义。黄安县城失陷后，石健民随黄麻起义副总指挥吴光浩转战到黄陂木兰山开展游击战争，成为木兰山72勇士之一。

1928年起，石健民参加地方党和红军秘密地下交通工作。从此，他身着便服，夜行晨宿，风里来雨里去，为党传递文件，护送来往革命同志，在隐蔽战线上与敌斗智斗勇。

1928年1月至10月间，黄麻特委与中共湖北省委失去联系达大半年之久，迫切渴望得到上级指示。特委派石健民去武汉找寻党组织。他思索着对策，一个念头掠过他的脑海——去找湖北省委开设的各种“铺子”（地下党联络站）。于是，他来到了其中的一个“中药铺子”，费尽周折，终于见到了省委候补书记曹壮父。1928 年 12 月，在石健民精心护送下，中央先后派巡视员何玉琳、曹壮父来到鄂豫边根据地巡视并传达中共中央六大会议精神，为鄂豫皖革命根据地的形成、实现鄂豫皖革命根据地的发展壮大起到了很大的推动作用。

▶ 1934 年，红二十五军在大别山艰苦转战，程子华来到鄂豫皖苏区传达中共中央指示。程子华如何来到鄂豫皖苏区的？

韩光生：1933 年底，中共鄂豫皖省委派省委常委、宣传部部长成仿吾去上海向中共中央汇报工作。成仿吾辗转来到中央苏区，向中央汇报了鄂豫皖苏区的情况，根据成仿吾汇报，中央决定派程子华到鄂豫皖苏区工作。1934 年 8 月，省委再次决定让石健民去上海迎接程子华，石健民便潜往上海与程子华接头。他俩都扮装成普通客商，搭乘轮船直抵武汉。乘火车北上时，石健民装扮成老百姓，程子华仍装扮作商人。两人互相照应着步入汉口车站。突然，程子华被军警人员拦在一旁，盘查搜身没完没了。石健民急得团团转：程子华在中央苏区作战中负过伤，左手腕留下一块明显伤疤，若被敌人发现，后果难以设想。这时，他灵机一动，急忙给程子华做了个扇扇子的手势。程子华心领神会，趁敌人翻箱检查的当儿，不慌不忙地从腰里掏出一把折纸扇扇起来。敌人一番盘查，并没有发现什么，程子华用右手拎起皮箱，仍以左手摇着扇子，从容登上火车。

他们在信阳柳林站提前下了车，然后抄小路平安到达鄂东北道委所在地新县卡房。程子华带来了中央关于红二十五军主力实施战略转移、创建新的根据地的指示。1934 年 11 月 11 日，省委及红二十五军回到豫南，在光山花山寨召开会议，决定红二十五军组成“中国工农红军北上抗日第二先遣队”，开始了长征。

▶ 红二十五军北上长征到达陕西终南山，石健民来到红二十五军，及时送来了党中央的文件，当时是什么样的情形呢？

韩光生：一路征程，一路鏖战。1935 年 7 月，红二十五军在陕西终南山一带同敌军周旋，威逼西安城。此时，吴焕先等军领导非常焦急：自从撤离鄂豫皖，红二十五军同党中央失去联系达七八个月之久，孤军奋战，完全处于一种“与世隔绝”状态。

1935年7月15日，石健民打扮成朝山香客，日夜兼程，突破重重封锁，从西安城的西关赶路而来，径直奔往红二十五军驻地，带来了中共中央数月前发出的几份文件，也带来了中央红军与红四方面军在川西会师并有向北行动的消息。当晚，在长安县沣峪口，红二十五军政委、鄂豫陕代理省委书记吴焕先连夜主持召开省委会议。根据石健民带来的消息，决定红二十五军主力西征北上，配合红军主力，迅速创建西北新的巩固革命根据地。两天以后，吴焕先在一座古庙里，借着一束微弱灯光，向党中央写了一份长达8000余字的书面报告，之后他把报告连同省委关于进行西征北上及创建新的鄂豫陕革命根据地的几份决议案都交给石健民，让他送呈党中央全面审查。

▶ 红二十五军这次重大转移行动后来受到高度赞扬。对于这段历史，大家是怎样评价石健民的呢？

韩光生：石健民及时送来了希望之灯。对于这段历史，刘华清曾经这样详细地回忆：恰在这关键时刻，原鄂豫皖省委交通员石健民从上海经西安到达红二十五军驻地，送来了党中央文件，并确切证明了中央红军与红四方面军在川西会师和准备北上的消息。原红二十五军老战士、新中国成立后曾担任内务部副部长的程坦回忆说：“一个任务来了，只要交给石健民，天大的困难他也能千方百计去完成。”

▶ 石健民是为党的事业献出热血和生命的英雄，当时的情形是怎么样的？

韩光生：战斗在白色恐怖中的石健民随时准备为党牺牲一切。1935年他在西安被捕，狱中囚禁长达三年之久，后由周恩来营救出狱。组织上任命他为新四军江北指挥部特工部部长。

1940 年 3 月 22 日，新四军副军长张云逸的家属要去江北新四军指挥部工作。此时，国民党正发动第一次反共高潮。石健民亲自护送，当行至安徽无为县刘家渡时，遭到国民党部队无理扣押，石健民的真实身份最终被敌确认。敌人把他吊起来拷打，并施以电刑、老虎凳等酷刑，逼他说出党的机密，他只是闭目微笑，一字不吐。党组织虽然千方百计地设法营救，但最终没有成功。1940 年 9 月，被扣押的石健民等新四军官兵遭敌杀害。

由于红色地下交通工作的特殊性，石健民短暂一生书写的传奇，有很多至今已无法获悉，但他用热血与忠诚写就的真实故事，在中国革命史上谱写的绚烂无比的篇章，永远激励着人们不忘初心，勇往直前。

箭厂河地下交通站负责人——冯学明

大雨几十年不遇，倒水河汹涌澎湃。初夏的一天，寻访组来到了箭厂河南岗街上，由全国政协原副主席程子华亲自题写牌匾的“鄂豫皖苏区第一个消费合作社旧址”就坐落在这里。南岗街沿河而建，是一条宽不足五米的老街，街上古朴的庭院依旧保持着昔日的旧貌。

鄂豫皖苏区第一个消费合作社是我党的秘密交通站，而当时的负责人之一冯学明正是党的秘密交通员。

韩光生局长介绍说，冯学明，原名冯明光，1903 年出生于河南新县陡山河乡刘湾村冯湾。他 1929 年参加革命，1930 年加入中国共产党，是坚强的共产主义战士、忠实的共产党员、鄂豫皖苏区第一个消费合作社的早期负责人之一。

▶ 冯学明创建的箭厂河交通站，是如何传送中共中央给红二十五军的指示的？

韩光生：1934 年秋，党中央派程子华带来了中央给红二十五军的指示信。为了尽快传达落实中央的指示精神，中共鄂东北道委一方面派陈锦秀

◎ 河南省新县箭厂河乡鄂豫皖苏区第一个消费合作社旧址

送信给活动在皖西的红二十五军，一方面指示箭厂河地下交通站设法给中共鄂豫皖省委送信。箭厂河地下交通站收到了从鄂东北道委卡房转送来的文件后，想方设法把这封信送到了在皖西的中共鄂豫皖省委。第一次是派一名交通员装扮成生意人去送信。出发当天，经过代嘴的焦赞岭，由于敌人封锁严密，只得返回。第二次又派在消费合作社当过购销员的交通员化装成商人，把信放进竹拐棍里。赶了一天路程的交通员晚上到旅店投宿，店老板仔细盯着他的竹拐棍说："你这个竹拐棍还真值钱哩。"交通员以为店老板发现了破绽，半夜就离店返回了。第三次，冯学明想出了好主意，让吴维和的妻子肖子山连夜赶做了一双布鞋，将信缝到鞋里面，冯学明仍装扮成生意人，才将信送到中共鄂豫皖省委。

▶ 箭厂河交通站为豫鄂边区抗日根据地建设又作出了哪些贡献呢？

韩光生：冯学明创办的这个交通站为新四军第五师转送过很多重要文件、接待护送过很多领导，为豫鄂边区的抗日战争做了大量工作。当时，除完成上级下达的税收任务及支援五师的物品外，箭厂河消费合作社还解决了地方党召开各类会议的经费。1938 年秋，地下党员、经扶县县长郝惊涛在箭厂河段冲举办的训练班和鄂东地委书记程坦在箭厂河楼子洼召开的黄麻经、安麻等县区以上干部会议所需费用都是由消费合作社提供的，此外还救济生活困难的抗日军人家属。1938年，董必武从皖西返回武汉途中，路经箭厂河，由冯学明、吴维和亲自护送去湖北黄安县。1944年，国民党第三次反共高潮中，由于叛徒出卖，箭厂河街地下交通站暴露，另一位地下交通员吴维和被敌人杀害在自家门口塘里，时年42岁。冯学明也不幸被捕，经扶县保安团为了从他嘴里得到地下党组织情况，对他动用了电刑、老虎凳、轧杠等酷刑。为了保守党的秘密，面对敌人的威逼利诱，他坚贞不屈、大义凛然。后来，地方党组织将他营救出狱，但因在狱中受尽了折磨，伤势严重，三天后壮烈牺牲。

信阳柳林地下交通站站长——周性初

晴不知夏去，雨方知秋深。时值秋日，寻访组随信阳市浉河区委党史研究室主任廖家宽一行，驱车前往信阳市浉河区柳林街南、京广铁路西侧一华里的姜家湾。这里地处东西咽喉、南北交通大动脉的关键位置。虽背靠深山，地处偏僻，但交通便利，自古是商贸物流重地，也是兵家必争之地，信阳著名的“三关”（九里、武胜、平靖）分别在其东、南、西侧呈弧形排列。这里既避开了柳林老街的人多繁杂，又离主街不远，方便南北客商。越过铁路有一条通往罗山的小道，是一个非常理想的联络枢纽。

寻访组一行驱车来到柳林老街南约200米一处石砌的旧房屋旁，这里曾是一处地下交通站。屋顶为灰色土瓦，旧房当时为三进院，前院大门离老街主干道很近，后院紧挨鸡冠山，旁有边门，外客从外门进入，重要客人从边门出入，遇到紧急情况可直接从后窗跳跃到深山之中。

▶ 信阳柳林地下交通站为党的地下交通工作作出了很大贡献，但负责这个交通站工作的周性初却鲜为人知。请介绍一下他的详细情况。

廖家宽：周性初，原名守赋，1884年出生于柳林老街姜家湾一个商人

◎ 河南省信阳市浉河区周性初旧居

家庭，1925 年冬加入了中国共产党。1926 年 3 月赴广州参加毛泽东主办的第六期农民运动讲习所学习，先后担任中共河南省委地下交通站、中共鄂豫皖中央分局交通站、中共鄂豫皖省委地下交通站站长。周姓在当地是大户族，在这里设地下交通站，对内有利于保密，对外敌人忌惮周家人多势众。这个交通站的主要任务，一是接待、掩护和护送往返河南省委、鄂豫皖苏区和中共中央的重要领导人安全通过信阳；二是侦查、传递重要军事情报和文件；三是为苏区采购运送重要军需物资；四是组织和护送优秀青年前往苏区参军。周性初在家中以开设油坊和毛烟店为掩护，对外是一个“商号”。当时交通站来往客人，南方口音称“叶子客”（指买卖烟叶的客商），北方口音称“芝麻客”（指买卖油料的客商）。交通员外出，或以购货，或以取账款名义，同我党进行联系，传递情报，运送物资，接待人员。先后完成接待和护送中央巡视员郭述申、红二十五军军长程子华、河南省委书记吕文远、省军委书记胡清瑞等重要任务，从未出现差错，是我党在第二次国内革命战争期间，连接中共中央、中共河南省委（中共河南省工委）和鄂豫皖苏区的一座重要桥梁，它保证了中共河南省委同党中央和中共鄂豫皖省委的日常联络。

▶ 当时情况非常复杂，敌我双方可以说是你中有我，我中有你。从事地下交通工作是怎样的险象环生呢？

廖家宽：地下交通工作是非常危险的。周性初在担任豫南交通站站长期间，信阳党组织多次遭到破坏，周性初也受到牵连。1934 年春，河南省委调豫北巡视员李剑森到信阳担任县委书记，努力恢复和整顿党的组织。李剑森工作期间，不听取地方党组织的正确意见，工作消极，省委决定撤销他的职务，并派胡清瑞接任县委书记。就在胡清瑞改组了县委、对全县的革命斗争进行深入发动的时候，李剑森被捕叛变。9 月 19 日，特务根据他供出的线索在信阳进行了大搜捕，随即交通站遭到破坏，周性初等人先后被捕，被押送到开封国民党河南绥靖公署。任凭敌人严刑拷打，他们都没有承认自己的共产党员身份，而是利用个人的社会关系与敌人反复周旋，最后被国民党以同情抗日定罪判刑。一年后，周性初出狱。他迅速与红二十八军在信南一带活动的游击队取得联系，及时为游击队开展对敌斗争提供情报。1935 年春末的一天，柳林车站的国民党军队一个营换防到信阳，接防的军队隔日才能到达，柳林反动民团都搬进车站附近的碉堡，替军队守护车站。周性初及时将这一情报提供给便衣队。便衣队员抱着干柴，见岗棚就烧，很快便打掉柳林镇的警察所。在周性初指导下，便衣队运用灵活的斗争策略，分化敌人营垒，争取那些能为我党所用的保长、甲长和地主士绅。在便衣队策应下，红军不断地游击平汉路东西两侧，陷营破寨，开创了信南游击战争新局面。不久，由于叛徒告密，周性初再次被捕。敌人把他押送到潢川专员公署，因叛徒已被处决，死无对证，加之他族侄周青华利用社会关系营救，周性初才得以保释出狱。

▶ 长期的地下斗争使周性初身心承受着常人难以忍受的精神折磨，但丝毫未能动摇他的革命意志。他是如何英勇就义的呢？当时是怎样的情形？

廖家宽：由于长期地下斗争，周性初还算殷实的家三次被抄，加上两次的牢狱之灾，妻儿为了避祸流落他乡，生活没有着落。他的大儿子、三儿子分别开油坊和烟铺，掩护地下交通工作，后被敌人杀害。他的身心因此遭受到极大的摧残。1936 年初，组织安排周性初以货郎的身份住在城郊徐家大湾，负责为信南山区的红军游击队传递情报。此时，周性初肝病恶化，隐蔽在白龙潭村的亲戚家，后被国民党特务侦知，已不能行走的周性初再次被捕。敌人得知他为共产党重要的地下情报“头头”时，对其威逼利诱，企图从其身上套出更多秘密。躺在破床板上的周性初面对病痛和敌人的折磨始终未透露半个字。11 月 3 日晨，周性初英勇就义，几位贫苦群众偷偷地将其运回并安葬在他家的后山上。

专家点评：

郭晓平：中共河南省委党史研究室原副主任、河南省中共党史学会原副会长、郑州大学教授

时　间：2021 年 3 月 19 日

地　点：河南省郑州市

寻访组：请谈谈大别山地下工作者的功绩和隐蔽战线斗争的意义。

郭晓平：土地革命战争时期，中共中央为加强与各地党组织及革命根据地的联系，由周恩来负责建立了北方线、长江线、南方线三条主要交通线，形成连接中央和各省、各革命根据地的大动脉，护送了一批又一批中央领导人和党的重要干部到达根据地，转运了大量重要物资、文

件和情报。

毛泽东曾经指出："我们要消灭敌人，就要有两种战争，一种是公开的战争，一种是隐蔽的战争。"党的隐蔽战线包括情报传递、交通护送、电讯侦听以及瓦解敌军等方面的工作。在血雨腥风的峥嵘岁月，无数隐蔽战线的工作者，坚守信念、忠诚于党、隐姓埋名、深入虎穴，与敌人斗智斗勇，为民族独立和人民解放事业作出了独特而重要的贡献。

鄂豫皖苏区内外的红色交通线为根据地的发展壮大发挥了十分重大的作用。这些地下交通员忠于职守，风里来雨里去，往返奔波，昼伏夜出，确保了党的安全和机密。生前大多默默无闻，身后仍然无声无息，他们为共和国留下的是一座座无名的丰碑。

大别山革命母亲

寻访地点：湖北省麻城市烈士陵园

湖北省红安县七里坪镇

河南省罗山县何家冲红二十五军长征出发地

安徽省六安市霍山县烈士陵园

采访对象：颜宏启　湖北省黄冈市史志研究中心主任

（现任湖北省黄冈市史志研究中心一级调研员）

辛向阳　湖北省红安县史志研究中心主任

王劲松　河南省信阳市罗山县党史地方志研究室主任

（现任中共信阳市罗山县委党史和地方史志研究室主任）

蒋二明　中共六安市委党史和地方志研究室原副主任

（现任中共六安市委党史和地方志研究室二级调研员）

张启静　中共六安市委党史和地方志研究室副主任

采访人员：孙　伟　石和安　叶希武　刘万鹏

在大别山，有这样一批女性，在那段波澜壮阔的革命洪流中，以其柔弱之躯托起了生命的不朽。她们深明大义，舍弃骨肉，强忍转身之后心中的疼痛；她们在敌人面前，将泪水与脆弱化成坚强无比的意志，演绎了一个个感天动地的故事。这个群体忠贞、勇敢、顽强、乐观、坚韧，她们用极端的热忱、满腔的热血，全心全意投身到人民的解放事业中，创造了中国乃至世界妇女运动史上的奇迹。她们本是寻常百姓，却又极具牺牲精神、奉献精神。她们就是大别山的革命母亲。

红军干娘——周家姆

秋日的大别山，桂子染香，层林尽染，五彩斑斓。寻访组与湖北省黄冈市史志研究中心主任颜宏启一起，追寻革命母亲当年的足迹，来到了麻城市北部、鄂豫交界的顺河镇西张店。

▶ 红军干娘周家姆的名字是怎样来的？

颜宏启：周家姆，本名叫程代英，出生于湖北省麻城市顺河镇西张店一个贫苦农家。两三岁时，程代英就过继到一个周姓亲戚家，改名周代英。在她十五六岁时，认识了一个卖豆腐的河南小伙王良喜。他经常在周家塆附近叫卖，一来二往，周代英对他产生了好感。后来

◎ 湖北省麻城市顺河镇西张店村

二人结婚并在西张店北街落户，街坊四邻就按乡俗把周代英叫周家姆。她生了三个儿子：王政道、王政欢和王政乐。还收养了一个孤儿叫王政齐。

▶ 当年周家姆是如何救王树声的？

颜宏启：1928 年 5 月的一个深夜，工农革命军第七军一大队党代表王树声被敌人追杀到麻城西张店。此时，劳作了一天的周大娘正准备休息，突然，"叭叭叭"的枪声划破了寂静的夜空，紧接着狗叫声、喊杀声、奔跑声交织着由远到近。

"抓住王树声赏两百大洋！"一个破嗓音从街那头传来。周大娘的心提到了嗓子眼："不好，是在抓王树声。"她透过门缝往外看，一个熟悉的身影迅速从眼前掠过。周大娘立即打开大门，轻轻地叫了一声："树声，快跟我来！"王树声赶紧跟着周大娘进屋。

抓不到王树声，像无头苍蝇的敌人恼羞成怒，把全镇的老百姓都集中到街头的大柳树下，架起了机枪，威胁不交出王树声就血洗西张店。这个时候，周大娘从人群中站了出来，不慌不忙地说："他就藏在我家里。"敌人围了上来，连忙跟随周大娘来到门前，大娘又说："慢，王树声带着双枪呢，等我先进去把他哄出来，你们再抓！"敌人一个个缩着脑袋不敢上前。

大娘快步来到一间柴草房，挪开一个旧柜子，打开一扇夹墙门，里面除了王树声还有她的大儿子王政道。"政道，你出来一下。"大娘急促地、边说边拉着政道的手往夹墙门外走，反手将暗门锁上。大娘颤抖着捧着儿子的脸颊，仔细地看了又看儿子的面容，泪水像决堤的河。

大门外传来粗暴的吆喝声，这是在催命啊。"政道，你快出去，就说——你是王树声。"儿子点点头。周大娘眼睁睁地看着敌人把儿子五花大绑，用枪顶着押走了。

王树声脱离了危险，他紧握大娘长满老茧的手挥泪告别……

▶ 新中国成立后，身经百战的王树声回到家乡，找到了周家姆。当时是怎么样的情景呢？

颜宏启：1951 年，身经百战、九死一生的王树声回到了魂牵梦绕的家乡。当得知在他走后的第二天，残暴的敌人就割下政道的头颅，并悬挂在大柳树上示众，还放火烧了周家姆家的房屋时，将军心如刀绞。周家姆有 4 个儿子，先后都在血雨腥风的斗争中为革命英勇献身。可亲可敬的周家姆，这么多年孤苦伶仃，是怎么熬过来的？将军发誓一定要找到周家姆。

一天，警卫员跑来报告："首长，大娘找到了！大娘找到了！"将军急忙起身，让赶紧带他去。一路小跑，一条大河阻止了他的去路，河对岸正是他盼着念着的周家姆。春寒料峭，河水透着寒气，他顾不上脱去鞋袜，一脚蹚进近膝深的河水，往对岸大踏步走去……

可是，周家姆却认不得将军了，因为她的双眼哭瞎了。将军"扑通"一声跪在周家姆面前，颤声叫道："娘，我是树声呀！"大娘用手摸着将军的脸："树声，你可回来了！"王树声搂住大娘，动情地说："娘，以后我就是您的亲儿子……"

从此，少年丧母的王树声有了一个白发娘亲；为革命献出 4 个儿子的周家姆，又有了一个将军儿子——王树声。

举国闻名徐大妈——徐正修

一个飘雨的秋日，寻访组来到了鄂豫交界的湖北省红安县七里坪镇。这是一片红色的热土，是郑位三、秦基伟等 140 多位共和国将军和省部级以上领导的故乡。

▶ 这里有位享有盛名的革命母亲徐大妈，被誉为革命"一家红"。她的家庭情况如何呢？

颜宏启：徐大妈名叫徐正修，1886 年出生于黄安县七里坪镇徐家河村。

◎ 湖北省红安县七里坪镇徐家河村

由于家境清贫，父母在她 13 岁那年把她送到附近一个叫叶家畈的村庄当童养媳，19 岁那年她与叶启俊完婚。

受革命思潮的影响，叶启俊一家人都投身到革命的洪流之中。1926 年叶启俊入了党，参加了农民赤卫队；徐正修被选为村里妇女干部，加入了中国共产党；她的二儿子叶柏山参加了革命，小儿子三福小小年纪就参加了童子团。

1932 年冬，叶启俊在反“围剿”战场上英勇牺牲，从此以后，家庭重担就落在徐正修一人身上。红四方面军撤离鄂豫皖后，地主对她和儿子三福百般欺凌。三福性情刚烈不甘被欺，与敌搏斗含恨离世。为了徐正修的安全，党组织决定让她随红军后方医院一起转移到鄂豫交界的天台山。在简陋的红军医院里，徐正修忍着丧夫丧子之痛，日夜守候在伤病员身边，给他们喂水、洗伤口、敷药，并带着伤病员哼唱歌谣：

党是母亲院是家，为母为家把敌杀。

血可流完头可断，满山开遍革命花……

在那艰难岁月中，医院常遭敌人围攻，她多次用柔弱之躯，背着伤员转移到安全地带。在徐正修的悉心照顾和鼓励下，很多战士康复后又迅速投入到前线，战士们亲切喊她“徐大妈”。

1949年春，解放大军开始南下作战，眼看革命快要胜利的时候，她的二儿子叶柏山却被地主还乡团杀害了。徐大妈全家参加革命的经历流传开来，四里八乡群众赞誉她家为革命“一家红”。

▶ 董必武曾经专门作诗来颂扬徐大妈，新中国成立后她还有哪些值得称赞的事迹呢？

颜宏启：新中国成立后，徐大妈从不因自己是烈属、是革命老前辈的身份向组织提出要求，一直保持着艰苦朴素的作风，继续帮助党和政府做力所能及的工作。

1952年，红安县遇到了历史上从未有过的大旱灾。年届七十的徐大妈积极宣传，号召乡邻众志成城斗旱魔，还把政府照顾她的3万块钱（旧币）用于抗旱。她用这笔钱买了300斤大米、10担柴火，亲自煮饭给车水浇田浇地的乡亲吃。有人问她这么做图的是什么，她乐呵呵地说：“我图的是早日抗旱成功，图的是大家尽快过上好日子，图的是给国家减轻负担。”

1957年，毛泽东接见妇女代表，徐大妈受邀与会，并与毛泽东亲切握手。董必武挥毫写下如下诗句：

举国闻名徐大妈，一心革命世堪夸。

妇联以彼为旗帜，试验田兼五好家。

徐大妈先后6次被评为劳动模范，其中有3次是县特等模范，一次省甲等模范，党和政府给她的荣誉是对她最好的褒奖，也是她一生的丰碑。

满门忠烈兰大妈

难得的秋日艳阳，寻访组一行来到湖北省红安县七里坪东北的程维德村。这里与河南省新县仅一步之遥，有着光荣的革命传统，是鄂豫皖早期革命者曹学楷、戴克敏及共和国元帅徐向前的妻子程训宣的家乡。

▶ 这里有一位革命母亲叫兰桂珍，请介绍一下兰桂珍一家的革命事迹。

颜宏启：兰桂珍，被后人称为“兰大妈”。她一家先后有 10 位亲人为革命牺牲。1904 年兰大妈出生于黄安县箭厂河（今属河南新县）的一个贫苦农民家庭，5 岁那年就被送往黄安县檀树岗程维德村的程启忠家做童养媳，1921 年结婚，育有 4 个儿子。大革命时期，董必武从武汉派回一批共产党员回黄安农村宣传革命思想，兰桂珍认识到只有跟着共产党干革命，才能有饭吃，才能翻身改变贫苦的命运。

兰桂珍积极参加农民协会组织的革命活动，很快就担任了妇女会的宣传员。她经常对群众说：“红军是咱们穷人的队伍，咱自己人要支持自己人。”她走村串户发动组织妇女做军鞋、筹军粮，还组织宣传队帮助护理伤病员，为红军做饭，到前线慰问红军战士。她父亲参加反“围剿”战斗牺牲，两个娘家兄弟不久又惨遭国民党杀害。但兰桂珍面对凶残的敌人，毫不退

◎ 湖北省红安县程维德村

缩，她还动员自己的丈夫程启忠带头参军，成为大别山送郎当红军的典范。

1931年秋收时节，兰桂珍带着大儿子程金林去收割田里的稻谷时，窜入根据地的反动民团抢她的稻子。反抗中，她年仅9岁的大儿子被活活打死。兰大妈承受着巨大悲痛，把深仇大恨埋在心里。

1932年红四方面军主力撤离鄂豫皖后，为了躲过敌人的迫害，她带着年迈的婆婆和三个儿子边乞讨边宣传革命。这期间，她年仅2岁的小儿子在饥饿中病死。

不久，参加红二十五军的丈夫程启忠在龙王山战斗中光荣牺牲。她又把两个儿子送去当红军，兄弟二人先后牺牲在战场上。1938年，兰桂珍又动员程家六弟程启远参加新四军四支队，投身抗日战争之中。1947年，刘邓大军南下，她再次动员程家的五弟程启家参加了解放军。不久，兄弟俩在战争中光荣牺牲。

战争的凶险，多位亲人的牺牲，并没有击垮她革命的斗志，反而使她越来越坚强。

▶ 兰大妈在新中国成立后还有哪些值得歌颂的故事呢？

颜宏启：新中国成立后，组织上把兰桂珍定为优抚对象，但她依然带头参加农业合作社和集体生产，坚持用自己的双手养活自己。在她70多岁高龄时，还念念不忘为国家作贡献。她每年都主动向国家上交400斤公粮和一头100斤以上的大肥猪。

吉林两位青年人从《解放军文艺》刊载的《两百个将军同一个故乡》报告文学中读到兰桂珍的事迹，深为感动，给她寄了100元钱，说聊表心意，向革命的老妈妈致敬。兰桂珍对来送信送钱的乡党委书记程定国说："这钱我不能要，还是退回去吧。"书记说："你一个人生活，日子紧巴巴的，我看不退了，用钱添两件衣服穿吧。"兰桂珍说："我一个老婆子，还讲究个啥？你是书记，拿个主意，这钱不是归公就转给学校，眼下伢子们上学也难啊！"兰桂珍坚持把钱转给了村办小学，作为减免困难家庭孩子们上学的款项。

1979 年，4 名胸前佩戴着亮闪闪的“勇士勋章”的巴勒斯坦游击队战士到红安参观，听了她的事迹后，提出要拜访她。在兰桂珍大妈的家里，战士们看到的是：两间并不比游击队帐篷舒适的土坯房，墙上贴着毛主席的像和满屋的奖状，土改时分的枣木桌椅，早已被岁月磨圆了棱角……看到她孤零零一个人，战士们问兰桂珍今后生活的打算，兰大妈说：“我是个种田婆，如果能够的话，我要用自己这双手多照料些人，多喂饱些孩子。”兰大妈朴实的话语深深打动了巴勒斯坦游击队战士，他们临走的时候，不约而同地摘下了胸前的勋章，双手捧着献给了这位英雄的母亲。

自残救伤员的何大妈

秋色渐染，山林闲寂。寻访组来到了“北上先锋”红二十五军长征出发地——河南省罗山县铁铺镇的何家冲。红二十五军军部旧址、明朝建筑何氏祠，白墙灰瓦，飞檐翘角，掩映在绿树之下，保留着原始的古朴。村头那棵距今 800 多年的古银杏树高耸入云，枝繁叶茂。80 多年前红军将士在此集结，由此出发长征。这棵古银杏树见证了红军将士的慷慨激昂。

▶ 红二十五军长征出发地罗山县何家冲，有一位何大妈为保护红军伤员，把他认作亲子，并自残眼睛，请讲讲她的故事。

王劲松：何大妈只是当地一个普通的农妇，至今，连她的名字也没人知道，只知道她婆家在何家冲姓何，于是就叫她何大妈。

红二十五军长征后，一名叫余占海的红军伤员被留在何家冲。何大妈把他带到自己家中悉心照料。为了防止敌人抓捕余占海，她让自己儿子外出。反动民团在何家冲各家各户展开地毯式搜索，余占海被从何大妈家搜出。

民团团总恶狠狠地说：“你说他是你儿子，用什么做证据？”何大妈平静地说：“孩子是我生我养的，乡亲们可以作证。”民团团总吼道：“你们都是被赤化的人，说的话都不能相信！”何大妈反问道：“你们不是有保甲人

◎ 河南省罗山县铁铺镇何家冲的银杏树

口册么？我家在人口册上是不是两个人？”民团团总死死盯着何大妈：“你是不是让你儿子外出，留下赤匪冒充儿子？”说着就要强行带走余占海。

为打消民团团总怀疑，何大妈奔向屋内，拿来剪刀，大声对民团吼道：“你们眼瞎了，难道我也眼瞎，不认得自己儿子？”话声一落，何大妈用剪刀戳入自己的眼睛，鲜血直流，民团团总见状，才松开余占海。余占海在何大妈家养伤的日子里，反动民团不时前来何家冲，盘问余占海的有关情况，好在有乡亲们掩护。几个月后，余占海伤愈归队，而何大妈的儿子在余占海养伤的日子里有家不能归，自此失踪。

新中国成立后，余占海成为武汉军区的一名干部。据何大妈的侄孙何顺龙说，20 世纪 80 年代，余占海专程赶到何家冲，见到了 50 多年前用儿子和眼睛换来他生命的救命恩人。罗山县何家冲村民回忆，余占海当时就说要把何大妈接走，跟他一起住，何大妈说：“我老了，在这里住惯了，不想挪地方了。”

直到现在，在罗山县何家冲红二十五军长征出发地的医院旧址里，依然矗立着一座雕像，那就是人人崇敬的大别山革命母亲何大妈。

大别山“红嫂”储妈妈

秋意渐浓，细雨敲窗。金秋的大别山空气清新而凉爽。寻访组怀着激动而又急切的心情，一路往东，走进大山，走进置县已有2100多年的皖西霍山县，与安徽省六安市委党史和地方志研究室原副主任蒋二明、副主任张启静一起，寻访革命母亲储德香的感人事迹。

▶ 大别山红嫂储德香坚贞不屈，勇救解放军伤病员王来虎的感人故事，至今让人动容。当时是怎样的一个情形呢？

蒋二明：1948年是刘邓大军千里跃进大别山之后的第二年，主力转出大别山，皖西再次笼罩在血雨腥风之中。南下干部王来虎因枪伤感染，留下住在胡家河堆谷山狮形老屋储德香家里养伤。储德香待人亲和，勤劳淳朴，整日为战士们烧水做饭，洗补衣服，忙个不停。战士们觉得她就像自己的母亲一样，都亲切地称呼她为“储妈妈”。

◎ 安徽省霍山县堆谷山狮形老屋，中间为储德香家房屋

1949年初，孙家畈土顽头子蔡子玉探得此情后，便勾结东西溪、管驾渡、磨子潭等地顽匪，窜入堆谷山地区搜查。王来虎在储德香及其丈夫蔡荣天的掩护下，转移到深山石洞里隐蔽。

3 月 16 日深夜，阴云密布，夜色昏暗。蔡子玉和警保大队长刘疯子带着一群匪徒围住了狮形老屋。几个匪徒闯进了储德香的家，土匪头子刘疯子装出一副伪善的面孔，企图想从储德香口中哄骗出王来虎以及枪支弹药的下落。

储德香不理那一套，用轻蔑的目光看着他们一声不吭。匪徒们见软的不行，就恶狠狠地开始威胁储德香。储德香仍镇定地回答：“不知道！”刘疯子一伙匪徒把狮形老屋各家的人都赶出来，挨家挨户搜查。顷刻间，各家屋内倾箱倒柜，挖地捣墙之声交织在一起，鸡犬不宁，折腾了半天，匪徒们连个人影也没搜到。

刘疯子凶相毕露，喝令匪徒把储德香带到屋里，他一手拿着手枪一手拎着黑漆棍，逼问枪藏在何处。储德香愤怒地回答：“你们不是搜过了吗？”刘疯子追问：“王来虎藏在哪里？”储德香大声回答：“他长有腿，走也不跟我讲，我怎么晓得？”刘疯子什么也没问出来，恼羞成怒，举起棍就打。储德香机敏地将身子一偏，棍子打在地上断成两截。匪徒蜂拥而上将储德香捆了起来，她拼力反抗，狠狠吐了刘疯子一脸唾沫。刘疯子一面用手擦脸，一面咆哮：“吊起来！吊起来！”兽性大发的匪徒，把她的双臂反绑起来，脸朝下捆绑在石磨架上，背上压上石磨，头上卡上水瓢，连磨架一起吊在屋梁上，下面烧起稻草。

疼痛使她冷汗浃背，烟熏得她双眼流泪，鼻孔出血。但储德香还是什么也不说，只是大声痛骂。面对这位坚贞不屈的大娘，刘疯子气急败坏，喝令匪徒用铁丝扭成的鞭子狠命地抽打她。鞭子一下去就是一条血痕，储德香被打得遍体鳞伤，血肉模糊，几次昏迷过去，却始终没有吐露一点解放军的秘密。

最后，储妈妈被折磨得气息奄奄，刘疯子才让匪徒把她放下来。刘疯子拧着她的耳朵问：“你怎么不说话，没有耳朵吗？”一个匪徒竟丧心病狂地拿着菜刀，把储德香的耳朵活生生割掉一只。敌人的凶残，不但没有使她屈服，反而使她内心的怒火更加强烈地燃烧，她忍着剧烈的疼痛，咬紧牙关，将生死置之度外。匪徒见储德香仍不作声，又把她的鼻子也割掉，鲜血顿时喷溅而出。储德香毫无惧色，将流在嘴边的鲜血奋力吐在刘疯子脸上，刘疯子残忍地用驳壳枪枪托砸向她头部，储德香被打得当场昏了过去……

张启静：正在这时，"叭叭"响了两枪，两个捆绑储德香的匪徒应声倒地。原来是县大队接到了群众冒死送去的口信，将储德香从虎口里救了出来。

醒来后的储德香在她丈夫搀扶下，带领战士们将王来虎从山洞里接了出来。王来虎看到储德香伤残的身体，不禁泪如雨下，一把将她搂在怀里失声痛哭："储妈妈，我的好妈妈！"

新中国成立后，王来虎担任安徽省霍山县委副书记，时常接储德香一家住在自己家里。储德香从不以恩人自居，不管在老家还是在王来虎家里，都力所能及地做些体力活，还常常把自己亲手种的红薯、玉米带给王来虎吃，并叮嘱他："当官千万不能忘了老百姓，江山就是这些吃红薯咸菜的老百姓帮忙打出来的。"储德香还教会了王来虎的妻子纳鞋底、缝衣服，教导她一定要保持艰苦朴素的革命作风。王来虎把储德香当成自己亲娘看待，他妻子也称她为"红色好婆婆"。

专家点评：

范晓春：国防大学教授

时　间：2021 年 5 月 20 日

地　点：北京市

寻访组：请谈谈大别山革命母亲群体的鲜明特点、崇高品质以及对大别山革命的意义。

范晓春：毛泽东曾深刻指出，"妇女占人口的半数，劳动妇女在经济上的地位和她们特别受压迫的状况，不但证明妇女对革命迫切的需要，而且是决定革命胜败的一个力量”。在鄂豫皖革命根据地，始终有这样一大批的女性，她们本是平常百姓，可自从共产党掀起了革命的浪潮，她们就以柔弱之躯，在美好的年华，义无反顾，全身心投入到革命的斗争之中。她们因有信仰而活得透彻，活得纯粹，活得崇高。她们在参加革命时坚决服从组织、顾全大局、舍弃小我小家；她们在生死面前选择大义信仰；她们在失去亲人时保持坚韧坚强。她们用生命创造了革命奇迹，用鲜血书写了光辉篇章。

在长期的革命斗争中，大别山的母亲无论是在战火纷飞的战场上，还是在根据地的建设中，都为坚持大别山 28 年红旗不倒作出了巨大的牺牲和贡献。她们积极参加生产劳动，踊跃拥军支前，把“最后一尺布、最后一碗米、最后一个儿子”交给了人民子弟兵。她们侦探敌情，传递情报，参加武装斗争。她们为血雨腥风的革命战争提供了坚实的后方基础，她们也是建设和保卫红色根据地的有生力量。

大别山 28 年红旗不倒的密码及当代启示

采访时间：2021 年 5 月 12 日

采访地点：北京市

采访对象：石仲泉

采访人员：孙　伟　向　炜　董绍富　郭薪璞

▶ 大别山 28 年红旗不倒的密码是什么？

石仲泉：大别山 28 年红旗不倒的密码是什么？实际上在前面讲红二十八军独立自主地坚持三年游击战争，已经涉及这个问题。其根本原因，即最重要的密码是“四个坚强”。在那里，是从三年游击战争红旗未倒角度讲到几点，这里放眼新民主主义革命 28 年来讲，就更全面一些。

第一，有地方的坚强党组织。大别山革命火种燃烧很早，党的主要缔造者陈独秀就出生在属大别山地区的安徽怀宁县，党的创始人董必武、陈潭秋就是湖北红安和黄冈人，并在这里传播了马克思主义。百年大党诞生后，这里就陆续建立了党组织。正因为有了党的组织基础，所以在大革命失败后，这里就能爆发黄麻起义、商南起义、六霍起义，开辟鄂豫皖革命根据地，成为土地革命战争时期全国第二大苏区。也正因为有了党的组织基础，在土地革命战争后期和抗日战争初期的中国革命最艰难困苦的时期，大别山区能坚持三年游击战争。在渡过这个最困难的时期后，从全民族抗战到解放战争时期，这里的党组织不断发展壮大，是中央在这里开辟老中原解放区和新中原解放区，先后建立中原局等党的领导机构的组织基础。“野火烧不尽，春风吹又生”。有地方的坚强党组织的长期存在，这是大别山地区红旗不倒能贯穿28年始终的根本密码。

第二，有坚强的革命军队长期在这里坚持。自黄麻、商南、六霍三大起义后，大别山地区就有了革命军队。黄麻起义时，这里的起义军在全国首先被称为“红军”。由此可以说，这里是中国工农红军称谓的最初发源地。它早于党中央将人民革命军改称为红军的时间一年左右。以后在这里建立起了红军第四方面军、红二十五军、红二十八军等多支革命军队。在红四方面军和红二十五军等主力部队战略转移后，又重新组建红二十八军，坚持三年游击战争。这是一段可歌可泣的红色历史。全民族抗战开始后，这里的形势大有好转，李先念回到这里发展的抗日武装力量不断壮大，建立起了新四军第五师，转战鄂豫皖湘赣，形成了大片中原解放区。在五师主力中原突围后，张体学等部队又在这里坚持游击战争。一年后，迎来了以原红四方面军主力组成的刘邓大军千里跃进大别山，熊熊大火在这里燃遍华中地区，成为近代以来中国革命战争的重要转折点。这也是毛泽东讲的“蒋介石的二十年反革命统治由发展到消灭的转折点”，“是一百多年以来帝国主义在中国的统治由发展到消灭的转折点”。“星星之火，可以燎原”，坚强的革命军队长期在这里坚持，是大别山地区28年红旗不倒的又一个重要密码。新中国成立后，这里除走出2位国家主席外，还走出了2位共和国元帅、3位解放军大将、13位上将、44位中将、200多位少将。全国十大将军县中，这里就占了5个，即红安、金寨、新县、大悟、六安。这是其他地区无法相比的。这从一个侧面也说明了为什么大别山地区28年红旗不倒。

第三，有坚强的人民群众始终热爱和拥护党和人民军队。我是大别山南麓的红安人。黄麻起义，老百姓都参加了。“小小黄安，人人好汉；锣鼓一响，四十八万；男将打仗，女将送饭”，有 14 万英雄儿女为中国革命胜利献出了宝贵生命。这说明中国革命有广泛的群众基础。前些年我在新县箭厂河乡考察时，那里的书记讲了箭厂河农民自卫队大队长程儒香遭受敌人残暴杀害英勇不屈的事迹。程儒香在黄麻起义中带领农民自卫队活捉大恶霸地主，为起义军前进扫除了障碍。黄安城失守后，他被捕了。敌人使用种种酷刑，他都不说党组织情况，并痛斥敌人：“老子今年 28 岁，老子就是共产党，老子就是大队长。你们要杀就把老子杀了，只死我一人，共产党是杀不完的。今天你们杀了老子，再过 20 年，老子又是条英雄好汉，还要跟你们干。”敌人恼羞成怒，惨无人道地将他零刀碎割，砍耳朵、剥眼皮、挖眼珠、割舌头，在大风雪天把他脱光衣服，钉在木梓树上。被活活地折磨了两天多后，程儒香于 1929 年农历正月初一那天惨死在冰天雪地中。红二十八军在极其艰难困苦的条件下能坚持游击战争，一个重要原因也在于他们紧紧依靠群众，有群众参加组成地方武装和便衣队，实行群众性的游击战争，才得以坚持下来，成为三年游击战争中全国最大的游击区域。大别山地区 28 年红旗不倒，就是有这样成千上万的坚强的人民群众始终热爱党和拥护人民军队，党和人民血肉相连而取得革命胜利的。习近平总书记说：我们党的百年历史，“就是一部党与人民心连心、同呼吸、共命运的历史。历史充分证明，江山就是人民，人民就是江山，人心向背关系党的生死存亡”。这既是对百年党史经验的深刻总结，也揭示了大别山地区 28 年红旗不倒的重要密码。

第四，有以毛泽东同志为核心的党中央的坚强领导作出的英明决策。我曾经讲过大别山地区有“四度辉煌”。除了首度辉煌（以黄麻起义、商南起义和六霍起义为代表的农民武装暴动，创建了以大别山为中心的鄂豫皖苏区）和二度辉煌（红二十八军坚持的鄂豫皖边三年游击战争）外，后两度辉煌都是以毛泽东同志为核心的党中央的英明决策才取得的。这两度辉煌堪称辉煌中的辉煌。三度辉煌，是前面介绍过的以大别山为依托的中原军区的战略地位和中原突围。中共中央和中央军委高度评价中原突围的胜利，指出中原各部“在极端困难条件下，执行中央战略意图，坚持游击战争，曾经钳制了蒋介石正规军 30 个旅以上，使我华北、华中主力渡过蒋介石进攻的最困难时期，起了极大的战略作用”。它的这个战略作用，不仅对于我军进行自卫反击和解放战争具有重大意义，而且对于中国革命 28 年的胜利也具有重大意义。四度辉煌就是刚刚讲过的刘邓大军千里跃进至此，全国解放战争由战略防御转变为战略进攻。刘邓大军跃进大别山，成为整个中国革命战争由战略防御转为战略进攻的伟大转折，对改变全国战争形势起了决定性的战略作用。所以，大别山地区 28 年红旗不倒，这是又一个非常重要的密码。

▶ 既然大别山地区 28 年红旗不倒，有这么几个重要密码，那么这些密码对当代有什么启示呢?

石仲泉：这些历史密码对我们当代的启示是多维的。归结起来可从两个方面来说。先从大别山维度来说，既然是讲的大别山地区 28 年红旗不倒的密码，那就应当弘扬大别山精神。我个人对大别山精神有一个比较展开的表述，即“坚守信念、对党忠诚，胸怀全局、甘于奉献，依靠群众、团结奋斗，不畏艰苦、勇当前锋”。这个内涵包括了前述大别山地区 28 年红旗不倒的重要密码。因此，弘扬大别山精神，就是坚持了大别山地区 28 年红旗不倒的历史密码!

再从更宏观的维度看，2021 年是党的百年华诞。习近平总书记在福建考察时指出：要深刻领悟坚持中国共产党领导的历史必然性，坚定对党的领导的自信。中国共产党领导的必然性可以从四个维度来说明，即它是中国近代以来为救亡图存、实现民族复兴的中国梦的不二选择；是历经苦难的中国人民要翻身求解放、过上美好幸福生活的不二选择；是要改变旧中国长期四分五裂、实现国家统一、世界强国的特殊国情所决定的不二选择；是中华民族自古以来憧憬“大同社会”，以期“到达阶级的消灭和世界的大同”的不二选择。大别山地区28年红旗不倒，是坚持中国共产党领导的历史必然性的一个很好的解读。它完全可以帮助我们，如习近平总书记所要求的，深刻领悟坚持中国共产党领导的历史必然性，坚定对党的领导的自信。从这个意义上也可以说，大别山地区28年红旗不倒，是深刻领悟坚持中国共产党领导的历史必然性，坚定对党的领导的自信的生动教科书！

后　记

为深入贯彻《全国干部教育培训规划（2023—2027年）》，全面落实中央组织部干部学院办学质量评估反馈“打造高水平的课程体系、教材体系”的整改意见，适应新时代干部教育培训需要，推动教材优化升级，加强教材体系建设，河南大别山干部学院策划和组织了这套教学丛书的编写。

为此，成立了编写委员会。中共信阳市委书记、河南大别山干部学院党委书记蔡松涛担任编写委员会主任，中共河南省委组织部副部长杨建国，中共信阳市委常委、组织部部长、河南大别山干部学院院长谷昌豪担任编写委员会副主任，领导丛书编写工作。中共信阳市委组织部部务委员、河南大别山干部学院党委副书记、常务副院长孙伟担任丛书主编，负责策划和组织编写工作。

《大别山问道：红色寻访》是这套丛书中的一本，由林志成担任主编，董绍富担任副主编。贡少辉、董绍富、瞿萍、石和安、叶希武、梅寒等执笔。原中共中央党史研究室副主任、毛泽东思想邓小平理论研究会会长石仲泉研究员，原中共中央党史研究室巡视员姚金果研究员，国防大学范晓春教授等分别对本书有关内容进行了精彩点评。全书由林志成具体组织编写，林志成、孙伟、董绍富负责统稿与审校。

本书在编写过程中，得到了中央党史和文献研究院、中央党校（国家行政学院）、国防大学、解放军报社、中共河南省委组织部、中共河南省委党史和地方史志研究室、中共信阳市委、湖北省社会科学院、中共安徽省委党史研究院（安徽省地方志研究院）、中共湖北省委党史研究室、河南大别山精神研究会等单位的大力支持和帮助。中共河南省委组织部干部教育处秦舒广处长对本书的出版工作给予了悉心指导，在此一并表示衷心的感谢！

由于编写者水平所限，不足之处在所难免，恳请专家学者和广大读者批评指正。

编者

2024 年 4 月

责任编辑：余　平
封面设计：石笑梦
版式设计：汪　莹
责任校对：陈艳华

图书在版编目（CIP）数据

大别山问道：红色寻访 / 河南大别山干部学院 编著 . — 北京：人民出版社，2024.10

ISBN 978 – 7 – 01 – 026597 – 1

I. ①大… II. ①河… III. ①中国共产党 – 党史 – 研究 –1921—1949 IV. ① D23

中国国家版本馆 CIP 数据核字（2024）第 103322 号

大别山问道

DABIESHAN WENDAO

——红色寻访

河南大别山干部学院　编著

人民出版社 出版发行

（100706　北京市东城区隆福寺街 99 号）

中煤（北京）印务有限公司印刷　新华书店经销

2024 年 10 月第 1 版　2024 年 10 月北京第 1 次印刷

开本：710 毫米 ×1000 毫米 1/16　印张：20

字数：262 千字

ISBN 978 – 7 – 01 – 026597 – 1　定价：78.00 元

邮购地址 100706　北京市东城区隆福寺街 99 号

人民东方图书销售中心　电话（010）65250042　65289539